W0382367

AV

»Verborgene Texte des Lebens«

Dieter Wellershoff – ein Lesebuch

Herausgegeben
von
Werner Jung

AISTHESIS VERLAG

Bielefeld 2022

Abbildungen auf dem Umschlag:
Dieter Wellershoff auf einer Brücke in Honnef, 1929 und 2000.

Die Erarbeitung und Drucklegung des Bandes haben gefördert:
die Akademie der Wissenschaften und Literatur Mainz,
die Kunststiftung NRW,
die Stadt Neuss – Kulturamt.

Akademie
der Wissenschaften
und der Literatur
Mainz

Kunststiftung
NRW

STADT NEUSS

Bibliografische Information der Deutschen Nationalbibliothek

Die Deutsche Nationalbibliothek verzeichnet diese Publikation in der Deutschen Nationalbibliografie; detaillierte bibliografische Daten sind im Internet über http://dnb.d-nb.de abrufbar.

© Aisthesis Verlag Bielefeld 2022
Postfach 10 04 27, D-33504 Bielefeld
Satz: Germano Wallmann, www.geisterwort.de
Druck: Hubert & Co, Göttingen
Alle Rechte vorbehalten

Print ISBN 978-3-8498-1786-2
E-Book ISBN 978-3-8498-1787-9
www.aisthesis.de

Inhalt

4. Die Lektoratsjahre und der schriftstellerische Beginn

5. Der freie Autor

7. Coda

Werner Jung

Das Leben – eine Versuchsstrecke, die Literatur – ein Probierfeld

Ein Vorwort

1.

Die Idee zu diesem Buch ist schon älter. Erste Überlegungen zu einer reinen Briefausgabe entstanden im Zusammenhang der Planung zu den letzten drei Bänden von Dieter Wellershoffs Werkausgabe im Kiepenheuer & Witsch Verlag. Nachdem ich gemeinsam mit dem befreundeten Kollegen Jochen Schubert auf die Briefkonvolute Wellershoffs im Kölner Stadtarchiv gestoßen war, die dort im Vorlass des Schriftstellers wie auch bei den Archivalien des Verlags Kiepenheuer & Witsch verwahrt wurden, hatten wir die Idee zu einer kommentierten Briefauswahl. Einige dieser Briefe sind abgedruckt im Band »Literatur ist gefährlich. Dieter Wellershoff zum 85. Geburtstag« (Bielefeld 2010). Doch Dieter Wellershoff selbst reagierte zögerlich, dann ablehnend – in der irrigen Annahme, dass es sich doch lediglich (in überwiegendem Maße) um Geschäftsbriefe handle, die – in der Hektik des Tagesgeschäfts als Lektor geschrieben – niemanden wirklich interessieren können. Dennoch wirkten unsere anfänglichen Überlegungen nach, denn Dieter Wellershoff entschied sich dafür, in einer eigenen Sektion des letzten, neunten Bandes seiner Werkausgabe Briefe aufzunehmen – allerdings nur solche aus den Jahren 2005-2011, und solche zudem, die übers Geschäftliche oder nur Private ins Grundsätzliche hinauswiesen. Dann ist die Idee liegen geblieben, um nach dem Tod des Schriftstellers und einer Briefrückholaktion erneut aufzukommen. Nur – die erneute Sichtung alles vorhandenen Briefmaterials machte zugleich auf große Zeitlücken innerhalb der Überlieferung aufmerksam: Während aus Wellershoffs Jahren bis Ende des II. Weltkriegs nahezu keine Briefzeugnisse erhalten sind und auch aus der Zeit des Studenten und jungen Journalisten bis Ende der 50er Jahre nur einzelne Briefe vorliegen, sind die 60er bis 80er Jahre – die Zeiten als Lektor und Autor – gut dokumentiert. Eine solcherart beschaffene Briefedition würde also sehr ungleichmäßig ausfallen, einige Zeiträume ausblenden, andere überproportional aufs vermeintlich bloß Geschäftliche einschränken.

Auf Wunsch von Wellershoffs Kindern, insbesondere der ältesten Tochter Irene sollte in der Kölner Wohnung auf der Mainzer Straße der Nachlass daraufhin überprüft werden, ob es nicht weitere Korrespondenzen und auch Texte gebe. Und tatsächlich förderten ausgedehnte Aufräumaktionen eine Vielzahl von Typoskripten und Manuskripten unpublizierter Texte zutage, die sich in Kisten und Kartons im Arbeitszimmer, aber auch noch im Flurbereich befanden. Darunter ebenfalls – wiewohl abzählbar wenige – Briefe bzw. Briefentwürfe. Nach diversen Gesprächen mit Irene Wellershoff und ihrem Mann Bodo Witzke, dessen besonderes Augenmerk auf die Bergung fotografischen Materials gerichtet war, schälte sich eine neue Idee oder vielmehr ein anderes Konzept für ein Buch heraus. Wie wäre es, wenn das disparate Briefmaterial – epistolographisch gesprochen: das heterogene Konvolut aus persönlichen sowie Geschäftsbriefen neben beeindruckenden Briefen ästhetisch-poetologischen Zuschnitts, die das Ausmaß eines Essays annehmen – noch mit weiteren persönlichen Zeugnissen, Fotografien, Gelegenheitstexten und Trouvaillen aller Art sowie (entlegenen bzw. unveröffentlichten) Texten von der Glosse über die Rezension und den Essay bis zur Erzählung und Erzählfragmenten angereichert würde? Wenn also eine Art Lesebuch dabei herauskäme, das neben der persönlich-biographischen Entwicklung auch ein Porträt des Schriftstellers (nicht nur als jungen Mann) vermitteln könnte.

So ist schließlich dieser Band entstanden, der versucht, die verschiedenen Stationen und Entwicklungslinien Dieter Wellershoffs einzufangen – eines Menschen, Schriftstellers, Medienautors und Intellektuellen, dessen Vorstellung es war – spätestens nach seiner ›Wiedergeburt‹ nach dem Ende des Faschismus –, dass im Leben ein faszinierender »ganzer Horizont der Möglichkeiten« gegeben ist, dem die Literatur »in all ihren unterschiedlichen Formen vom Roman über die Lyrik zum Essay (...) zur vertieften Darstellung und Wahrnehmung« verhilft. (So Wellershoff 2007 im Gespräch mit Peter Clös unter dem Titel »Ein Horizont von Möglichkeiten«, in: W8. S. 940-955, Zitate S. 946 und 951f.)

2.

Was kann ich überhaupt noch sagen zu oder über Dieter Wellershoff, das ich nicht schon längst gesagt und geschrieben habe? – Wir haben uns gut gekannt, einige Jahrzehnte, und wir haben zahllose Gespräche miteinander geführt, meist in Dieters Arbeitszimmer, meist am späten Nachmittag, frühen Abend. Über Gott und die Welt, nein, präziser: über die Welt ja und wie man sie nicht nur begreifen, sondern darstellen kann, theoretisch ebenso wie sinnlich-plastisch, auf den Feldern der Wissenschaft wie auf denen von Kunst und Literatur. Wie man die Welt und die Menschen erzählen kann. Hier und heute. Eben jetzt, ganz gegenwärtig. Die Historie hat ihn zwar interessiert, klar, vor allem im Blick z. B. auf die Geschichte des Romans, aber als Vorlage für die eigene literarische Produktion – vielleicht im Sinne Theodor Fontanes, der vom historischen Roman als etwas gesprochen hat, das mindestens zwei Generationen zurückliegen müsse – nein, gar nicht. Vielleicht liegt das an der historischen Zäsur von 1945, an der Niederlage des NS-Faschismus und dem Geschenk der Wiedergeburt, als die Wellershoff und zahlreiche andere Generationsgefährten das Kriegsende erlebt haben. Der 8. Mai 1945 als Tag, an dem ein zweites Leben beginnt. Jetzt geht es um den Neuanfang, um neue Orientierungen, ein anderes Denken und einen anderen Ausdruck. Es winken die verlockenden Kirschen der Freiheit – scheinbar grenzenlose Möglichkeiten. Aber auch die dunklen Kehrseiten scheinen immer wieder auf: weniger in Gestalt der Ewiggestrigen, die es natürlich auch weiterhin gibt, Verbohrte, die den Verlust des Absoluten nicht verschmerzen können, sondern hinsichtlich der großen Menge, die die Chancen einer Befreiung – auch zur persönlichen Entfaltung – nicht wahrnehmen kann. Die vielmehr ängstlich vor der Orientierungslosigkeit kapituliert und – soziologisch gesprochen – den ›Kontingenzschock‹ nach dem Ende des II. Weltkriegs nicht erträgt.

Was habe ich nicht alles bereits über Dieter Wellershoff gesagt und geschrieben?! – Ich habe seine Bücher rezensiert, Aufsätze, Vorträge und Reden verfasst, eine Festschrift verantwortet, bei der Werkausgabe mitgewirkt und – vielleicht als Summe meiner Überlegungen – die Monographie »Im Dunkel des gelebten Augenblicks« vorgelegt, deren sprechender Titel pointiert bündelt, worin ich das schriftstellerische Ringen Dieter Wellershoffs über die Jahrzehnte hinweg erkenne: im literarischen Text die Vielfältigkeit des Lebens über sich selbst allererst (nun muss die Formulierung doch fallen) ›aufzuklären‹. Literatur, und ich zitiere jetzt eine längere Passage aus meiner Laudatio für Dieter Wellershoff anlässlich der Verleihung des Breitbach-Preises der Mainzer Akademie, ist gefährlich. »Literatur ist entweder gefährlich oder trivial. Man könnte auch sagen, daß sie nur als gefährliche existiert. Im andern Falle bleibt sie bloße Konfektionsware, die sich zwar gut verkaufen und konsumieren läßt, aber restlos dann auch verschwindet – im besten Fall im und als Altpapier. ›Literatur, die etwas taugt, ist gefährlich‹, schreibt Dieter Wellershoff an einer Stelle seines Buches »Der verstörte Eros. Zur Literatur des Begehrens«, ›denn sie rührt an die Sprengsätze der menschlichen Existenz. Sie kann gefährlich sein für den Leser, weil sie ihn mit Erfahrungen konfrontiert, die er in den Routinen und Begrenzungen seines alltäglichen Lebens gewöhnlich zu vermeiden versucht. Und sie ist vor allem gefährlich für den Autor, der sich (...) in ihrem Dienst auf eine Höllenfahrt begibt, dabei allerdings in ihr einen mächtigen Schutz genießt. Denn in ihr verwandelt er auch die Irrtümer, Niederlagen und Verletzungen seines Lebens in eine Erfahrung der Kompetenz.‹ (...) Literatur ist für alle, die sie betrifft, gefährlich – wenn auch auf unterschiedliche Weise, wenn auch in verschiedenen Intensitäten. Es geht schließlich um die Existenz. Der Autor schreibt um sein Leben, und dem Leser geht dabei möglicherweise ein Licht auf: Ach, so ist das – so könnte man die Dinge auch betrachten. Literatur, darauf hat Dieter Wellershoff schon früh in poetologischen Reflexionen hingewiesen und mit Nachdruck insistiert, stellt so etwas wie einen ›Simulationsraum‹ oder eine ›Probebühne‹ dar, auf der lebenswichtige, noch radikaler: überlebensnotwendige Probleme und Konstellationen verhandelt werden. Literatur ist nicht das Leben, sondern – um eine Formulierung Georg Simmels hier zu verwenden – immer ›Mehr-Leben‹ und ›Mehr-als-Leben‹. Denn in ihr wird das Leben verschärft, werden krisenhafte Momente und Situationen aufgezeigt, werden Fallgeschichten und Geschichtsfälle demonstriert. In anderen Worten und recht verstanden: Literatur im Sinne Dieter Wellershoffs vermittelt Aufklärung über das Leben.« Das gilt für all seine literarischen Texte, für die Erzählungen, Novellen und Romane ebenso wie für die Hörspiele, Fernsehspiele und Filme. Es lässt sich eine Linie vom Hörspiel »Die Sekretärin« (1958), worin von Schwierigkeiten und Nöten, auch den Illusionen einer jungen, alleinlebenden Angestellten aus der Hochzeit im Wirtschaftswunderland der Bundesrepublik am Ende der 50er Jahre die Rede ist, bis zu den letzten Erzähltexten ziehen, die allesamt um die Altersproblematik – das Altwerden – kreisen und im Band »Das normale Leben« (2005) zusammengefasst sind. Um noch einmal aus der Laudatio zu zitieren: »Dieter Wellershoffs

Literaturverständnis ist ebenso produzenten- wie rezipientenorientiert: die Vorwürfe fürs Schreiben folgen seinen ›Gegenständen des Interesses‹, wie eine kleine Szenenfolge von Notaten, Aphorismen, Gedankensplittern und kurzen Erzählungen von 1985 heißt. Immer bildet das Leben dabei den dunklen Untergrund, ist es dasjenige, was Wellershoff eine Erfahrung nennt, das im Schreibprozeß dann verarbeitet, verdichtet und konzentriert wird. Das Leben, Welt und Gesellschaft, dies bringt Wellershoff als zentrale biographische Erfahrung nach Faschismus und Weltkrieg (...) als Hypothek in die neue demokratische Nachkriegsgesellschaft des Westens mit, müssen als offene dynamische Systeme begriffen werden. Es gibt keine Steuerungszentren, keine Teleologie, auch keine verbindliche transzendentale Heimat mehr für den einzelnen. Statt dessen existiert ein unübersehbares Beziehungsgeflecht aus Interaktionen, ein großer Wechselwirkungszusammenhang – mit Georg Simmel und der modernen Soziologie zu sprechen. Und das Leben, das wir tatsächlich führen – jeder einzelne von uns –, ›stellt nur eine besondere und in mancher Hinsicht zufällige Auswahl aus einem weiten Horizont unaktualisierter Möglichkeiten dar.‹« (Werner Jung: Geglücktes Unglück. Dieter Wellershoffs gefährliche Literatur, in: Literatur ist gefährlich. Bielefeld 2010. S. 7 u. 15)

3.

Dennoch ergeben sich immer wieder neue Perspektiven, tauchen andere Aspekte beim Lesen und Wiederlesen der Texte auf. Dass Dieter Wellershoff geprägt worden ist von einem bürgerlich-saturierten Umfeld, in dem Literatur, Kunst und Kultur nur wenig, dafür aber Ruhe, Behaglichkeit und ein moderater Wohlstand umso mehr bedeutet haben, das hat er selbst in den kurzen Prosaskizzen verdeutlicht, die sich mit seiner Kindheit und frühen Jugend beschäftigen. Und dass die unstillbare Sehnsucht nach Abenteuer und einer Verschärfung der eigenen existenziellen Lage dann für den Kriegsdienst den jungen Mann geradezu zwangsläufig bestimmt hat, wissen wir aus einer ganzen Reihe von Texten, allen anderen voran Wellershoffs Buch über den II. Weltkrieg, »Der Ernstfall« (1995). Darin wird nachvollziehbar beschrieben, wie aus anfänglicher Abenteuerlust zunächst Distanz, schließlich Skepsis und Ablehnung wachsen. Dann das Ende des Faschismus, die Befreiung; und es eröffnet sich ein gigantisches Feld an Möglichkeiten: das Studium querbeet durch die philosophische Fakultät an der Bonner Universität, die Begegnung mit

Maria von Thadden, seiner späteren Frau, Familienplanung, Schreibexperimente und das Erproben von journalistischen ebenso wie literarischen Formen. Auch dazu hat sich Dieter Wellershoff mehrfach geäußert, insbesondere im umfangreichen biographischen Essay »Wohnungen, Umgebungen«, aus dem in unserem Lesebuch zentrale Abschnitte abgedruckt werden. Der Titel allein schon muss aufhorchen lassen, denn Dieter Wellershoff hebt auf den Gedanken des Raums ab, auf die – nicht nur für den Schriftsteller – lebensnotwendige Konstruktion eines eigenen Raums, eines Rückzugsraums, der als pièce de resistence gedacht ist, von dem aus allererst schriftstellerische wie intellektuelle Arbeit möglich ist. Theodor W. Adornos Diktum aus den »Minima Moralia« zum Trotz, der unter dem Titel »Asyl für Obdachlose« davon gesprochen hat, dass man nach den Verheerungen des Krieges und den Zerstörungen der Städte eigentlich nicht mehr wohnen könne, beharrt Wellershoff darauf, einen Privatraum zu schaffen und ein Privatleben zu führen, in dem der Familie ein zentraler Platz zukommt. Ohne Verklärung und christliche Überhöhung, nicht im konservativen Sinne, wonach der Unbehaustheit der Menschen im Nachkriegsdeutschland ein neu-altes Refugium entgegengehalten werden müsse, sondern durchaus im Verständnis der modernen Psychologie und Soziologie, die die Nachkriegsgesellschaft des Westens als dynamische und rasant wachsende beschreiben. In einem umfangreichen Zeitungsbeitrag hat Dieter Wellershoff die Entwicklung der 50er Jahre hellsichtig charakterisiert: »Arbeitsmethoden veralten rasch, die Bedürfnisse werden durch die Methoden der modernen Werbung beinahe beliebig verändert und fortlaufend durch neue ergänzt, der Wechsel der Moden, die ja nicht nur den Kleidungsstil bestimmen, sondern sich auch auf das Handeln, Urteilen und Erleben spürbar auswirken, hat ein verwirrendes Tempo. Der moderne Mensch lebt also in einer Umwelt, die sich dauernd verändert, und man braucht gar nicht an so katastrophenartige Veränderungen wie Krieg, Vertreibung und Geldentwertung zu denken, um zu verstehen, daß ihm die Ausbildung stabiler Verhaltensweisen und Wertvorstellungen oder gar ausgeprägter generationseigentümlicher Lebensstile kaum möglich ist, ja daß sie nicht einmal mehr sinnvoll erscheint.« (Väter und Söhne, in: Die europäische Zeitung, Nr. 5, 22.05.1957) Der Sitzplatz des Autors, des Schriftstellers und Intellektuellen ist kein aparter, sondern mittendrin – nicht im Abseits als sicherem Ort, sondern zu Hause, wobei dieses – das Privatleben, der Privatraum – den Kreuzungspunkt gesellschaftlicher und sozialer Zusammenhänge darstellt. Raum und Privatheit gehören zusammen, bedingen einander; im Privatraum der Familie und ihrer Beziehungsmuster und –strukturen kommt zusammen, was der Schriftsteller Dieter Wellershoff in jahrzehntelangem Schaffensprozess beschrieben, womit er sich erzählerisch, in der Lyrik, in seinen Medienarbeiten, aber auch essayistisch beschäftigt hat.

Davon handelt dieses Lesebuch. Denn es versammelt neben Briefen und autobiographischen Texten viele Fotos aus Privatalben und dem Nachlass des Schriftstellers, die nicht nur die äußeren Lebensumstände dokumentieren, sondern darüber hinaus einen (selbst-)kritischen Intellektuellen und Künstler in Momentaufnahmen festhalten – in Momentaufnahmen freilich, die – wie auch die mitgelieferten Texte – deutlich machen, dass sich bei Wellershoff alles um einen Kern bewegt: das menschliche Leben. Dessen Möglichkeiten, aber auch dessen Beschränkungen (in soziologischem wie psychologischem Sinne), Hoffnungen und Ängste, helle Licht- wie dunkle Schattenseiten hat er auf faszinierende Weise gestaltet. Was er dabei als eigene Faszination erlebt hat, vermittelt sich in seinen literarisch-künstlerischen Arbeiten auch an seine Leserschaft, die – wie nicht zuletzt der Herausgeber – mit Staunen vor dem Materialdepot, den vielen Entwürfen, Konzepten und Notizen steht, von denen hier etliche aus den 80er und frühen 90er Jahren mitgeteilt werden und die als Stoffsammlungen für weitere Erzählungen, Novellen und Romane zu verstehen sind.

Das Lesebuch hätte seinen Zweck dann erfüllt, wenn es Lust auf mehr, wenn es Anlass zum Wieder- und/oder Weiterlesen böte.

1. Kindheit und Jugend

»Wohnungen, Umgebungen«

(1984)

Von allen Wohnungen, die man zeit seines Lebens bewohnt, ist die erste die zufälligste, denn seine Eltern hat man sich nicht ausgesucht. Und doch werden gerade die Wohnungen, das Haus, in dem man seine Kindheit erlebt, als Heimat empfunden oder zumindest als ein natürlicher, selbstverständlicher Ort, von dem selbst die Phantasie sich zunächst nur probeweise und nicht ohne Ängste fortbewegt. An die erste Wohnung meiner Eltern in Neuss, in der ich meine ersten viereinhalb Lebensjahre verbrachte, habe ich allerdings kaum Erinnerungen. Über meinem Bett hing ein Foto des Märchenbrunnens aus dem Düsseldorfer Hofgarten: Drei Kinder sitzen auf einem weißen Felsen und blicken zu drei wasserspeienden schwarzen Fröschen herunter. Dies ist vermutlich das erste Bild, das sich mir eingeprägt hat. Ich sah es immer mit einem leisen Unbehagen, weil ich die Frösche fremd und bedrohlich fand. Aus dem nebelhaften Dunkel, in das die Wohnung gehüllt ist, taucht auch noch eine andere Szene auf, eine quälende Situation. Ich sitze, aufgebockt auf einer Lage von Kissen, am Eßtisch mit meinen Eltern zusammen und soll ein Käsebrot essen, das ich nicht mag. Ich verstehe nicht, daß die Eltern meinen Unwillen nicht verstehen und nicht dulden wollen, und sträube mich erbittert. Beide, rechts und links von mir sitzend, reden auf mich ein. In meiner Erinnerung sind sie nur große dunkle Flecken.

Alle deutlicheren Erinnerungen beziehen sich auf die Welt außerhalb der Wohnung. Ich fahre mit meinem Dreirad auf dem Bürgersteig unserer Straße und noch ein Stück um die Ecke herum. Dort ist die Hauptstraße. Straßenbahnen und Pferdefuhrwerke kommen vorbei. Ich darf höchstens bis zum Bäckerladen, dann muß ich umkehren. Viele Leute, die in den Läden kaufen, kennen mich und sprechen mich freundlich an. Aber ich darf nie mit fremden Leuten weggehen, auch nicht, wenn sie mir etwas schenken. Manchmal nehmen mich meine Eltern in die Stadt mit, meistens zum Einkaufen. Ich erinnere mich an Wände voller Schuhkartons, an Mäntel, die ich anprobieren muß, an Mützen, die mir über den Kopf gestülpt werden. Ich will nicht, bin unlustig und quengelig. Meine Eltern fassen mich an den Händen und ziehen mich auf der Straße hinter sich her. Es gab auch phantastische Augenblicke. Auf einer Wiese werden Fesselballons gefüllt und steigen in den Himmel hoch. Am Ende unserer Straße brennt ein Haus. Zusammen mit anderen Menschen laufe ich dorthin, sehe gebannt schwarze Qualmwolken und die roten Flammen, die aus dem Dach und den oberen Fenstern des Hauses schlagen. Auch die Feuerwehr ist angekommen, Männer mit Helmen entrollen Schläuche, laufen in das Haus hinein. Und plötzlich ist meine Mutter da. Sie hat mich gesucht und hier, weit außerhalb meines erlaubten Bereiches, hat sie mich gefunden. Einen Augenblick darf ich noch zusehen. Dann zieht sie mich weg.

Vielleicht gehört zu solchen Reviererweiterungen auch der Blick aus einem Fenster des Wohnzimmers auf die andere Seite der Straße, die ich nicht allein überqueren durfte. Dort befand sich ein großer Schulhof, und ich sah jeden Tag den Kindern zu, die in den Pausen dort lärmend herumliefen. Doch nach einiger Zeit stellten sie sich alle in langen Reihen auf und verschwanden wieder im Haus. In diesem Augenblick, denke ich, war ich wieder dem formlosen Zustand ausgeliefert, der sich in meiner Erinnerung als dunkler Nebel abgebildet hat. Der leere Schulhof verfing nicht mehr dagegen. So ging ich nach einiger Zeit wieder vom Fenster weg und wendete mich irgendeinem Spiel, einer Beschäftigung in der Wohnung zu. Es ist der Moment, in dem der Blick der Erinnerung erlischt, als hätte ich mich selber aufgelöst.

Ich glaube nicht, daß das Leben in dieser Wohnung eine schreckliche Erfahrung war, die ich verdrängen mußte, denn als ich für sechs Wochen zu einer Tante geschickt wurde, weil meine Mutter schwanger war und sich nicht wohlfühlte, sehnte ich mich nach Hause. Wahrscheinlich ist nur die selbstvergessene Versunkenheit des kleinen Kindes, das auf dem Teppich mit Bauklötzen spielt und vor sich hinbrabbelt, im Erinnerungsnebel verschwunden, weil sie mit den grelleren, aufweckenden Reizen der Welt außerhalb der Wohnung nicht konkurrieren konnte. Trotzdem starre ich manchmal in diesen dunklen Nebel und versuche zu erkennen, was dort zu sehen wäre, würde sich der Nebel lichten. Undeutlich, wie auf einem unterbelichteten Negativ, zeigt sich mir dann ein Kind, das sich unter dem Tisch des Wohnzimmers eine eigene Wohnhöhle eingerichtet hat. Es ist umgeben von seinen Spielsachen, und es will auch sein Essen dort bekommen. Es sitzt hinter den herunterhängenden Fransen der Tischdecke und übt sich darin, ein eigenes Ich zu haben. Dies, denke ich, war mein erstes Arbeitszimmer.

Als mein Vater 1930 nach Grevenbroich, einer kleinen Kreisstadt am Niederrhein, versetzt wurde, erwartete uns dort ein eigenes Haus mit Garten. Es war ein Neubau, an einer Stichstraße gelegen, an der damals nur ein einziges anderes Haus stand. Ringsum war alles grün. Die Straße, umgeben von zwei Gärten und einem Park, endete zwischen brachliegenden, völlig zugewucherten Grundstücken. Hinter unserem Garten zog sich ein anderer weitläufiger Park mit alten Bäumen hin. Er gehörte dem Amtsrichter Ackermann, einem würdigen Herrn mit grauem Bart, der morgens von seiner Villa durch seinen Park zum Gerichtsgebäude wanderte und mittags wieder zurückkehrte. Man sah ihn allerdings nur, wenn die Bäume kahl waren und nur von den oberen Fenstern unseres Hauses aus. Er ging, die Hände auf dem Rücken gefaltet, durch die inneren Gefilde seines Eigentums und entsprach ganz populären Darstellungen Gottvaters, der sinnend durch den Garten Eden schreitet. Über den hohen Zaun in Ackermanns Park zu klettern, ihn zu durchqueren oder die Villa zu beschleichen, war eines der Abenteuer, die die nähere Umgebung unseres neuen Hauses bot. Nicht viel weiter weg lag ein gefährlicheres Abenteuergelände, das Areal einer stillgelegten Fabrik, das zu betreten durch ein großes Schild verboten wurde, das sich aber zum Versteckenspielen und zu geheimbundartigen Freundschaftstreffs besonders eignete.

Aber die eigentliche Attraktion des Ortes war die Erftniederung, die den schmalen Ort im rechten Winkel durchquerte, so daß ich von unserem Haus aus in der einen Richtung nur fünf, in der anderen höchstens zehn Minuten brauchte, um in der freien Natur oder, wie ich es nannte, in der Wildnis zu sein. Nachdem ich ein wenig älter geworden war und zur Schule ging, und erst recht, als ich angefangen hatte, die Bücher von Karl May, Cooper und Steuben zu lesen, zog ich mit ein paar Freunden jeden Nachmittag durch diese Landschaft. Wir hatten uns mit selbstgeschnitzten Bögen, Pfeilen und Holzspeeren bewaffnet und schwelgten in der Vorstellung, Indianer zu sein, die durch ihre Jagdgründe streiften. Hier gab es alles, was man sich wünschen konnte: Pappelwälder, ausgedehnte Erlen- und Weidengebüsche, ungemähte Wiesen mit hohem Sommergras, Tümpel und Wassergräben voller Kaulquappen und Frösche und natürlich den Fluß mit seinen Schilfufern und kleinen lehmigen Buchten, in denen Stichlingsschwärme in der Sonne standen und Libellen umherschwirrten.

Wenn man weiterzog, bis hinter das nächste Dorf, kam man an eine langgezogene, mit Mischwald bewachsene Hügelkette, deren höchste Erhebung, knapp neunzig Meter über Meeresniveau, der Welchenberg hieß. Mein Vater hatte mir erklärt, der Name wäre entstanden, weil die Holländer, die in einem völlig flachen Land lebten, beim Anblick dieses Berges »Welch ein Berg« gerufen hätten. Hier waren wir allerdings in feindlichem Gebiet und konnten mit den Dorfjungen aneinandergeraten, besonders wenn sie sahen, daß wir mit Pfeil und Bogen bewaffnet waren. Die Bauerndörfer ringsum waren immer gefährliches Terrain für Jungen aus der Kreisstadt. Es gab eine schwelende Rivalität, die sich manchmal, wenn sich feindliche Gruppen zusammenrotteten, in Steinwürfen und Schlägereien austobte. Später, als alle die Uniform des Jungvolkes trugen, wurden diese Kämpfe in Form von Geländespielen fortgesetzt.

Die Spiel- und Abenteuermöglichkeiten der Umgebung sind damit längst nicht alle beschrieben. Es gab zum Beispiel mehrere stillgelegte und wieder mit Gras und Buschwerk überwachsene Sandgruben, deren bizarre Bodenformationen mit ihren vielen Buckeln, Mulden und Abhängen sich besonders gut für das Indianerspiel eigneten. Nach der Getreideernte dehnten wir dann unsere Streifzüge auf die Stoppelfelder aus und kletterten auf den Strohmieten und in den Feldscheunen herum. Beliebte Klettergelände waren auch die Gerüste und Leitern von Neubauten, auf denen wir manchmal noch in der Dunkelheit mit Taschenlampen Nachlaufen spielten, erstaunlicherweise ohne daß jemals ein Unglück geschah. Fast in allen kleineren Straßen der Stadt konnte man unbehelligt vom Verkehr Fußball spielen. Es gab aber auch einen Sportplatz und später ein großes Freibad. Doch das Schwimmen im Fluß war schöner, vor allem, wenn man sich einen Kahn mietete oder, falls man zu mehreren war, gleich zwei Kähne, um weiter oberhalb auf dem Fluß, wo uns niemand sah, eine »Seeschlacht« zu veranstalten, die immer darauf hinauslief, daß wir alle ins Wasser fielen.

Zweifellos war der Umzug nach Grevenbroich für mich ein großer Glücksfall, vor allem, wenn ich an die Kindheit und die frühen Jugendjahre denke. Es sind die Jahre der Expansion, der phantasiegeleiteten Welteroberung, und dort gab es jede Gelegenheit dazu. Ich glaube, daß dies grundlegende Erfahrungen waren. Sie haben meine Zustimmung zum Leben fundiert, eine Neugier, einen Geschmack daran, die mir auch durch enttäuschende und bedrückende Erfahrungen nie ganz ausgetrieben wurden.

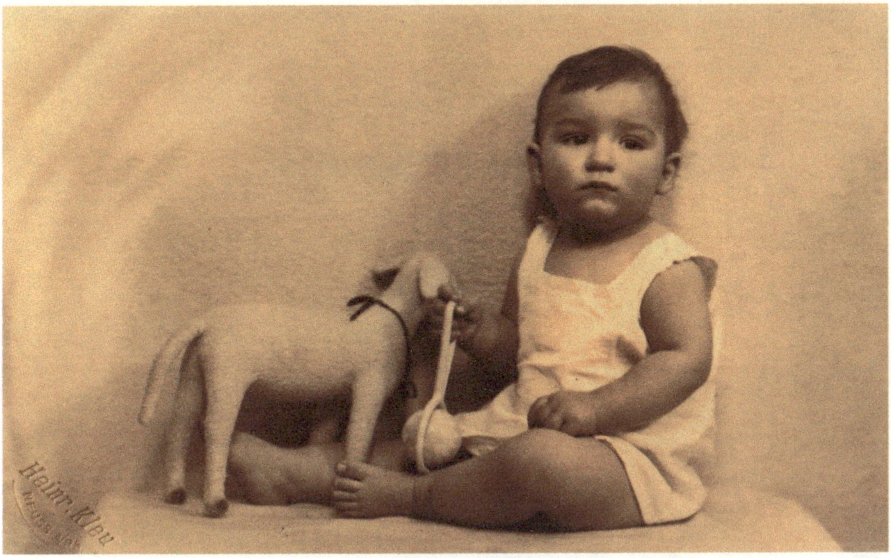

Geburtshaus.
Neuß Burgunder Str.

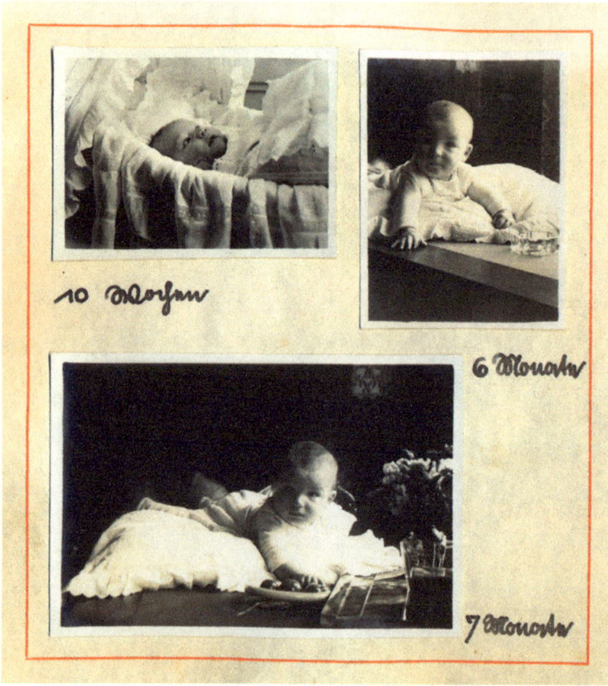
10 Wochen
6 Monate
7 Monate

24. Juli 1926.
den 17. August 1926.

»Kindheit« (1984)

Ein dauernd unterbrochener Film

Der Film der Erinnerung beginnt schwarz oder neblig grau, dann zeigen sich erste Bilder. Sie sind undeutlich und zucken schattenhaft vorbei. Immer wieder reißt der Film ab, und ein Thema ist noch kaum zu erkennen. Es ist ein Film mit weiten, leeren Zwischenräumen. Wo waren wir, während das Schwarzband läuft? Sind wir uns immer wieder abhanden gekommen?

Wegwerfen und zurückbekommen

Hier, in diesem Zwielicht von Erinnerung und Vermutung, glaube ich mich zu ertappen: ein Kind, das in seinem Gitterbett steht und seine Spielsachen nach draußen wirft. Es wippt auf seinen Beinen. Es wirft die Sachen mit kurzen plumpen Schwüngen. Sie werden ihm immer wieder zurückgegeben.

Die Angst

Nein, hier kann ich mich nicht halten. Ich treibe immer weiter fort. Licht ist da im Schlüsselloch der Tür, hinter der die Eltern sitzen, aber ich treibe immer weiter weg in das Dunkel, und das Licht ist nur ein winziger Punkt, der auch gleich erlöschen wird.

Der Widerstand der Welt

Ich war von meinem Stuhl heruntergerutscht, denn ich wollte lieber laufen, und natürlich riefen sie mich immer wieder zurück. Ich lief zwischen den Gartentischen durch, an denen die Leute saßen, und kam immer wieder zum Tisch meiner Eltern zurück. Ich lief weg und wurde gerufen, aber natürlich nur zum Spaß. Als ich meinen Kuchen gegessen hatte, lief ich gleich wieder weg. Ich wurde eingefangen und auf meinen Stuhl gesetzt und schlenkerte mit den Beinen. Dann lief ich plötzlich wieder weg, jauchzend darüber, daß sie mich verfolgten. Doch sie schrien alle, und am lautesten meine Mutter, und ich lief mitten in den sausenden Schlag einer Schaukel hinein.

Märchenbrunnen

Was ich dort immer sah, war der Märchenbrunnen. Die Eltern hatten es mir erklärt. Es war ein schwarz-weißes Bild, das über meinem Bett hing. Drei nackte Kinder saßen oben auf einem weißen Felsen und blickten auf drei große schwarze Frösche herab, die drei Wasserstrahlen ausspien. Die Kinder hatten sich eng aneinandergedrängt. Die Wasserstrahlen reichten nicht bis zu ihren Füßen. Waren die Kinder vor den Fröschen auf den Felsen geflohen? Konnten sie nie wieder herunterkommen? Argwöhnisch beobachtete ich die Frösche. Alle drei hatten ein Hinterbein ausgestreckt und das andere unter ihren Leib gezogen. Das sah so aus, als wären sie gerade auf den Rand des Brunnens gekrochen. Konnten sie mit ihren langen Beinen und platten Füßen auch zu den Kindern auf den Felsen klettern? Manchmal glaubte ich, daß einer der Frösche sich bewegt hatte, aber ich konnte nie etwas Verdächtiges entdecken. Auch wenn ich einige Zeit wegblickte und schnell wieder hinschaute, saßen sie immer noch so auf dem Brunnenrand. Bloß wenn man mit den Augen zwinkerte, geschah schnell etwas, was man nicht sehen durfte.

Das Schneespiel

Das erste Hochgebirge, das ich gesehen habe, war eine Formation aus Bauklötzen, Büchern, Zigarrenkisten und Kartons auf dem Boden meines Zimmers. Ich hatte es selbst aufgebaut, aber es war ein wirkliches Gebirge. Ich legte mich flach auf den Fußboden, um es aus der Ferne zu betrachten, eine zackige Erhebung hinter der bräunlichen Ebene des Teppichs. Ich konnte sehen, wie hoch es war. Die kleinen Holzfiguren aus dem Halmaspiel mußten hindurchwandern und konnten sich dabei verirren. Dann riefen sie mit hohen Stimmen und stiegen ächzend die senkrechten Wände hoch. Dabei konnten sie abstürzen. Andere mußten aufbrechen und die Verunglückten suchen. Vielleicht stürzten die Retter auch ab, und am Ende waren alle tot. Das war langweilig. Es war das Ende des Spiels. Das Gebirge war jedenfalls nicht besiegt worden, bis zum nächsten Mal. War ich auf seiten des Gebirges oder hielt ich zu den kleinen Figuren? Das wußte ich nicht genau. Das Gebirge war jedenfalls gewaltig, und alle, die darin herumkletterten, sollten es nicht leicht haben. Ich beschloß, daß es Winter wurde. Mit einem Locher stellte ich den Schnee her. Ich arbeitete lange, suchte immer noch mehr Papier. Ich konnte nicht genug weißes Papier bekommen, und so nahm ich auch die alten Zeitungen, vor allem die weißen Ränder. Es war schon viel Schnee in der Papiertüte, aber ich wollte noch eine halbe Stunde weitermachen. Dann ging die erste kleine Holzfigur los. Sie erstieg die Vorberge, und jetzt endlich fiel der Schnee. Er wirbelte auf das Gebirge herab und blieb überall liegen. Ich brauchte viel Schnee, mehr als ich gedacht hatte. Ich ließ ihn langsam fallen, damit es noch nicht aufhörte.

Wer war ich jetzt? Der kleine, rote, im Gebirge verirrte Bergsteiger oder die Schneewolke? Ging ich dort unten durch den Schnee oder schwebte ich hier oben? Solange es schneite, war ich die Schneewolke. Nein, ich war beides. Ich machte ja alles. Ich konnte den kleinen roten Mann da unten sterben lassen.

Sich verfliegen

Das war genauso seltsam wie das Fliegen. Ich konnte nämlich fliegen, wenn ich schlief. Ich brauchte nur die Oberarme an meinen Körper zu pressen, dann erhob ich mich und sah schon auf Dächer und Bäume und in die Straßen hinab. Das durfte ich wohl niemandem erzählen, niemand würde es mir glauben. Aber ich konnte es, auch wenn ich manchmal ein wenig absackte und gegen die Baumwipfel und Dächer und die Drähte der Straßenbahn zu stoßen drohte. Ich brauchte nur die Arme an mich zu pressen, dann pumpte ich die Flugkraft in mich hinein, die mich immer höher hob. Das Höhersteigen beherrschte ich, nicht das Herunterkommen. Manchmal stieg ich so hoch, daß ich unter mir nichts mehr sehen konnte, und immer wieder kam ein neuer Schwall von Flugkraft unter meine Arme. Das machte mir Angst, und schnell sagte ich mir: Ich kann ja nicht fliegen. Und dann konnte ich es nicht mehr.

Löwe und Tiger

Ich wußte nicht, wer stärker war: Der Löwe? Der Tiger? Der Löwe war der König der Tiere. Aber der Tiger war genauso groß. Ich bewunderte die Mähne des Löwen, aber der Tiger hatte dieses schöne rotbraune, streifige Fell. Der Löwe lag in seinem Käfig und blickte in die Ferne, der Tiger wanderte unruhig hinter dem Gitter hin und her. Ich konnte mich nicht entscheiden. Ich mußte die Erwachsenen fragen. Die wußten auch nichts Genaues und hatten wenig Interesse daran. Der Löwe lebte ja auch in Afrika und der Tiger in Indien. Sie kämpften nie gegeneinander. Es war trotzdem wichtig zu wissen, wer gewinnen würde. Ich entschied mich für den Löwen. Aber ich war unsicher, wenn ich den Tiger sah. Wer wollte ich denn selbst sein?

Matrosenbluse und Russenkittel

»Das steht dir doch gut«, sagte meine Mutter. »Alle Jungen tragen Matrosenblusen.« Das stimmte gar nicht. Wie konnte sie so etwas behaupten? Warum sollte ich eine Matrosenbluse anziehen, obwohl ich kein Matrose war? »Willst du lieber den Russenkittel?« fragte sie. Nein, ich wollte nichts nichts nichts davon! Aber warum stellte ich mich so an? Wir wollten doch in den Zoo fahren und ein Eis essen. Gut, dann würden wir es eben nicht tun. »Überleg's dir«, sagte sie.

Allein im Haus

»Bevor es dunkel wird, sind wir zurück«, hatten die Eltern gesagt. Nach dem Mittagessen waren sie weggefahren. Meinen kleinen Bruder hatten sie mitgenommen. Nun wurde es schon dunkel. Sollte ich schnell durch das Haus gehen und prüfen, ob alles in Ordnung war? Ich mußte im Erdgeschoß die Rolläden herunterlassen, damit keine Einbrecher hereinkonnten. Hinter den geschlossenen Rolläden fühlte ich mich viel einsamer. Und ich wußte ja nicht, ob sich vielleicht jemand im Keller oder auf dem Speicher versteckt hatte, ein fremder Mann, der das Haus ausraubte oder noch etwas Schlimmeres tat. Am sichersten war ich wohl im Wohnzimmer, nahe der Haustür. Dann konnte ich den Eltern gleich entgegenlaufen. Es war furchtbar still im Haus. Vielleicht würde plötzlich die Tür auffliegen, und der Fremde kam herein. Mein Herz klopfte. Jetzt war es schon lange dunkel, und die Eltern kamen nicht. Vielleicht waren sie mit dem Auto verunglückt. Vielleicht kamen sie nie mehr.

Nachtwanderung

Nun mußte ich gut aufpassen, denn ich ging über die Dächer und wußte gar nicht, wie ich dorthin gekommen war. Es war nämlich Nacht, aber es war auch sehr hell, so daß ich die Dachziegel sehen konnte. Oder war das jetzt die Brüstung vom Balkon, auf der ich balancierte? Ich mußte wirklich aufpassen, aber ich war trotzdem sorglos. Nur daß ich jetzt fror und in mein Bett wollte, denn ich war auch gar nicht angezogen. Und inzwischen wurde alles finster, und ich fand das Bett nicht. Hier war überall eine Wand, und lauter Dinge standen mir im Weg, die Krach machten, wenn ich gegen sie stieß. Ich fror und schnatterte vor Kälte, weil ich auch sehr müde war. Vielleicht war ich ja in meinem Bett und konnte nur die Decke nicht finden. Alles war anders um mich herum. Alles fühlte sich hier fremd an. Das war egal, ich wollte schlafen. Doch jetzt ging das Licht an, und meine Mutter zog mich aus der Zimmerecke. »Was machst du denn hier?« sagte sie. »Warum bist du nicht im Bett?« »Ich hab mich verirrt«, stammelte ich. Dann merkte ich, daß ich mich naß gemacht hatte.

Einsamkeit

Wenn wir übers Wochenende zu den Eltern meiner Mutter fuhren, mußte ich im Erkerzimmer schlafen, wo eine große Standuhr ihren Takt schlug. Von der Straßenlaterne fiel ein wenig Licht ins Zimmer, und ich konnte das dunkle Schimmern des hin- und herschlagenden Pendels sehen. Die Uhr schlug alle Viertelstunden. Es begann mit einem Rasseln in ihrem Inneren, dann ertönte der Gongschlag, und das schwere Tacken begann wieder. Ich zog mir die Decke über die Ohren und versuchte einzuschlafen, bevor das nächste Rasseln begann und der Gongschlag ertönte. Inzwischen war ich schweißnaß. Durch zwei Türen hindurch hörte ich die Stimmen der Erwachsenen. Manchmal hörte ich meine Mutter heraus, aber es konnte auch eine Tante sein. Sie lachten. Sie waren lustig. Ich konnte doch nicht zugeben, daß ich Angst vor einer Uhr hatte. Aber es wurde immer schlimmer. Das Rasseln und die Gongschläge überfielen mich im Dunkeln, und nach kurzer Zeit begann ich schon wieder auf sie zu warten, um mir rechtzeitig die Ohren zuzuhalten. Plötzlich hörte ich die Stimmen der Erwachsenen. Die Tanten und Onkel gingen nach Hause, und meine Eltern wollten nach oben gehen. Ich rief meine Mutter. Sie schaute nur zur Tür herein und fragte, warum ich nicht schliefe. Ich gestand, daß ich Angst vor der Uhr hatte, aber das wollte sie nicht gelten lassen. Als sie mich umarmte, roch ich ihr Parfüm. Sie hatte auch Wein getrunken. Ich spürte, daß sie ungeduldig war, denn der Vater war schon nach oben gegangen. Ich wollte so gerne bei ihnen im Bett schlafen. Sie sagte, es sei zu eng. Und ich solle nicht so dumm sein. Ich hielt ihre Hand fest, aber ich spürte ihre Ungeduld. »Vater wartet auf mich«, sagte sie, »und nun schlaf du schön.« Ich lag im Bett und lauschte auf das Tacken der Uhr. Zwei Stockwerke höher lagen meine Eltern im Bett, so weit weg, daß ich sie nicht rufen konnte. Und das wollten sie ja auch nicht.

Das Lied der Wolgaschiffer

Die Mutter meines Vaters hieß »die große Oma«, weil sie so groß und schwer war. Zu ihr fuhr ich sehr gerne. Sie hatte eine Wohnung mit mehreren Zimmern. Eins davon war vermietet an Fräulein Fischer, eine Krankenschwester. Wenn Fräulein Fischer nach Hause kam, mußte ich leiser sein. Aber sie war meistens nicht da. Dann konnte ich tun, was ich wollte. Ich durfte durch die ganze Wohnung laufen und Zug spielen. Ich lief immer im Kreis durch Wohnzimmer, Eßzimmer und den großen Flur, und manchmal rief meine Großmutter »Kommt der Zug bald an?«, und dann lief ich zu ihr in die Küche und auch noch auf den kleinen Balkon und dann – nachdem ich kurz angehalten hatte und mit irgend etwas gefüttert worden war – sofort wieder in den Flur, wo der Rundkurs begann.

Im Eßzimmer kam ich unter dem Bild mit dem Matrosen vorbei, der mitten im stürmischen Meer auf einer Planke kniete. Sein Schiff ging gerade unter, aber er reckte dem feindlichen Kriegsschiff die zerfetzte Fahne entgegen. Das Bild hieß »Der letzte Mann«. Ich sah es mir oft an.

Aber noch aufregender war das Grammophon, das im Flur stand und mit einer Kurbel aufgedreht werden mußte. Ich legte immer wieder dieselbe Platte auf. Sie hieß »Die Wolgaschiffer«. Ein Chor von Männerstimmen sang »Wolga, Wolga«, mehr konnte ich nicht verstehen, denn die Platte war alt und knisterte und knackte, und die Feder des Grammophons war ausgeleiert. Immer wieder mußte ich schnell kurbeln, damit die Platte nicht stehenblieb. So jaulte sie dauernd auf und ab. Die Stimmen wurden langsamer und sackten tiefer, und dann kurbelte ich heftig, und sie kamen wieder in Schwung und stiegen rasch höher, bis sie wie kleine Kinder klangen. Aber zwischendurch gab es einige Augenblicke, wo ich hörte, wie schön das Lied war. »Wolga, Wolga«, sangen sie. Die Wolga war ein großer Fluß in Rußland, sehr weit weg von hier. Auch die Stimmen schienen sehr weit weg zu sein. Nicht weil sie leise waren, sondern weil sie so traurig klangen, wenn sie nicht gerade absackten oder zu hoch stiegen. Einmal wollte ich das ganze Lied hören, aber es gelang mir nicht. Es war, als spähte ich durch einen Schlitz, der sich immer wieder schloß.

(…)

Die Beschriftung der Welt

Das war ja wunderbar: Ich konnte lesen, und von Woche zu Woche ging es besser. Ich las jetzt alles, was es zu lesen gab. Und die ganze Welt war voller Schrift. Persil bleibt Persil, stand da. Und: Vivil macht den Atem frisch. Aus gutem Grund ist Juno rund, gefiel mir gut, obwohl ich es nicht verstand. Unter der Pappfigur mit der Zipfelmütze und der Kerze, die ich schon oft gesehen hatte, stand der Spruch:

Nimm Darmol und du fühlst dich wohl. Aber besser fand ich den Satz: So nötig wie die Braut zur Trauung ist Bulrich-Salz für die Verdauung. Es gab auch seltsame Worte, die ich noch nie gehört hatte, wie Sandblatt und Kürschnerei, und lange wie Eisenwarenhandlung und Bärentraubenblättertee. Auf den Flaschen im Putzschrank meiner Mutter stand Feuergefährlich und Vor Gebrauch schütteln. Die Bierflasche hieß einfach Rannen Alt. Aber ich brauchte lange, bis ich das Etikett der Weinflasche entziffert hatte. Sie hieß zu meiner Verblüffung Oppenheimer Krötenbrunnen. Die Straßenschilder bereiteten mir keine Überraschung, denn ich kannte die Namen Uhlhornstraße, Lindenstraße, Auf der Schanze und Am Hagelkreuz und noch viele andere, doch jetzt kamen immer mehr dazu. Und dann waren da auch immer Plakate an den Wänden und Litfaßsäulen, auf denen Kampf dem Alkohol, Wählt Liste I und Deutschland erwache stand. Es gab viel zu lesen. Ich schaute schon kaum noch hin. Und ich hatte ja jetzt auch ein eigenes Buch bekommen: *Die deutschen Heldensagen.*

Die unaufhaltsame Eisenbahn

Mein Vetter Klaus hatte mir *Winnetou I* geliehen, und als ich las, wurde ich immer aufgeregter. Da gab es also ein Land, in dem Bisons und wilde Mustangs herumliefen, und es gehörte den Indianern. Aber die weißen Männer kamen mit ihren Gewehren und ihrem Feuerwasser und bauten eine Eisenbahn hindurch. Sie nahmen den Indianern einfach ihre alten Jagdgründe ab. Ich hatte im Atlas schon die Folgen gesehen. Die Apachen und Komantschen, die ich aus dem Buch kannte, bewohnten nur noch ganz kleine Reservate.

Auch bei uns führte die Bahnlinie mitten durch den Busch. Zusammen mit meinen Freunden, die auch alle *Winnetou I* gelesen hatten, zog ich zum Bahndamm und wartete auf den Zug. Wir hatten Speere und selbstgemachte Bögen und Pfeile, und wir hatten verabredet, daß wir Apachen waren. Den Zug konnte man schon von ferne kommen hören, wenn man das Ohr an die Schienen legte. Und dann kam er, immer schneller, und wurde riesengroß. Wir stießen ein Kriegsgeheul aus.

Aber der Zug war noch viel lauter.

(...)

Die Prozession zieht vorbei

Wenn am Fronleichnamstag die Glocken läuteten und die Prozession durch die Hauptstraße zog, lief auch ich dorthin und wartete. Die Straße, abgesperrt von allen Seitenstraßen, war festlich verwandelt. Blumen waren auf das Pflaster gestreut worden, und überall in den Hauseingängen standen geschmückte Altäre, auf denen Kerzen und ewige Lichter brannten. Von weitem sah ich die Prozession kommen in ihrer feierlichen Langsamkeit, überwölbt von den Klängen einer Blaskapelle. Voran ritten drei Polizeireiter, ihre Pferde trappelten manchmal unruhig auf der Stelle, bis der Zug aufschloß und es weiterging. Ein dichtes Gedränge dunkelgekleideter Menschen zog vorbei, Gebetbücher in der Hand, die meisten schweigend, manche auch verhalten das Lied singend, das die Blaskapelle weiter vorne gerade spielte. Auch Uniformierte waren darunter, die Forstleute, die Feuerwehr, einige Männer, die Schärpen, manche, die Orden trugen. Die weiß-gelben Kirchenfahnen wurden vorbeigetragen. Angeführt vom Kaplan, kamen die Kinder heran: die Mädchen in weißen Kleidern mit Kränzen auf dem Kopf, die Jungen in kniekurzen dunkelblauen Anzügen und mit weißen Kniestrümpfen. Ich kannte viele von ihnen, aber sie sahen jetzt alle verwandelt aus. Sie blickten fast alle geradeaus mit schläfrigen Gesichtern, schienen mich gar nicht wahrzunehmen. Und jetzt näherte sich wieder Gesang. Das waren die Nonnen aus dem Krankenhaus, ein geschlossener Chor von Stimmen, die, als die Kapelle weit vorne mit dem Lied zu Ende war, sofort zu beten begannen. Auch die Priester in ihren langen weißen Spitzengewändern beteten und die Meßknaben, die wie kleine Priester aussahen. Und nun kam das Allerheiligste: – der rote Samtbaldachin, von vier Männern getragen, unter dem der Dechant ging, der die Monstranz trug.

Alle Menschen am Straßenrand waren jetzt in die Knie gesunken und bekreuzigten sich. Nur ich nicht. Ich stand allein da, ein wenig beklommen, doch brennend vor Stolz. Ich stand da, ich brauchte nicht zu knien. Und wenn sie auch ringsum alle so taten, als ob sie mich nicht gesehen hätten, sie wußten natürlich genau, daß ich nicht gekniet hatte. Langsam zogen jetzt die betenden Frauen vorbei, alle in dunklen Kleidern oder Mänteln, mit Hüten auf dem Kopf, und ich hörte die fremden Worte, die sie murmelten: »Gegrüßet seist du Maria, voll der Gnade. Gebenedeit bist du unter den Weibern«. Seltsam war das, seltsam, und ein bißchen unheimlich. Sie zogen vorbei, zertretene Blumen auf der Straße zurücklassend. Ich konnte beruhigt nach Hause gehen, wo es solches Gemurmel nicht gab. Ich jedenfalls hatte nicht gekniet.

Der Martinszug

Aber ich liebte den Martinszug, zu dem wir uns abends im November, wenn es dunkel geworden war, in der Schulstraße versammelten. Aus allen Richtungen sah man die Kinder mit ihren selbstgebastelten bunten Laternen kommen. Und dann hörten wir auch schon die Feuerwehrkapelle, die vom Kirchplatz aus heranmarschierte, und zum Schluß kam Sankt Martin, mit Helm und rotem Umhang, auf seinem Schimmel herangeritten und setzte sich an die Spitze des Zuges. Es war eine lange Schlange wippender Lichter, in deren Mitte große, von verschiedenen Schulklassen gebastelte Kastenlaternen mitgeführt wurden. Sie stellten die Kirche, die Schule und den Torbogen vom alten Schloß dar. Ich selbst trug eine bunte Papierlaterne mit aufgeklebten Scherenschnitten. Manche hatten Laternen aus buntem Glas. Überall sah man auch die großen gelben Mondgesichter und andere Fratzen, und einige trugen ausgehöhlte Rüben mit Augen und Mundlöchern auf einer Stange, ein Windlicht flackerte darin. Rechts und links vom Zug gingen Männer mit lodernden Pechfackeln, und am Straßenrand standen Frauen mit kleinen Kindern, die auch schon Laternen in den Händen hielten. Die Musikkapelle spielte, und wir sangen die Lieder, die wir in der Schule geübt hatten. Und zum Schluß standen wir alle auf dem Kirchplatz, und Sankt Martin hielt von seinem Pferd herunter eine kurze Rede, in der er uns ermahnte, immer an die Hilflosen und die Armen zu denken und mit ihnen zu teilen, wie er es mit dem Bettler gemacht hatte. Und bevor er davonritt, wurden alle Pechfackeln auf einen Haufen gelegt, der langsam ausbrannte. Aber das warteten wir nicht mehr ab, denn nun zogen wir in kleinen Gruppen singend von Tür zu Tür, um für den Gesang mit Süßigkeiten belohnt zu werden. Es war immer dasselbe Lied, das den Leuten den heiligen Martin als Vorbild hinstellte und sie dann um eine kleine Gabe bat.

Dä hillije Sinter Mate, dat wor ne jode Mann,
he jov de Kinger Käzche end stoch se selver an.
Butz butz Fidibutz, dat wor ne jode Mahan ...

Und dann ging es hochdeutsch weiter mit dem eigentlichen Bittgesang:

Hier wohnt ein reicher Mann,
der uns vieles geben kann,
lange soll er leben, selig soll er sterben,
das Himmelreich erwerben.
Laßt uns nicht so lange stehn,
denn wir müssen weitergehn,
weitergehn.

Meistens brauchten wir nicht lange zu warten. In manche Häuser wurden wir sogar hereingeholt, und wenn wir gesungen hatten, stopfte man uns die Taschen und Beutel voll. Draußen begegneten wir anderen Singgruppen, mit denen wir unsere Ausbeute verglichen. »Wieviel habt ihr? Wo seid ihr gewesen?« Eigentlich hatte ich längst genug. Doch dieser Abend sollte nicht aufhören. So zog ich weiter mit, auch als meine Laterne ausgebrannt war und ich keine Kerze mehr hatte, um sie wieder anzuzünden. Hans E. war schon nach Hause gegangen. Helmut war noch dabei. »Wir machen doch noch weiter«, sagte ich. Aber Helmuts Laterne brannte auch schon aus. Warum mußte immer alles zu Ende gehen?

(...)

An manchen Sonntagen

An manchen Sonntagen konnte ich nichts mit mir anfangen. Ich döste in meinem Zimmer oder saß lange am Fenster, obwohl es dort nichts Interessantes zu sehen gab. Mein Vater ging unten an den Beeten entlang und betrachtete die Knospen am Spalierobst. Im Nachbargarten lief der fette alte Dackel herum und wurde wieder hereingerufen. Unser Garten mit seinen eingefaßten Beeten und rötlichen Aschenwegen sah ziemlich langweilig aus. Lieber schaute ich zu den Bäumen in Ackermanns Park hinüber, weil sie so groß waren, größer als unser Haus.

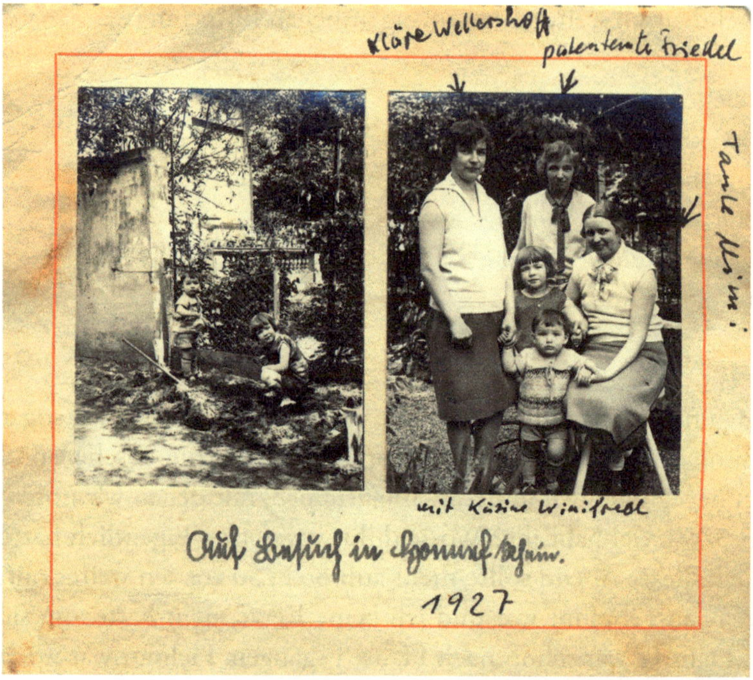

Kläre Wellershoff
patentante Friedel
Tante Mimi
mit Kusine Winifred
1927

Tante Mimi
Onkel Peter
Vater
Mutter
1927

Im Kinderwagen mit den Eltern
mit der Mutter
In Bad Honnef am Rhein
1927
Im Garten der Großeltern
Königin Sophie Str. Bad Honnef

Weihnachten 1927 bei der „großen" Omama.

Nordsee-Aufenthalt
im
Sommer 1928.
mit Keuchhusten

Tante Mimi u. Mutter
Kusine Winnifred

mit Hans hilfe in Neuß

mit Mutter

In Honnef
mit Ellen u. Vetter Klaus

Dr. Wellershoff
Mainzer Strasse 46
5000 Köln 1
☎ 0221/388565
Vati, Mutti, Tante Mimi
Vetter Klaus, Kusine Ingeborg

5100
Vater, Mutter, Vetter Klaus, Dieter
ca 1930/31? Opel P4

2. Kriegsjahre

Bad Reichenhall, 29.12.1944

Meine Lieben!

Wir sitzen hier im Krankenzimmer an unserem Tisch, auf dem unser kleines Weihnachtsbäumchen steht und horchen der Musik des Radios. Die Portierfrau war so freundlich uns ihr Radio zu leihen. Schade nur, daß wir über Weihnachten keine Musik hatten. Man hat bald nicht gemerkt, daß Weihnachten war. Das letzte schöne Weihnachten war vor zwei Jahren als ich noch zu Hause war.

Die Weihnachtsfeier des Lazaretts habe ich geleitet, es war einigermaßen viel Arbeit, aber ich habe dabei ein nettes Mädchen kennengelernt.

Am ersten Weihnachtsfeiertag kam dann euer Einschreibebrief mit den Marken und dem Geld an. Ich danke euch vielmals und habe mich sehr darüber gefreut. Jetzt kann ich doch wenigstens mit meiner kleinen Freundin irgendwohin gehen und brauche nicht immer im Kalten rumzulaufen.

Euer angekündigtes Päckchen und auch den Brief habe ich noch nicht erhalten, von Honnef und sogar von Vater bekomme ich überhaupt keine Post.

Mir geht es jetzt ganz gut, meine Wunde ist zwar noch nicht ganz zu, aber sie macht mir keine Beschwerden mehr. Ich wäre glücklich, wenn ich diesen Winter nicht mehr raus an die Front brauchte. Denn Tag und Nacht und bei Eis und Schnee in einem Erdloch zu liegen, vollständig durchgefroren und mit durchnäßten Sachen, das ist wirklich kein Vergnügen. Was die Soldaten jetzt draußen auszuhalten haben, kann man in der Heimat gar nicht ermessen.

Wie geht es Euch noch. Ich hoffe, daß Ihr und die Kinder alle gesund und munter seid.

Eben haben wir Fliegeralarm. Wir müssen alle in den Keller.

Nochmals vielen Dank und herzliche Grüße von Eurem Dieter

Killing fields

(1970)

Der Schütze liegt in sich gerade
aber schräg zum Ziel
sagt der General.
Ich frage mich
wie die Toten liegen.
Der General sagt es nicht
die Dienstvorschrift weiß es nicht
aber die Toten liegen schön da
wie Teilnehmer einer Scharade
eines fanatischen Figurenwerfens.
Manche liegen auf dem Bauch
wie gestürzte Läufer
manche blicken zum Himmel
und breiten die Arme aus
manche schwimmen in Wassergräben
liegen am Fuß von Böschungen
zusammengerollt einer liegt
in einer Astgabel
mit herunterhängendem Arm.
Die Toten liegen schön da
überzeugende Darsteller
eines Augenblicks
und ohne Ziel.

Ach so ist das!

(1987)

In Erinnerung an meinen Schulfreund Franz Brendgen,
der 1945 an einem Kopfschuß gestorben ist,
den er noch kurze Zeit überlebte.
Auf meine Frage, was in ihm vorgegangen sei,
als er getroffen wurde, antwortete er, er habe gedacht:
Ach so ist das!

Lärm war um ihn herum und er lief. Geknatter wie von fernen und nahen Feuerwerken. Und Schreie. Ich bin, ich bin nicht. Ich bin, ich bin nicht – dachte er, während er in den grauen Raum hineinlief, auf die feurigen Punkte zu. Ich bin, ich bin nicht. Ich bin, ich bin nicht. Ich bin, ich bin nicht – die keuchende Lebensmaschine, die er jetzt noch war. Augenblick für Augenblick gerettet, Augenblick für Augenblick unauffindbar. Ich bin, ich bin nicht. Ich bin, ich ...

Sein Helm dröhnte, und er wurde hintenüber gerissen. Ach so ist das! dachte er. Ach so ist das! Es war ihm eine Frage beantwortet worden, an die er sich blitzartig erinnerte, die Frage, wie das Sterben sei. So, dachte er, so! Er hatte es nicht gewußt, nicht vorausgesehen. Es kam als ein Schlag von weit her, unerwartet in diesem Augenblick und mit unvorstellbarer Wucht. Er hatte das unausdenkliche Faktum immer erwartet, hatte sich darauf vorzubereiten versucht. Aber das war gar nicht nötig gewesen. Es war ja schon geschehen, und nun wußte er es. So ist das! So einfach.

Er lag jetzt auf der Erde, umgeben von Stille, obwohl da eigentlich Lärm sein mußte, und er versuchte, sich an den Lärm zu erinnern, der unendlich weit weggerückt war, um Platz zu machen für seine Gedanken. Aber er brauchte nicht so viel Platz. Das war falsch! Er mußte alles zusammenhalten, um sich zu erinnern. Er mußte sich an das Lärmen erinnern. Er war ein Teil dieses Lärms gewesen, und er wartete darauf, daß er wieder einsetzte, zusammen mit dem Schmerz. Ein Teil von was? dachte er. Was fehlte jetzt? Nicht der Lärm, nicht die Schmerzen, nichts, was er nicht vergessen durfte. Jetzt, da er alles wußte, begann er alles zu vergessen. Er spürte, wie er einwilligte. Dort in dem Dunkel war jetzt das Beste zu finden. Ja, er glaubte sich zu erinnern: das Beste, das Einzige. So ist das, so ist das, pumpte sein Herz.

Das Kainsmal des Krieges

Laudatio für Hannes Heer
(1997)

Meine Damen und Herren, lieber Hannes Heer – als ich die Aufgabe übernommen habe, heute hier aus meiner Erfahrung: zu sprechen, ahnte ich nicht, wie sehr mich das aufwühlen und belasten würde.

Ich kannte ja das Thema der Ausstellung und stimmte überein mit Ihrer Absicht, die zählebigste und vielleicht letzte große Mystifikation, hinter der die Wirklichkeit des 2. Weltkrieges, verborgen war, durch eine anschauliche Demonstration der Fakten aufzulösen – nämlich die weitverbreitete Ansicht, deren Kurzfassung lautet: »Die Wehrmacht war sauber.« Genauer gesagt, die deutsche Wehrmacht sei auch im Machtgefüge des NS-Staates und seiner Ideologie und während des eskalierenden Krieges eine in sich geschlossene Institution mit einem traditionellen Ehrenkodex geblieben und habe einen rein militärischen Kampf gegen militärische Gegner geführt. Was im Hinterland der Front geschah – massenhafte Geiselerschießungen, massenhafte Deportationen, das Niederbrennen von Dörfern entlang der Bahnstrecken, auf denen der deutsche Nachschub an die Front rollte –, sei die Aufgabe von Polizeibataillonen und Spezialeinheiten der SS gewesen, die wiederum einen Teil ihrer blutigen Arbeit an ukrainische und baltische Hilfstruppen abschoben.

Es versteht sich, daß die Nazipropaganda dafür sorgte, daß dieser schmutzige Krieg im dunkeln blieb. In den Wochenschauen und in der illustrierten Presse sah man davon keine Bilder. Es sei denn die unrasierten, abgemagerten und erschöpften Gesichter gefangener russischer Soldaten, die als Kontrastfolie zu den lachenden, strahlenden Gesichtern der siegreichen deutschen Soldaten zu dienen hatten.

Ich weiß nicht, ob sich damals viele Leute gefragt haben, was denn wohl den russischen Soldaten angetan worden sei. Nicht wenige sind vermutlich der rassistischen Suggestion gefolgt, die eine markante Sprecherstimme den Bildern unterlegte, nämlich daß es sich hier um zwei grundverschiedene Menschensorten handele, zwischen denen der Endkampf um die Zukunft Europas begonnen habe. Die Bilder ließen keinen Zweifel daran, wer der berechtigte Sieger sein würde.

Die Wehrmacht war der Stolz der Nation, Verkörperung eines nationalen Allmachtstraums, in dessen Wahnzentrum der düstere Phantast stand, der Der Führer oder Unser Führer genannt wurde, umgeben von Generälen, die durch ihn den Höhepunkt ihres beruflichen Daseins erlebten, während er, viele Tagtraumetagen darüber, sich als von der Vorsehung berufener Vollstrecker eines historischen Auftrags erlebte, der darin bestand, unbegrenzten neuen Lebensraum im Osten zu erobern und zu germanisieren, was auch bedeutete, die einheimische Bevölkerung zu unterdrücken, zu vertreiben oder umzubringen.

Damals, das Unternehmen Barbarossa lief auf vollen Touren, schnappte ich eine Bemerkung meines Vaters auf, der als Reserveoffizier in einem Luftwaffenstab in Münster in Westfalen Adjutant des Kommandeurs war und wußte, was im Kasino geredet wurde. Er war zu einem Wochenendurlaub nach Hause gekommen, weil sein Bruder aus Oberschlesien angereist war, wo er mehrere Staatsdomänen verwaltete. Wahrscheinlich, so nehme ich an, war der Onkel als Agronom und Vater von sechs Kindern eine Idealfigur für die Germanisierungspläne der Nazis im Osten und wurde angesichts des nahe geglaubten Sieges schon entsprechend bedrängt. Jedenfalls war er gekommen, um sich mit meinem Vater über die Probleme der Zukunft zu beraten. Als ich zufällig ins Zimmer kam, hörte ich, wie mein Vater sagte: »Nach dem Krieg wird sich die Wehrmacht das Heft nicht mehr aus der Hand nehmen lassen.« Danach schwiegen sie. Sie warteten darauf, daß ich das Zimmer wieder verließ.

Die Prognose meines Vaters war natürlich in mehrfacher Hinsicht falsch. Weder hatte die Wehrmacht das Heft in der Hand – konnte es also auch nicht in der Hand behalten –, noch hätte sie nach einem gewonnenen Krieg Hitler entmachten können. Attentäter hätten dann Motivations- oder zumindest Glaubwürdigkeitsprobleme bekommen, und breiterer Widerstand hätte sich in der Armee kaum formieren können. Aber das ist ja alles – glücklicherweise, muß man sagen – rein spekulativ, da der Krieg verlorenging.

Dieser Krieg war Hitlers Projekt. Die Kriegsziele und die Art, wie der Krieg seit 1941 geführt wurde, waren Ausdruck seiner wahnhaften rassistischen Phantasien. Aber er führte ihn natürlich nicht allein, sondern mit seinem militärischen Machtinstrument, der deutschen Wehrmacht, die auf seine Person vereidigt war.

Die Ausstellung und die Aufsätze des Textbandes, besonders Ihr Aufsatz, Hannes Heer, über »Die Logik des Vernichtungskrieges« und der Aufsatz von Jan Philipp Reemtsma über »Die Idee des Vernichtungskrieges« zeigen, wie die Wehrmacht mit dem Einmarsch in die Sowjetunion sich in einen totalen Krieg verstrickte, über den sie die Kontrolle verlor. Zwar war das Unternehmen Barbarossa militärisch noch als Blitzfeldzug geplant, doch in seinem Schlepptau, räumlich gesehen im Hinterland der vorrückenden Front, begann schon der andere Krieg, der auf die Vernichtung des Gegners durch die Brechung seiner Lebenskraft zielte. Und im gleichen Maße, wie das Konzept des Blitzkrieges scheiterte und ein rein militärischer Sieg immer zweifelhafter wurde, schon weil eine Ausweitung der Operationen weit über den Ural hinaus nicht machbar erschien, verschmolzen die beiden Kriege, ganz im Sinne von Hitlers Idee vom Kampf ums Dasein zwischen zwei Völkern, zu einem totalen Krieg.

Die Bevölkerung spürte das, spätestens mit den schweren Rückschlägen des Winterkrieges 1941/42, auf den die Wehrmacht in keiner Hinsicht vorbereitet war. Die Stimmung verdüsterte sich schlagartig, denn es gab lauter Notsignale. Winterkleidung wurde gesammelt. Und wir, die damals 16jährigen, wurden auf verschneiten Truppenübungsplätzen auf den Winterkrieg vorbereitet.

Wie die meisten meiner Klassenkameraden meldete ich mich später freiwillig. Aber ich hatte keine pubertären Flausen mehr im Kopf, sondern begann mit dem Schlimmsten zu rechnen, und das hieß für mich damals: verlorener Krieg und eigener Tod.

Ich erlebte die letzten Kriegsjahre ab Herbst 1943 als 17- bis 19jähriger Soldat in den wechselnden Szenerien von Kaserne, Front, Lazarett und Gefangenenlager und habe darüber ein Buch geschrieben, das genau ein halbes Jahrhundert nach dem Kriegsende erschienen ist, gleichzeitig mit der von Ihnen, Hannes Heer, zusammen mit Klaus Naumann herausgegebenen umfangreichen Dokumentation zur Ausstellung über den Vernichtungskrieg. Wir haben uns aus diesem Anlaß kennengelernt, in einer öffentlichen Rundfunkdiskussion in Köln, bei der es um Krieg und Kriegsende ging. Ich hatte Ihre Dokumentation noch nicht gelesen, Sie aber mein Buch. Und Sie sagten mir: Das Buch sei ein Geschenk für Historiker – vor allem als ein Stück Kriegsalltag und Mentalitätsgeschichte. Ich habe mich durch diese Bemerkung sofort verstanden gefühlt. Denn was ich hatte darstellen und verständlich machen wollen, das waren die Wandlungsprozesse eines Jungen, der vierzehn Jahre alt war, als der Krieg begann, und dessen Vater, zu dem er ein gutes Verhältnis hatte, schon seit einigen Jahren an militärischen Übungen teilgenommen hatte, um sich als ehemaliger Marineoffizier an den neuen Flugabwehrgeschützen zum Flakoffizier ausbilden zu lassen, Vorbereitungen also auf den Krieg, der im Kopf des obersten Phantasten längst geplant war.

Auch ich war darauf vorbereitet, zum Beispiel durch kleine Spielzeugsoldaten und Spielzeugkanonen und einen Spielzeugpanzer, die ich mir zu Weihnachten oder zum Geburtstag wünschte oder von meinem Taschengeld kaufte und mit denen ich, zusammen mit meinen Freunden, auf dem Fußboden des Kinderzimmers Schlachten inszenierte. Nach den Indianerbüchern las ich reihenweise Bücher über den letzten Krieg, und aus den Geschichtsbüchern, auch aus dem ungeliebten Bellum Gallicum Cäsars, gewann ich die Überzeugung, daß Krieg in der Menschheitsgeschichte ein immer wiederkehrender, gewissermaßen normaler Ausnahmezustand war. Als dann plötzlich der Krieg begann, war ich trotzdem zunächst einmal überrascht. Doch die schnellen Erfolge der Wehrmacht begeisterten mich und meine Altersgenossen, und die Soldaten wurden unsere Idole.

Ich erinnere mich an das Begräbnis unseres Klassenlehrers, der im Frankreichfeldzug gefallen war. Er wurde als Offizier mit Salutschüssen über dem offenen Grab im Wohnort seiner Eltern beerdigt, der auch der Heimatstandort seiner Truppe war. Das Gymnasium schickte mich und meinen Freund Franz Brendgen als Abordnung der Schule dorthin, um einen Kranz niederzulegen.

Die militärische Zeremonie beeindruckte uns, und bei der Rückreise sagte Franz zu mir: »Hoffentlich dauert der Krieg so lange, daß wir auch noch Soldat werden.« Das war auch meine Hoffnung, denn der Krieg erschien uns als die höhere Weihe des Lebens. Die wahre Reifeprüfung konnte man nur da ablegen.

Nach dem Krieg traf ich Franz wieder. Er hatte wenige Wochen vor dem Kriegsende einen Kopfschuß bekommen, den er erstaunlicherweise überlebt hatte. Aber er war schwer gezeichnet, hatte viele Ausfallerscheinungen und ging mühsam mit zwei Krücken. Ich fragte ihn, ob er sich erinnere, was er gedacht habe, als er getroffen wurde, und er sagte, er habe gedacht: »Ach so ist das.« Zwei Wochen später war er tot.

Für mich ist sein Wort ein Vermächtnis für mein weiteres Leben geworden. Ich bewahre es als den kategorischen Imperativ, immer wieder Denkblockaden aufzulösen und vorzudringen zu den Augenblicken meist schmerzlicher, aber auch befreiender Erkenntnis der Wirklichkeit.

Ganz im Gegensatz zu meinen pubertären Phantasien, aber wohl auch zu den Kriegsszenen der Blitzkriegjahre erlebte ich den Krieg an der Front als eine Folge alternativloser Situationen, die sich in der Regel in einer Welt von höchstens zweihundert Meter Durchmesser abspielten, in der es keinerlei Überlebenschancen außerhalb der eigenen Truppe gab und Leben und Tod weniger eine Frage der Tüchtigkeit und des Mutes, als, wie in einem Lotteriespiel, eine Frage des Zufalls waren. »Nie wieder« und »ohne mich« lauteten die Konsequenzen, die ich daraus zog, erst recht, als mir dann die grauenhaften Bilder aus Konzentrationslagern vor Augen kamen. »Das Kollektiv ist der Wahnsinn«, sagte ich mir später, als ich meine Sprache wiederfand. Schreiben konnte ich allerdings über meine Erfahrungen im Krieg erst fast 50 Jahre später.[1]

Und nun stand mir durch die Ausstellung und die Dokumentation über den Vernichtungskrieg noch einmal ein abgründiges »Ach so ist das« bevor. Und die Wucht, mit der es mich traf, war kaum geringer als der moralische Schock des Kriegsendes. Damals hatte mich das elementare Glück, zufällig überlebt zu haben, über alle Schocks hinweggetragen. Jetzt, mit 72 Jahren, war ich offenbar verwundbarer, und zwar durch lebenslang angehäufte, bedrückende Einsichten in die condition humaine, die sich für mich nun in den Bildern und den Berichten dieser Ausstellung kristallisierten.

Natürlich hatte ich im Laufe der Zeit manches gehört und gelesen. Aber es waren Berichte aus dem sich verschattenden Land der Vergangenheit gewesen, dem ich als junger Mensch entkommen war, um von Grund auf neu anzufangen. Und was mir das überhaupt ermöglichte, war die Tatsache, daß ich selbst an keinem dieser Verbrechen teilgenommen hatte. Zwar mußte unsere Kompanie, als wir in der Reinickendorfer Kaserne stationiert waren, einige Mal ein Exekutionskommando stellen, um kriegsgerichtliche Todesurteile an Soldaten zu vollstrecken, die wegen Desertion, Sabotage oder Agitation angeklagt waren. Aber die Teilnahme an einem Erschießungskommando war freiwillig, und ich habe mich nie dazu gemeldet. An

1 D. W., Der Ernstfall. Innenansichten des Krieges, Köln 1995.

der Front waren wir dann im östlichen Grenzgebiet von Ostpreußen eingesetzt, also in einem deutschen Siedlungsgebiet, wo es natürlich keine Geiselerschießungen hinter der Front gegeben hat.

Sie erinnern sich sicher, Hannes Heer, daß wir in unserer Rundfunkdiskussion vor zwei Jahren über diese Dinge gesprochen haben, als es darum ging, klarzustellen, daß die Ausstellung nicht die Intention hat, die gesamte Wehrmacht als eine verbrecherische Organisation und alle deutschen Soldaten als Verbrecher darzustellen, sondern daß sie den Mythos widerlegen will, die Wehrmacht sei unberührt vom Hitlerschen Vernichtungskrieg ein Stück militärische heile Welt geblieben. Mir sagten Sie, ich hätte eben Glück gehabt, daß ich als Rekrut von Holland nach Berlin versetzt worden sei, denn die in Holland Zurückgebliebenen kamen nach einer kurzen Ausbildung nach Italien, das militärisch die Fronten gewechselt hatte. Dort hatten meine Jahrgangskameraden auch an Erschießungen gefangengenommener italienischer Soldaten teilgenommen. Ich hatte das Glück gehabt, nicht in eine solche Situation zu geraten, deren Druck Sie nicht gering einschätzten. Denn als ein jüngerer Gesprächsteilnehmer auf die Frage des Moderators, was er denn glaube, wie er sich in einem solchen Krieg verhalten hätte, die Antwort gab, er wäre beim Widerstand gewesen, da haben Sie milde gelächelt. Als Historiker dieses Krieges hatten Sie ein genaueres Bild von den Realitäten und individuellen Handlungsmöglichkeiten dieser Zeit.

Der junge Mann dagegen fühlte sich nach seinem gegenwärtigen moralischen Selbstverständnis gefragt und konnte die Wirklichkeit dieser vollkommen anderen, ein halbes Jahrhundert zurückliegenden Erfahrungswelt nicht relativierend in Rechnung stellen. Er sah sich durch den Moderator vor ein einfaches Problem gestellt, auf das es eine klare Antwort gab, nicht anders als bei jenen Multiple-choice-Fragebögen, bei denen man alle gestellten Fragen nach ja oder nein oder richtig und falsch beantwortet, indem man in das entsprechende Karree ein Kreuz macht.

In den Grundfragen des menschlichen Daseins sollte man allerdings zu solcher Klarheit gelangen. Aber das alltägliche Leben eines Soldaten in einem fremden, feindlichen Land ist räumlich und zeitlich auf engste Perspektiven eingeschränkt, jenseits von denen irgendwo mit dem Blick auf das Ganze Entscheidungen, Befehle und Legitimationen produziert werden, während es im erlebten Nahraum um das konkrete Überleben im engen Zusammenhalt der eigenen Einheit geht. Längst war vergessen, daß man Kriegsfreiwilliger gewesen war, denn die Tage und Nächte bestanden aus unfreiwilligen Zwangssituationen, deren ständiger Grundrhythmus die Verwundung und das Sterben von Kameraden war.

Da ich den gewaltigen Anpassungsdruck dieser belastenden Situationen kenne, kann ich mir nicht, wie der zitierte junge Mann, guten Gewissens anmaßen zu sagen, wie ich mich in anderen Situationen, etwa im Partisanenkrieg, verhalten hätte. Daß ich mich in der Berliner Kaserne, wie viele andere auch, nicht zu einem Erschießungskommando gemeldet habe, läßt keine weiteren Schlüsse zu. Sie haben recht, Hannes Heer, ich habe Glück gehabt und bin nicht geprüft worden. Doch dies war eine zu wohlfeile und zu zufällige Abgrenzung gegen die Verbrechen, die die Ausstellung und der Textband dokumentieren, um zu diesen Bildern und Beschreibungen eine mich schützende Distanz aufbauen zu können.

Ich las den ganzen Textband und auch noch andere Bücher und Aufsätze, bevor ich in die Ausstellung ging, und erfuhr vieles, was ich noch nicht wußte oder mir nicht so genau vorgestellt hatte, zum Beispiel, daß es im Partisanenkrieg eine festgesetzte Vergeltungsrate von 1 zu 100 gab. Für einen getöteten deutschen Soldaten sollten hundert Partisanen oder Leute aus der Bevölkerung sterben, für einen Verwundeten waren es fünfzig. Da man die Partisanen selten erwischte, nahm man vorsorglich Geiseln oder trieb Leute aus den nahe gelegenen Dörfern zur Exekution zusammen, brannte die Häuser unter dem Vorwand, es seien Partisanenverstecke, einfach mitsamt den Bewohnern nieder. Bei den Exekutionen gab es die Anweisung, zuerst Juden und Kommunisten hinzurichten, danach alles, was man greifen konnte: Frauen, Kinder, alte Männer. Das rechnete sich schnell zu Massakern hoch. Meist waren es massenhafte Erschießungen. Aber Partisanen, Kommunisten, Juden wurden auch reihenweise erhängt, wie die Fotos zeigen.

Das groteske Mißverhältnis zwischen den vergleichsweise geringen deutschen Verlusten und den russischen Verlusten im Partisanenkrieg zeigt, daß es sich hier nur selten um Kampfhandlungen gehandelt hat, sondern um Massenexekutionen wehrloser Menschen. So war es in der Ukraine, in Weißrußland und im Baltikum, in Serbien, Griechenland und 1943/44 auch in Italien.

Und fast überall waren neben den Sicherheitsdivisionen der SS und den Polizeiregimentern auch Einheiten der Wehrmacht an den Aktionen beteiligt, zuerst unter dem Kommando der jeweiligen Befehlshaber für das rückwärtige Heeresgebiet und, ab Sommer 1942, als die Deutschen nach eigenem Zeugnis nur noch

Stützpunkte und Verkehrslinien, die Partisanen aber das weite Land hinter der Front beherrschten, unter dem Oberbefehl von Himmler, der diesen Krieg noch forcierte und das Recht hatte, jederzeit Truppen der Wehrmacht zur Unterstützung seiner Polizei- und SS-Truppen anzufordern.

Ich muß gestehen, daß für mich die Unterscheidung zwischen Wehrmachtseinheiten und SS und Polizei zunehmend an Bedeutung verlor, während ich mich mit der Ausstellung auseinandersetzte. Denn für die Opfer von Hinrichtungen und Deportationen war es schließlich gleichgültig, wer »die Logik des Vernichtungskriegs« an ihnen vollstreckte.

Und es ist die aufklärerische Leistung der Ausstellung, die Mystifikation von der untadeligen deutschen Wehrmacht durch viele erschreckende Beispiele widerlegt zu haben. Damit hat sie erst den Blick freigemacht für den gesamten Unheilszusammenhang dieses von Deutschland ausgehenden Krieges, in dessen Zentrum, unbegreiflich heute, ein Wahnsinniger stand, dem es mit seiner Witterung für massenhafte Labilitäten gelang, die eigene Geistes- und Seelenverirrung zum Wahnzustand der Mehrheit des deutschen Volkes auszuweiten.

Ich sage: »unbegreiflich heute«. Das erlebte ich, als ich in Konstanz durch die Ausstellung ging und die stumme Brutalität der Fotos anschaute, die man in der Regel bei gefangenen oder gefallenen deutschen Soldaten gefunden hatte, und dazu die nüchternen Schrifttafeln mit den erschreckenden Zahlen der Hingerichteten las. Ich stand inmitten von anderen Besuchern der Ausstellung, alle mindestens eine Generation jünger als ich, die sich vor den Bildwänden drängten, ohne zu sprechen, ohne etwas sagen zu können, in jenem begriffslosen Schweigen, das eintritt, wenn man dem ganz Fremden gegenübersteht.

Diese Ansammlungen von Erschossenen, die wie eine Strecke erlegten Wildbrets auf dem Boden lagen, und die Erhängten, die, an Händen und Füßen gefesselt, mit schräg gezogenen Köpfen in den Schlingen hingen, erneuerten in mir das Grauen der Todesbilder aus den Konzentrationslagern mit ihren Gruben voller halbverhungerter, wie Abfall übereinanderliegender nackter Leiber.

Diesmal allerdings stand ich inmitten von Menschen, die nicht in dieser Zeit gelebt hatten, empfand rings um mich ihre Stummheit, ihr Erstarren und wurde beklemmende Minuten lang von dem Gefühl überfallen, daß ich für sie angesichts dieser Bilder, schon als Zeitgenosse der dargestellten Schrecken, das Kainsmal des Beteiligten trug. Ich hatte mitgemacht, glücklicherweise nicht bei solchen Mordszenen, wie sie hier dokumentiert waren, aber im Unheilszusammenhang dieses von Deutschland ausgehenden Krieges und Völkermordes. Mein nächster Impuls war, reden zu wollen, mich zu erklären, zu versuchen, den Menschen zu erklären, der ich damals war. Aber abgesehen davon, daß das unangebracht und unerbeten war, glaubte ich innerhalb des dichten Schweigens, das mich umgab, einer undurchdringlichen Mauer des Mißtrauens gegenüberzustehen. Ich spürte es leibhaftig als einen wachsenden Druck, der auch die Mord- und Todesszenen an den Wänden immer gegenwärtiger machte und mich schließlich nötigte, die Ausstellung zu verlassen.

Die Ausstellung des Hamburger Instituts für Sozialforschung hat mich noch einmal in das Herz der Finsternis blicken lassen. Ich sehe in ihr einen Impuls wirksam, der das Gegenteil der Haltung eines japanischen Professors ist, der mir vor vielen Jahren hier in Berlin bei einem Kongreß von Auslandsgermanisten gesagt hat: Die sogenannte Auseinandersetzung der Deutschen mit ihrer Vergangenheit ist würdelos, denn man kritisiert seine Eltern nicht. Ich antwortete ihm, man nehme seine Eltern nur so lange als lebendige, verantwortungsfähige Menschen wahr, solange man sich mit ihnen auseinandersetze, und historische Wahrheit könne nur im Gespräch der Generationen gefunden werden.

Erlauben Sie, daß ich hier noch eine persönliche Anmerkung anfüge, die über das Thema der Ausstellung hinausgeht.

Für mich ist der Unheilszusammenhang des Krieges erst in all seinen Dimensionen sichtbar, wenn ich auch der vielen jungen Menschen gedenke, die um mich herum verwundet wurden oder gefallen sind. An einem einzigen Tag, dem Tag, an dem ich selbst verwundet wurde, waren das von 180 Leuten fast 150.

Das Schlachtfeld, auf dem sie herumlagen, kam mir wieder vor Augen, als ich in der vergangenen Woche vor Schülern der Oberstufen eines niederländischen und eines deutschen Gymnasiums über Literatur sprach. Ich sah vor mir diese aufmerksamen jugendlichen Gesichter und dachte: So alt waren wir damals auch.

Ich will hier meine Erinnerungen nicht abwägen, noch gar aufrechnen gegen die grauenhaften Geschehnisse, die die Ausstellung dokumentiert. Im Gegenteil: Der ganze Widersinn und Wahnsinn des Krieges kommt ja auch darin zum Ausdruck, daß all diese jungen Menschen, gläubig und blind, aber auch, weil sie für sich keinen Ausweg sahen, ihr Leben verloren haben für eine verbrecherische Sache.

Ich denke, es wäre falsch, es wäre der finsteren Komplexität des Bösen nicht gewachsen, wenn eine Trauer die andere annullierte.

Illusionen und Manipulationen einer wankenden Macht

Ein Blick auf die letzten Kriegsjahre
(2009)

Die Mitteilung, dass es im Bundesarchiv in Berlin eine Karteikarte vom »Gau Düsseldorf« gibt, die mich unter der Nummer 1017253 zum Mitglied der NSDAP erklärt, erschien mir wie ein schlechter Scherz oder ein grotesker Irrtum. Denn im Gegensatz zur Wehrmacht, die ich als Jugendlicher wie fast alle meine Altersgenossen in den ersten Kriegsjahren idealisiert habe, hatte ich immer eine an Verachtung grenzende Abneigung gegen die »braunen Bonzen« der Partei. Sie waren für mich Maulhelden und uniformierte Spießer. Ich wurde Jungvolkführer, um nicht mit 14 Jahren in die Hitlerjugend zu müssen und mit 18 Jahren in die Partei übernommen zu werden. Als ich dann 1943 mit 17 Jahren als Kriegsfreiwilliger zur Wehrmacht einberufen wurde, war für mich diese Gefahr endgültig gebannt.

Nun allerdings warteten, vor einem total verdüsterten Zukunftshorizont, die wirklichen Gefahren auf mich. Seit Stalingrad war die Wehrmacht an allen Fronten in Rückzugskämpfe verstrickt. Das deutsche Afrikakorps hatte in aussichtsloser Lage kapituliert. Nacht für Nacht wurden, ohne wirksame Gegenwehr, die deutschen Städte bombardiert. Ich hatte heimlich BBC gehört und begriffen, dass der Krieg verloren war.

Es war eine Mischung aus Resten patriotischer Moral und dumpfer Schicksalsergebenheit, mit der ich in den Krieg zog. Ich kam zur militärischen Ausbildung nach Holland, dann nach Berlin und im Sommer 1944 in Litauen an die Ostfront, wo die Kompanie im Laufe von 10 Wochen annähernd die Hälfte ihres Bestandes verlor. Nachdem sie mit Rekruten des Jahrgangs 1926 aufgefüllt worden war, wurde sie Mitte Oktober bei einem aussichtslosen Angriffsunternehmen, bei dem auch ich verwundet wurde, in einem einzigen Tag fast ganz aufgerieben oder wie es damals hieß »verheizt«. Den Kriegswinter verbrachte ich im Lazarett, kam im März noch einmal an die Oderfront und gelangte im Chaos des Zusammenbruchs auf einem Fahrrad zu den Amerikanern. Während dieser ganzen Zeit wäre es für mich ein völlig abwegiger Gedanke gewesen, in die Partei einzutreten. 50 Jahre später schrieb ich mein Buch »Der Ernstfall. Innenansichten des Krieges«, in dem ich die Erfahrungen und Mentalitäten meiner Generation dargestellt habe. Es wäre für mich auch eine plastische und unverzichtbare Gelegenheit gewesen, über die Idiotie eines Parteieintritts in der Endphase des Krieges zu schreiben, wenn es ihn denn gegeben hätte.

Um das Rätsel der Karteikarte aufzuklären, rief ich im Bundesarchiv in Berlin an. Dort erfuhr ich, dass es in den Beständen des Archivs keinen von mir unterschriebenen Antrag auf Aufnahme in die Partei gebe. Aus weiteren Unterlagen, die mir das Bundesarchiv geschickt hat, konnte ich entnehmen, dass in der Parteibürokratie des letzten Kriegsjahres vieles obskur war. Zum Beispiel ein »Laufschreiben« vom (!) 25. Januar 1945, mit dem der Schatzmeister des Gaus Düsseldorf 368 Aufnahmescheine von HJ-Angehörigen der Jahrgänge 1923/24 und 1925 an die Reichsleitung der NSDAP in München überweist. Es handelte sich um nachgereichte Anträge, zu denen ein Oberbereichsleiter Schneider bei der Reichsleitung der NSDAP in München an den Gau Düsseldorf im klassischen Amtsdeutsch geschrieben hatte: »In Erledigung Ihres Schreibens vom 28. Mai (1944) erkläre ich mich ausnahmsweise einverstanden, dass Aufnahmeanträge von Angehörigen der HJ der Jahrgänge 1923/24 und 1925, soweit diese mit Rücksicht auf die besonderen Verhältnisse im Gau Düsseldorf bisher nicht vorgelegt werden konnten, unter Bezugnahme auf diesen Brief eingereicht werden.« Was war da los? Was waren die zitierten »besonderen Verhältnisse«? Verlust von Unterlagen durch Bombenschäden? Möglicherweise. Jedenfalls gab es eine Bringschuld im Gau Düsseldorf: Beim jährlichen Parteinachwuchs, der jeweils zu Hitlers Geburtstag als Geschenk an den Führer präsentiert wurde, war eine Lücke von drei Jahrgängen entstanden, die nun kurzerhand geschlossen werden sollte. Doch zum Zeitpunkt des zitierten Briefwechsels waren viele der angeblichen Antragsteller längst tot oder in Gefangenschaft oder verschollen. Was konnte man da tun? Nun, man konnte alles tun, da die Betroffenen nicht mehr protestieren konnten. Man konnte Namenlisten und Karteikarten herstellen, die dem erwarteten Bild entsprachen, und dann alles zurückdatieren, damit es glaubwürdig wurde. Sehen wir hier also der Arbeit einer politischen Fälscherwerkstatt zu?

In dem informierenden Begleitbrief zu den Unterlagen, die mir das Bundesarchiv schickte, wird auf Aussagen des Leiters des Mitgliedschaftsamtes bei der Reichsleitung der NSDAP, Dr. Anton Lingg, aus dem Jahre 1947 verwiesen. Lingg gab damals zu Protokoll, niemals seien Personen in die Partei aufgenommen worden, für die nicht ein persönlich unterschriebener Einzelantrag vorlag. Aufnahmen durch Sammellisten seien nicht vorgekommen. Lingg machte diese Aussage im Internierungslager Regensburg bei seiner Vernehmung durch die alliierten Kontrollbehörden. Ihr Wahrheitswert muss bezweifelt werfen, Linggs Interesse, sich persönlich zu schützen und als Biedermann und korrekten Bürokraten darzustellen sicher nicht. Was ist das für ein befremdliches Interesse, das diesem Nazifunktionär Glaubhaftigkeit zubilligt, um einer langen Reihe von Intellektuellen, Schriftstellern, Künstlern, Musikern, Wissenschaftlern und Politikern, die gegen Ende des Krieges zwischen 16 und 21 Jahre alt waren und in den folgenden Jahrzehnten maßgeblich die Kultur unseres Landes geprägt haben, unterstellen zu können, sie seien Lügner, die sich weigerten zuzugeben, freiwillige Mitglieder der Nazipartei gewesen zu sein. Handelt es sich hier um einen nachgetragenen Generationenkrieg?

Die Glaubwürdigkeitsdebatte ist 2003 durch einen Artikel im FOCUS ausgelöst worden und dauert immer noch an. Aber sie hat sich inzwischen gewendet, schon allein deshalb, weil die vorübergehend verdächtigten Personen im Gegensatz zu jenem Dr. Lingg alle durch ihr Lebenswerk ausgewiesene Menschen sind, die es nicht nötig hätten, Irrtümer und ideologische Gläubigkeiten ihrer Jugend zu verleugnen. Vor allem aber haben renommierte Historiker wie Hans Mommsen, Hans-Ulrich Wehler und Norbert Frei festgestellt, dass es durchaus Massenrekrutierungen für die Partei ohne persönlich unterschriebene Aufnahmeanträge gegeben hat. Laut Ulrich Hebert gibt es auch Hinweise, dass ehrgeizige NS-Führer bemüht waren, zum Beweis ihrer Tüchtigkeit hohe Eintrittszahlen zu melden. Da es in den letzten Kriegsjahren immer weniger freiwillige Beitrittserklärungen gab, boten sich kollektive Rekrutierungen von Mitgliedern ohne persönlich unterschriebene Beitrittserklärungen als einziges Mittel an, eine Massensolidarität der Jugend mit der NS-Führung vorzutäuschen.

Solche Manipulationen und Scheinaktivitäten, wie zum Beispiel die Einführung des Hitler-Grußes in der Wehrmacht, gehören in das Gesamtpanorama des unumkehrbaren Niedergangs der militärischen und politischen Macht, der von einem Prozess fortschreitender Irrealisierung des Bewusstseins begleitet wurde. Angesichts der enormen Verluste an Menschen, Material, Rohstoffen und Territorium und der gewaltigen militärischen und materiellen Übermacht der Alliierten blieb für die deutsche Propaganda zuletzt kein anderes Motiv mehr, als auf die Fiktion einer überlegenen Moral zu setzen. Die militärische und materielle Unterlegenheit Deutschlands wurde nicht mehr geleugnet oder vertuscht, sondern sogar, vor allem in den Durchhaltereden von Goebbels, mit düsteren Untergangsszenerien unterlegt, um dann mit einer plötzlichen Wendung ins Imaginäre eine vermeintlich typisch deutsche, unüberbietbare geistige Ressource ins Spiel zu bringen: den Willen zu einem fanatischen Opfergang bis zum endlichen Sieg, der für ganz Europa das Tor zu einer großartigen Zukunft öffnen würde.

Der größte Phantast und Einpeitscher der Illusion von der Überlegenheit des Willens über die materielle Übermacht war Goebbels. Es war das zentrale Thema seiner zahlreichen Reden, in denen er die Vision eines endgültigen Sieges dank überlegener Moral beschwor, so eindrücklich, dass es wie tiefe Gewissheit klang. Vielleicht glaubte er es auch, solange er redete. Es war der in rhetorische Phantasie umgewandelte Rettungswunsch eines Menschen, der sich in einer immer aussichtsloser werdenden Situation sah und sich immer wieder in Illusionen flüchtete. In einer Veranstaltung am 3. Oktober 1944 in einer großen Kölner Werkhalle erhob er es zum entscheidenden politischen Erziehungsprogramm, »den Widerstandswillen im deutschen Volk zu fanatisieren«, und erging sich in Lobeshymnen auf die »opferwillige und einsatzbereite Jugend«, die im Westen und im Osten beim Festungsbau der Nation das edelste Beispiel nicht nur der Einsatzbereitschaft, sondern auch der Standhaftigkeit und der Treue zu den beschworenen Werten unseres nationalen Lebens gegeben habe.

Das waren Worte, die vermutlich in der Bevölkerung nicht mehr viel Eindruck gemacht haben, aber umso eifriger in der Partei gehört wurden. Der Düsseldorfer Gauleiter Grohe, der an dieser Veranstaltung teilnahm, wird verstanden haben, dass diese Worte als die unmissverständliche Anweisung an ihn gerichtet waren, die sich auflösenden Reihen wieder fest zu schließen. Das erklärt die Bedenkenlosigkeit, mit der die Düsseldorfer Gauleitung 368 bisher nicht vorhandene Anträge auf Parteimitgliedschaft nach München meldete, wo sie als Geschenk zu Hitlers Geburtstag um ein Jahr zurückdatiert wurden. Einsprüche waren nicht zu erwarten. Viele der Vorgeführten waren inzwischen auch gefallen.

3. Neuanfang. Nachkriegszeit und Wirtschaftswunder

»Wohnungen, Umgebungen«

(1984)

Nun war ich also das geworden, was in einer populären Philosophie der Nachkriegszeit der »unbehauste Mensch« genannt wurde. Ich lebte in Kasernen, Unterständen, Schützenlöchern, in Fahrzeugen, Güterwaggons, Scheunen und Notlazaretten und häufig auf der bloßen Erde unter einer aufgespannten Zeltplane, ohne zu wissen, wie lange ich dort bleiben würde und wohin es weiterging. Und doch habe ich bei mir und meinen Kameraden beobachtet, daß jeder in all den zufälligen Orten und Niemandswinkeln, in die man verschlagen wurde, sofort daranging, sich einzurichten, und zumindest im Augenblick des erschöpften Einschlafens konnte man die vage, aber beharrliche Illusion des Zuhauseseins wieder in sich finden, ganz egal, ob 150 Meter weiter schon der Feind stand und die ganze Nacht herüberschoß. Vielleicht ist dies auch nur ein spektakulärer Sonderfall unserer grundsätzlichen Illusion, in der Welt zu Hause zu sein, der wir mit unseren Wohnungen und Häusern die Beweiskraft des Komforts oder sogar des Luxus geben, obwohl wir wissen, daß dies alles befristete und vorweg schon gekündigte Schutzorte sind.

(...)

Eine allgemeine Sorglosigkeit erfüllte uns. Alles konnte immer nur noch besser werden. Krieg würde es in unserem Leben nie mehr geben. Der neue Staat, der aus den drei westlichen Besatzungszonen entstand und Bonn zu seiner Hauptstadt wählte, fand unsere Zustimmung, weil er demokratisch war, das heißt, weil wir in seiner Verfassung die Rahmenbedingung für ein ungestörtes privates Leben sahen. Ich las in den ausgehenden vierziger Jahren nur selten eine Zeitung, und da ich keine besaß, hörte ich auch kein Radio. Was die öffentlichen Dinge anging, war ich mit Bewußtsein ein ziemlicher Ignorant und pflegte die Vorstellung, daß es in Mitteleuropa mit der Weltgeschichte zu Ende sei. Aber das Studium begeisterte mich. Ich betrieb es ganz nach Lust und Laune und weigerte mich, an die Zeit danach zu denken. Diese Jahre waren ein Geschenk, das ungetrübt bleiben sollte von Sorge und praktischer Vernunft, und so entschied ich mich, kein Staatsexamen zu machen, sondern nur zu promovieren. Ich wollte kein Lehrer werden. Ich dachte überhaupt nicht an einen Beruf. Die ganze Universität mit ihren beschädigten Hörsälen, ungeheizten Instituten und zum Teil noch ausgelagerten Bibliotheken lebte von der Improvisation. Im großen Hörsaal des Akademischen Kunstmuseums im Bonner Hofgarten saßen die Studenten auf dem Boden und in den Fächern der leeren Wandschränke bis unter die Decke hoch, wenn es eine interessante Vorlesung gab. Viele trugen alte Uniformstücke, ich zum Beispiel einen Offiziersmantel meines Vaters, dessen schneidige Eleganz mir allmählich peinlich wurde.

An den Wochenenden und in den Semesterferien lebte ich allein in dem Dottendorfer Zimmer. Paul fuhr nach Hause oder arbeitete irgendwo in einem Krankenhaus. Auch ich nahm Jobs an als Nachtwächter, als Hilfsarbeiter auf Baustellen, aber ich fuhr immer seltener nach Hause. Der Kontakt zu meinem Vater, der mit einer neuen Familie im Haus lebte, war damals nur noch sehr locker und oberflächlich, und wenn mein jüngerer Bruder nicht noch zu Hause gelebt hätte, wäre ich überhaupt nicht mehr hingefahren. Ich brauchte das Alleinsein, genoß seine träumerische Exklusivität, durch die für mich die Armseligkeit meiner Lebensbedingungen vollkommen aufgewogen wurde. So interessant der Trubel des Semesters war, wenn man von Vorlesung zu Vorlesung eilte und in den Seminaren und Institutsräumen überall Bekannte und Freunde traf, für mich hatten die Semesterferien, wenn sich die Universität von Studenten geleert hatte, einen besonderen Zauber. Die schwarzen Bretter neben den Türen der Institute und des Dekanats enthielten kaum noch Mitteilungen, und neben den Türen der Hörsäle gab es keine Stundenpläne, so daß man ganz sich selbst überlassen blieb. In den Bibliotheken und Arbeitsräumen der Institute saßen in klösterlicher Stille ein paar Doktoranden und Examenskandidaten an ihren Arbeitstischen. Wenn man auf den leeren Gängen des Hauptgebäudes oder in der Mensa gelegentlich Bekannte traf, schwätzte man ein wenig über die Arbeiten, die einen hier festhielten, und bestätigte sich gegenseitig in dem Gefühl, etwas Wichtiges zu tun. Es war eine Gesellschaft von Einsiedlern, von denen jeder für sich dem Mythos seiner wissenschaftlichen Bedeutung huldigte. Sobald der betriebsame Lärm eines Semesters verrauscht war, erkannte man sie wieder, die Klosterbrüder und Klosterschwestern des wissenschaftlichen Geistes, sie strickten weiter an ihren Arbeiten. Einige kamen neu dazu, einige verschwanden nach ihrem Examen in der Welt und schienen dort verlorenzugehen, manche aber blieben Jahr um Jahr als Gefangene ihres Mythos an der Universität, eingesponnene Seidenraupen, die sich niemals zu Schmetterlingen entfalten würden. Als ich längere Zeit nach meinem Studium gelegentlich an die Universität zurückkehrte, waren einige von ihnen noch immer da und betrieben ihre alten Projekte, und ich kam mir ihnen gegenüber ein wenig wie ein Verräter vor.

In den Semesterferien ging ich manchmal zwei Wochen lang nicht in die Universität, sondern lebte draußen in dem halbdörflichen Vorort in einer freiwilligen Klausur. Ich las, ging spazieren und schrieb Gedichte und Erzählungen. Selten einmal machte ich einen kurzen Besuch bei meinen Verwandten in Honnef. Aber ich behielt meine Nachkriegsgewohnheit bei, jedes Wochenende tanzen zu gehen. Ich hatte immer nur ein paar Mark in der Tasche und empfand mich in Gesellschaft als Randperson, die nicht wirklich dazugehörte. Ich streifte das Leben der anderen nur und zog mich wieder in die Verborgenheit meiner Klausur zurück, um zu schreiben und eine erfundene, selbsthergestellte Welt an die Stelle der äußeren Wirklichkeit zu setzen. Hier befand ich mich in meinem selbstbestimmten Zentrum, und alles andere war peripher, besonders, weil ich mein Leben mehr und mehr aus dem Rhythmus meiner Umgebung löste, bis tief in die Nacht wachblieb und am Vormittag lange schlief.

Wach zu sein, während alle anderen in ihren Betten zu bewußtlosen Körpern geworden waren, das bedeutete die Ausgrenzung eines eigenen Lebens- und Phantasiereiches, das jedem fremden Einspruch entzogen war. Ich war darin nicht allein, sondern in Gesellschaft der vielen Autoren, deren Bücher ich las, und es kam mir so vor, als füllte ich mich lesend mit einer kostbaren Substanz, durch die ich mich von den Menschen meiner näheren Umgebung geheimnisvoll unterschied. Ich war vor allem ein Gefäß, angefüllt mit Imaginärem, und nur beiläufig ein Mensch, der mit seiner Zimmerwirtin sprach, ein Brot kaufte oder auf dem Tanzboden ein Dorfmädchen an sich preßte. Schreibend und lesend hatte ich mir einen Schutzbereich geschaffen, von dem aus ich meine Ausflüge ins Leben der anderen unternahm. Bei Bedarf konnte ich sofort dahin zurückkehren, indem ich mir sagte, daß alles, was mir passierte, sofort einen anderen Charakter bekäme, wenn es erst einmal geschrieben wäre. Es geschah mir dann nicht mehr, sondern ich hatte es gemacht und mich schon darüber erhoben. Obwohl, das spürte ich, dies vielleicht auf den Versuch hinauslief, sich am eigenen Schopf aus dem Leben herauszuziehen. Irgendwann, in der Zukunft, mußte ich auch meinen Platz in der alltäglichen Wirklichkeit finden und das Imaginäre und das Reale zusammenbringen. Doch immer noch war ich zukunftsblind und bildete mir lieber ein, der jetzige Zustand könne unbegrenzt fortdauern, und alles, was mir wichtig war, sei im wesentlichen erfüllt. Es war jedesmal gut, wenn das Semester wieder begann und neue Stundenpläne wieder Ordnung in mein Leben brachten. Paul kam zurück, und das engte mich nicht nur ein, sondern gab auch Halt. Doch es fiel mir immer schwerer, die alten Rituale und den ironischen Umgangston wieder aufzunehmen, mit dem er schon gleich ins Zimmer trat. Ich wollte nicht mehr, ich hatte mich zu weit davon entfernt. Schließlich sagte ich ihm, daß ich ausziehen wollte.

(...)

Der Hintergrund dieser neuen Ernsthaftigkeit war die Tatsache, daß ich meine spätere Frau kennengelernt hatte. Ich hatte sie schon im ersten Semester beim Sommerfest der Kunsthistoriker auf der Rheininsel Grafenwerth gesehen. Sie stellte zusammen mit einigen anderen Studenten aus dem Oberseminar auf einer kleinen Bühne berühmte Bilder der Kunstgeschichte nach, die dann von den Festteilnehmern durch Zuruf identifiziert werden sollten. Damals, umgeben von der Aura des Festes, war sie mir unerreichbar erschienen, und daran hatte sich jahrelang nichts geändert. Sie saß inzwischen an einer kunsthistorischen Doktorarbeit, und ich sah sie selten und nur von ferne. Als ich mich dann doch bemühte, sie kennenzulernen, zeigten sich die Unterschiede. Als Flüchtling aus Pommern war sie auch arm und hatte sich wie die meisten mit kleinen Nebenverdiensten durchgebracht, aber sie war dabei nicht auf den Stand der Barbarei gesunken, auf dem ich dahinlebte. Unser Unterschied zeigte sich schon darin, daß ich, der ich jahrelang meinen Durst in der Hauptsache mit Leitungswasser gestillt hatte, bei ihr erst daran gewöhnt wurde, bei der Arbeit eine Tasse Tee zu trinken. Drei Jahre älter als ich, hatte sie schon während des Krieges an mehreren Universitäten studiert und besaß einen großen, über ganz Deutschland ausgedehnten Freundeskreis. Um sie herum war Leben gewachsen, sie hatte soziale Kultur. Ich dagegen war in diesem Sinne noch gar nicht ins Leben hineingekommen. Daß sie sich ausgerechnet mit mir verlobte, löste allgemeines Kopfschütteln aus.

Das war eine Herausforderung, die mich aus meinem bisherigen Schlendrian herausriß. Ich wollte der kopfschüttelnden Mitwelt beweisen, daß unsere Verbindung kein Irrtum sei. Aber das einzige öffentliche Beweismittel, das mir einfiel, war eine schnelle Promotion mit einem möglichst guten Ergebnis. Daß dies auch der Beginn des Berufslebens und also des Erwachsenseins bedeuten würde, setzte ich stillschweigend voraus, vermied aber darüber nachzudenken, denn da gab es nichts zu sehen, was mich verlockte. Ich machte mich also, sportlich gesprochen, an eine Aufholjagd. Was ich allerdings für eine Beweisführung gegen die Skepsis der Umwelt hielt, war wohl vor allem der Versuch, mein eigenes unausgeglichenes Selbstbewußtsein aufzubauen, indem ich mir eine zwar nicht ganz leichte, aber lösbare Aufgabe stellte. Bisher hatte ich eher grundlos an mich geglaubt und die Unsicherheiten eines jungen Mannes, der nichts hat, worauf er sich berufen kann, durch Phantasien in Schach gehalten. Jetzt war ich auf einmal nach außen orientiert und brauchte einen sichtbaren Beweis und eine bestandene Bewährungsprobe. Freilich verriet ich das nicht. Ich hatte es nur mit mir selbst ausgemacht.

Es war allerdings eine Erleichterung und eine gewisse Minderung meines Beweises, daß mir mein Vater, der mich in meinem Verschlag unter der Dachschräge besucht hatte, für den Rest des Studiums zwanzig Mark mehr pro Monat bewilligte. Das reichte, um in eine zwar auch schäbige, aber doch zumutbare Dachkammer umzuziehen. Von dort ging ich am Aschermittwoch 1952 in dem schwarzen Anzug, der mir heute noch bei Beerdigungen dient, ins Hauptgebäude der Universität und kam ein paar Stunden später mit dem programmierten Ergebnis heraus, stolz wie jemand, der eine Wette mit sich selbst gewonnen hat. Dr. phil. mit magna cum laude – war das nichts? Ja, es war tatsächlich nichts, wie sich bald darauf zeigte.

Der Vermieter meiner letzten Dachkammer, ein Zahnarzt, bot uns in seiner Praxisetage zwei Zimmer zur Untermiete an. Die Bedingung war, daß wir heirateten. Das hatten wir ohnehin vorgehabt, und durch dieses Angebot ergab sich nun auch gleich ein Termin. Gemeinsam schoben wir unsere Habseligkeiten in mehreren Fahrten auf einem zweirädrigen Handkarren durch Bonn, und nachdem wir auf diese Weise eingezogen waren, gingen wir zum Standesamt. Es gab eine kleine Feier auf dem Balkon der netten alten Witwe, bei der meine Frau in den letzten Jahren gewohnt hatte, und dann begann unser gemeinsames Leben. Die beiden Zimmer, in denen wir hausten, waren durch einen langen Flur getrennt, in dem der Zahnarzt, wenn sein kleines Wartezimmer schon voll war, seine Patienten warten ließ. Das hintere Zimmer bekam kaum Licht. Aus seinem einzigen Fenster blickte man in einen engen Gebäudeschacht. Das Fenster des vorderen Zimmers war zur Hälfte mit undurchsichtigen, gehämmerten Scheiben verglast. Das sparte immerhin die Gardinen. Wir besaßen einen Wasserhahn für Küche und Hygiene.

Die Toilette befand sich im Treppenhaus, einen halben Stock tiefer. Auch die Patienten des Zahnarztes benutzten sie. Unsere Möbelausstattung war so kümmerlich, daß wir uns die Stühle aus dem Wartezimmer holen mußten, wenn wir abends Besuch bekamen. Immerhin hatten wir bei einem fast blinden Schreiner für einen Spottpreis einen schönen alten Kleiderschrank und eine Kommode gekauft, die wir in winzigen Monatsraten abzahlten. Das Haus, vor dem Ersten Weltkrieg gebaut, war eine Bruchbude. Einmal flogen im Winter nachts die Flurfenster bei einer Windböe auf, und als wir am Morgen wach wurden, lag dort alles voller Schnee. Ein anderes Mal wurde ich durch einen furchtbaren Schlag auf die Brust geweckt. Ein großer Teil der Stuckdecke war auf mich heruntergefallen. Es war ein Wunder, daß Gesicht und Kopf nicht getroffen wurden und mein Brustkorb nicht gebrochen war. Während ich in dem vorderen Zimmer zu arbeiten versuchte, hörte ich das Kommen und Gehen der Patienten, denen der Zahnarzt regelmäßig »und nicht vergessen, mit Kamille zu spülen« ins Treppenhaus hinterherrief. Er war ein ziemlich schlechter Zahnarzt und verließ sich ganz auf dieses Hausmittel. An den Nachmittagen und Abenden tönte unter uns stundenlang das Klavierspiel einer Frau, die gerade von ihrem Mann verlassen worden war. Manchmal kam ihr kleiner Junge zu uns. Er vermißte wohl seinen Vater und hoffte, daß ich mich mit ihm beschäftigte. Er war aber sogar damit einverstanden, in einer Ecke zu sitzen und in einem Buch zu blättern, wenn er nur eine Weile bei uns bleiben durfte.

Als wir in diese Wohnung einzogen, hatten wir zu allen alltäglichen Überlebensproblemen noch ein besonderes, das uns jeden Tag mehr bedrohte. Meine Frau war schwanger, und so wie die Dinge standen, konnten wir uns ein Kind nicht leisten. Aber in der Atmosphäre der Adenauer-Zeit war es schwer, einen Arzt zu finden, der bereit war, aus sozialen Gründen eine Ausschabung zu machen, denn das galt als kriminell. Wir fragten überall vorsichtig herum. Es war ein Tappen und Tasten im Dunkeln, und allmählich verging die Zeit, in der der Eingriff noch möglich war. Schließlich fanden wir einen pensionierten Arzt, der lange in Ostasien gelebt hatte und Leibarzt des Generals Tschiang Kai-schek gewesen war. Der Mann hatte die Welt gesehen und war nicht im bundesrepublikanischen Provinzialismus der fünfziger Jahre befangen. Er war bereit, den Eingriff zu wagen, auch wenn es schon fast zu spät dazu war. Wir liehen uns das Geld zusammen. Ich weiß nicht mehr, wie viel es war, aber für uns war es eine sehr große Summe, die meine Frau in die Handtasche steckte, als sie losfuhr. Sie hatte dem Arzt nicht gesagt, daß sie verheiratet sei, weil sie fürchtete, er würde dann einen Rückzieher machen. So wartete ich also zu Hause und versuchte zu arbeiten, aber nach zwei Stunden wartete ich nur noch. Sie kam nicht. Die Vorstellung, etwas Schreckliches sei passiert, begann mich zu beherrschen. Schließlich lief ich zum nächsten Telefonhäuschen, um anzurufen. Niemand meldete sich. Das war bestimmt kein gutes Zeichen. Wieder vergingen zwei Stunden. Als sie dann klingelte und ich die Treppe hinunterrannte, sah ich sofort, daß sie am Rande ihrer Kräfte war. Sie war fast zu schwach, mir zu erzählen, daß sie an der Operation beinahe verblutet wäre. Das war fünf Tage vor der kirchlichen Trauung, auf der die Familie meiner Frau bestand. Als wir in die Kirche traten, konnte niemand den Eindruck haben, daß ihr die ersten Ehewochen gut bekommen seien.

(...)

Auch uns ging es nicht schlecht in der neuen Wohnung. Ich erinnere mich daran, daß wir dauernd Besuch hatten. Viele Studienkollegen lebten noch in Bonn, und durch unsere jeweiligen Arbeitsbereiche waren eine Menge neue Bekannte dazugekommen. Damals war es üblich geworden, einfach auf gut Glück zu klingeln und hereinzukommen und je nach Stimmung und sich ergebendem Gespräch stundenlang zu bleiben. Es waren noch Studentengewohnheiten, die unter den besseren räumlichen Bedingungen luxurierten. Man begann sich zum Essen einzuladen und Wein zu trinken. Man las mehr Zeitungen, hörte viel Rundfunk, kaufte mehr Bücher. Auch Reisen waren in den Bereich des Möglichen gerückt. Die Zeiten schienen normal zu werden, und wir begannen uns mit vielen Vorbehalten als Bundesbürger zu verstehen. Es gehörte zu dieser Normalisierung, daß das lange Zeit im privaten Lebenskampf untergegangene politische Interesse erwachte. Mit der Studentenzeitung fochten wir gegen Wiederbewaffnung, Ost-West-Spaltung und übten uns in Ideologiekritik. Lukács, Benjamin, Adorno, Horkheimer und auch schon Ernst Bloch traten in unseren Blick. Jürgen Habermas, damals noch in Bonn, schrieb auf meine Einladung einen Leitartikel über die Ohne-mich-Haltung, in dem er den Begriff vom Makel des Quietismus befreite und ihm eine engagierte pazifistische Deutung gab.

Der Spielraum für solche Argumentationen wurde allerdings bald enger. Die Burschenschaften, Korps und christliche Korporationen gewannen immer mehr Einfluß im Studentenverband und damit auch auf die Redaktion der Zeitung. Für mich war auf die Dauer kein Platz mehr da. Ich hätte mich wohl noch halten können, aber für mein Gefühl war diese Zeit meines Lebens zu Ende und stellte sich mir inzwischen als Sackgasse dar. Ich kündigte, und da nichts anderes in Sicht war, verlegte ich mich wieder aufs Schreiben.

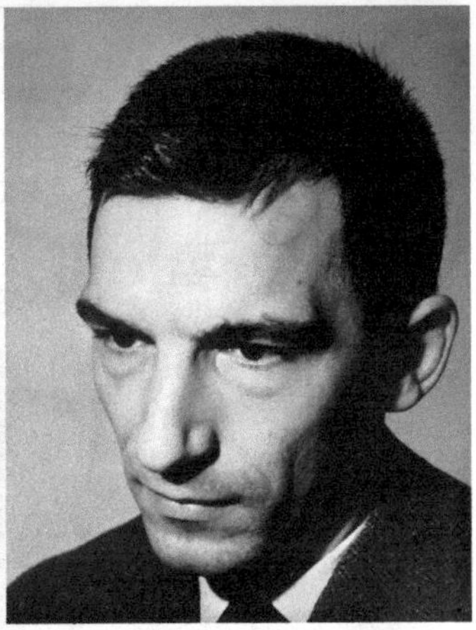
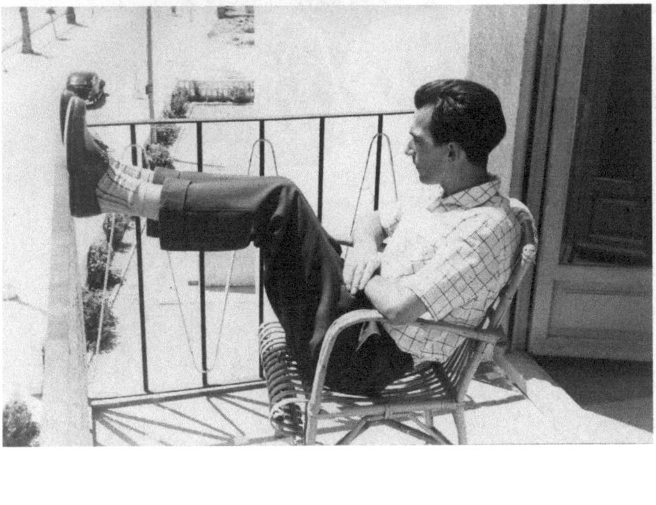

24. 6. 57
Liebe Irene hier
ist wieder ein
Brief für Dich mit
vielen Bildchen. Die
Katze will das Häs-
chen fangen. Und
der Reiter macht
hoppe hoppe Reiter.
Und das Baby,
Dein kleines Brüder-
chen, liegt im Körbchen.
Und der schwarze Hund
der hat Hunger, aber
da sitzt ein Vogel
auf seinem Napf.
Und Pappi sitzt am
Schreibtisch und [redacted]
schreibt und denkt und guckt
aus dem Fenster u. auf
dem Schreibtisch (links)
da liegt Pfefferminz.
Liebe Grüße an Alle und für
Dich Küßchen von Mami u. Pappi

Lieber Karl Wilhelm, diese Seite des Briefes ist wohl
mehr etwas für Dich. Der Löwe und der Gorilla haben
Streit. Was meinst Du, wer gewinnt? Ich glaube
der Löwe. Der packt den Gorilla so halb von hinten
Aber der Gorilla sieht auch gefährlich aus. Der versteht keinen
Spaß. Herzlichen Gruß, Dein Onkel Dieter

6.6.1956

Liebe Mama,

du hast dir wieder einmal ein reizendes Geburtstagsgeschenk für mich ausgedacht, das nicht nur mich, sondern auch meine beiden Damen entzückt hat. Irene faßte angesichts der eben enthüllten Torte ihre Empfindungen folgendermaßen zusammen: »Mal streicheln, Kuchen.« Sie war also offenbar auch so sehr von der liebenswürdigen Physiognomie des Präsentes beeindruckt, daß sie nicht ans Essen dachte. Aber als wir schließlich aus Neugierde und Appetit genügend brutal geworden waren, um dem Kunstwerk mit dem Messer zu Leibe zu gehen, stellten wir fest, daß sein Gehalt durchaus seiner Form würdig war. Unser bisher nach Kant interesseloses Wohlgefallen am Schönen wurde nun ein durchaus interessiertes, kurz die Torte schmeckte uns vorzüglich. Es ist übrigens immer noch ein Stück da. Gute Aussicht für den heutigen Nachmittag.

Am Sonntag hatten wir viel Besuch. Zuerst kam Ado mit seiner Freundin Edith und blieb endlich einmal so lange, daß man sich mit ihm unterhalten konnte. Als die beiden schon zum Aufbruch rüsteten, da sie ja noch nach Hannover mußten, kam mein Vater, mein Bruder und dessen Verlobte. Dieser Invasion, die allerdings angekündigt war, begegnete Maria mit hausbackenem Kuchen, der übrigens auch nicht schlecht war; sie ist gar nicht unbegabt.

Ich bin seit einer Woche ziemlich apathisch. Wie soll man ein Buch schreiben, wenn die Welt wie ein Tollhaus aussieht! Woher soll man noch die Überzeugung nehmen, die Arbeit, die man sich vorgenommen hat, sei wichtig, dieses Gefühl, das man braucht, wenn man etwas Gutes schreiben will? Das französisch-englische Unternehmen ist ein Verbrechen an Ungarn – – aber du weißt das ja auch, alle Welt redet davon, nur unsere Regierung ist stur genug, den Zusammenhang nicht zuzugeben. Man kann schon gar nichts mehr dazu sagen.

Für mein Hörspiel ist das auch keine gute Zeit. Wer interessiert sich jetzt schon für Literatur. Nicht einmal ich selbst. Na ja, das ist das Unwichtigste zur Zeit. – Ich will jetzt versuchen, an meinem Manuskript zu arbeiten.

Habe vielen herzlichen Dank von Deinem Dieter

P.S.: Bitte schicke mir gelegentlich mein Hörspielmanuskript zurück. Ich möchte es nämlich gerne noch einem anderen Sender anbieten.

[handschriftlich] Liebe Großmutti,
vielen Dank für das Buch mit den Spielsachen. Die möchte ich alle haben.
1000 feuchte Küsschen von
Irene

Dieter Wellershoff
Bonn Burgstr. 146 20. 1. 1959

Sehr geehrter Herr Wallmann,

ich danke Ihnen herzlich für Ihren Brief und die beiden Exemplare Ihrer Zeitschrift, die mich sehr interessieren. –

Als nächster Band der Gesamtausgabe werden nun doch nicht, wie zunächst geplant, die Gedichte erscheinen, sondern die Essays und Reden, also Band I. Erst Ende dieses Jahres werde ich damit beginnen, den lyrischen Nachlaß zu sichten. Viel Neues ist nicht mehr zu erwarten, aber einige unbekannte Gedichte und Gedichtentwürfe sollen doch noch da sein, und außerdem natürlich die Gedichte, die bisher nach dem Krieg nicht mehr veröffentlicht worden sind. Aber wie gesagt, ich arbeite jetzt an den Essays und Reden, der lyrische Nachlass liegt noch in Berlin bei Frau Dr. Benn. Als Herausgeber kann ich auch keinen Text (es gibt ja auch noch unbekannte oder wieder verschollene Prosatexte; der nächste Band wird verschiedene enthalten) zur Veröffentlichung freigeben. Das ist Sache des Verlages, der zusammen mit Frau Dr. Benn über eventuelle Vorabdrucke entscheidet. Band I wird etwa Anfang September erscheinen. Ich nehme an, daß der Limes-Verlag zwei drei Monate vorher einige Texte zum Vorabdruck freigeben wird. Sie müßten mit Herrn Niedermayer darüber korrespondieren. Sie können sich gerne auf mich berufen. Ich werde Herrn Niedermayer schreiben, er möchte Ihnen für Ihre Zeitschrift einen Text zur Verfügung stellen. Vielleicht fragen Sie einmal nach dem Aufsatz »Frankreich und wir« (1930), von dem ich annehme, daß er für Sie interessant ist. Er wird allerdings etwa vier Seiten Ihrer Zeitschrift beanspruchen, vielleicht etwas weniger.

Mit großem Interesse las ich die Kontroverse Muschg – Lohner. Sehr schade, daß sie nicht fortgesetzt wurde. Denn nach diesem Auftakt mußte die Auseinandersetzung erst beginnen. Die beiden Kontrahenten haben sich ja erst vorgestellt. Einige Anmerkungen zur Sache: Gegen Muschg und sein summarisches Verdammungsurteil muß gesagt werden, daß sein Rigorismus die Folge einer abstrakt moralischen Betrachtungsweise ist. Wer urteilen will, muß sich zunächst einmal die Situationen vergegenwärtigen, in denen Benn sich vorfand, in denen ihm, um es pointiert zu sagen, die Moral zweifelhaft wurde, nach der Muschg ihn beurteilt. Das ist ein Gebot der Gerechtigkeit, der historischen Gerechtigkeit. Und dann wird sichtbar werden, daß Benn seine Zweifel und Verzweiflungen in aller Schärfe, in allem Ernst durchstehen mußte, daß sie nicht einfach eine obsolete literarische Pose sind, sondern der Ausdruck einer leidenschaftlichen Existenz in unserer Zeit, vielleicht einer scheiternden Existenz, aber jedenfalls keiner bequemen. »Wie soll man da leben?« das fragte er sich, denn es war ihm wirklich zum Problem geworden; und gewiß nicht aus moralischer Energielosigkeit oder Indifferenz wurde er der vehemente Polemiker, auch Zyniker, der sehnsüchtige, manchmal auch sentimentale Lyriker, im Gegenteil. Ihn verstehen, ihn ernst nehmen bedeutet selbstverständlich nicht, fromm und kritiklos alles zu akzeptieren. Benn ist ein provozierender, ein problematischer Autor. Aber man muß sich auf ihn einlassen, wenn man sich mit ihm auseinandersetzt. Ich habe das in meinem Buch versucht. Lohners Argumentation halte ich für verfehlt. Sie läuft letzten Endes darauf hinaus, alle Existenzen zu neutralisieren. Hier droht die Nacht des Relativismus, in der alle Kühe schwarz sind. Sie wird ausgerufen durch den literarischen Fachmann, der nur noch rein literarische Gesichtspunkte gelten läßt. Das Kunstwerk wird so letzten Endes zu einem bloß technischen Produkt und erscheint nicht mehr als die totale Existenzaussage, die es ist. Daß Benn schließlich so sehr den reinen Artisten herausgekehrt hat, ist selbst eine Existenzaussage und muß als solche verstanden und beurteilt werden. Alle Betrachtungsweisen, die einen Aspekt absolut setzen (die normativ moralische wie die technisch-literaturwissenschaftliche, die ästhetische) sind notwendig abstrakt und verfehlen die volle Wirklichkeit des Kunstwerkes. Sie nötigen auch den Leser, den Betrachter, sich selbst zu reduzieren, sich nur in bestimmter Weise ansprechen zu lassen, anstatt mit allem, was er ist, auf das Werk zu reagieren. Lohner würde mir vielleicht im Prinzip zustimmen, aber er ist in seiner Argumentation gegen Muschg doch in eine unhaltbare Einseitigkeit geraten, der gegenüber sofort einzuwenden ist, daß auch der Stil, auch die artistische Technik ein moralisches Problem ist. Schade, daß die Diskussion vorzeitig abgebrochen wurde.

Mit Dank und freundlichen Grüßen
Ihr
Dieter Wellershoff

Wellershoff Bonn Burgstr. 146
17. II. 1959

Liebe verehrte gnädige Frau,

ich muß Ihnen für zwei lange Briefe danken, Briefe mit vielen neuen Nachrichten. Sie werden also Berlin verlassen. In Wiesbaden ahnte ich schon etwas von diesem Entschluß, wagte aber nicht zu fragen. Vielleicht ist es richtig, dass Sie nach Westen gehen, aber schmerzlich ist es sicher auch. Seltsamerweise auch für mich. Es ist ein, darf ich so sagen, wichtiger persönlicher Anhaltspunkt weniger für mich in dieser Stadt. Sie wird abstrakter, es lösen sich mit Ihrer endgültigen Abreise viele Vorstellungen von der Stadt ab. Aber ich darf das gar nicht schreiben. Entschuldigen Sie bitte, es ist ja fast wie eine Einmischung, daß ich das sage, und es ist sicher gut, daß Sie fortgehen. Es wäre sinnlos, sich allem auszusetzen, was noch kommen kann. Und ohnehin brauchen Sie vielleicht eine Veränderung, eine andere Stadt und Umgebung; Sie deuten ja an, daß Ihnen die Praxis zu groß wird in Berlin. Stuttgart ist wohl eine schöne Stadt, verglichen mit einigen anderen in dieser Größe, etwa Frankfurt am Main. Ich war einige Male dort, weil ich beim Rundfunk zu tun hatte.

Übrigens werden auch wir umziehen, nicht weit, nur in die nähere Umgebung Bonns (etwa 8 Kilometer entfernt) in einen hübschen Ort, eine Art kleine Gartenstadt mit dem Namen Heidebergen. Dort werden wir im Erlengrund wohnen, also sehr poetisch. Allerdings muss sich der Ort seine poetischen Benennungen noch verdienen. Alles ist noch unfertig dort, noch halb im Rohzustand. Wir bekommen eine Fünfzimmerwohnung und einen kleinen Garten. Es ist in unseren beiden Zimmern allmählich unerträglich eng geworden, kaum noch auszuhalten. Im Mai spätestens Juni werden wir endlich von all diesen unnötigen Belastungen, dieser zermürbenden Enge befreit sein. Allerdings einen Berg von Schulden haben: Mietvorauszahlungen, Umzugs- und Instandsetzungskosten, notwendige Anschaffungen. Bei meinem unsicheren Beruf ist die ganze Unternehmung ein gewaltiges Risiko. Auf keinen Fall darf ich krank werden, Pech haben, nachlassen. Wir haben nicht den geringsten Rückhalt. Aber vielleicht gelingen mir zwei neue Hörspiele und dann sind wir schon über dem Berg. Das Buch wird kaum etwas einbringen, befürchte ich. Ich muss das Kunststück fertig bringen, bei der Arbeit überhaupt nicht an die finanziellen Probleme zu denken, sonst wird nichts draus, sonst wird man vorsichtig und langweilig, geht den Weg des geringsten Widerstandes. Ich hoffe, die neue Umgebung wird mich elektrisieren.

Die editorische Arbeit geht dank der kräftigen Mithilfe meiner Frau eigentlich recht gut voran. Vor allem sind ja auch nicht mehr die schwierigen grundsätzlichen Fragen zu klären wie bei Band II. Sie haben alles Material zurückbekommen, das speziell für Band II gebraucht wurde. Allerdings hat Fräulein Schlüter wohl noch die beiden Bändchen des Aktionsverlages »Vermessungsdirigent« und »Etappe«, die als Unterlagen für den Setzer gebraucht wurden. Wir haben von Ihnen noch »Fazit der Perspektiven« und die Zeitschrift »Faust«, ferner einige Schreibmaschinenskripte und Zeitungsausschnitte, die wir noch brauchen. Bitte schicken Sie uns alles Material für Band I, ich meine alles, was nach der Aufstellung möglicherweise als Textunterlage infrage kommen könnte. Es wird hier trotz aller Enge sorgfältig untergebracht (in großen abschließbaren Pappkartons) und ich hoffe vor unserem Umzug das Meiste wieder zurückgeben zu können.

Ich freue mich, daß Sie das Gespräch über Relativismus u. Dogmatismus interessiert gelesen haben. Und wieder einmal musste ich die Sicherheit Ihres Urteils bewundern. Die Stellen, wo Sie von Akrobatik im Kreise sprechen, habe ich zum Teil selbst wieder geändert. Ab Seite 17 habe ich alles neu geschrieben und substantiell aufgefüllt. Es war wohl teilweise von gespenstischer Abstraktheit.

Danke auch für den Brief Dr. Hinskes, den ich wieder beilege. Ich kann seinen Einwänden nicht recht folgen. Was soll das heißen, ich deutete hier und dort eine Entwicklung an, brächte dann aber wieder Zitate aus allen Zeiträumen zusammen? Natürlich, das tue ich dort, wo ich durchgängige Motive behandle, oder das Frühwerk im Spätwerk spiegele, also gerade Zusammenhänge darstellen will. Daß ich mit dem Hinweis auf die »christliche Erbschaft« selbst in den Versuch einer biographischen Erklärung zurückfalle, stimmt nicht. Ich erkläre die Problematik des Werkes nicht biographisch, wenn ich auf Motive hinweise, die hier vielleicht aus dem Elternhaus stammen. Es kommt doch auf den Stellenwert dieser Motive an, auf ihre Umdeutung, ihre Aktualisierung, und das alles wird nicht biographisch bei mir erklärt. Auch die Anmerkung zum Thema Verhirnung trifft nicht zu. – Aber daß ich arrogant bin, dieser Vorwurf hat mich doch nachdenklich gemacht. Andere haben mir zwar gesagt, man merke trotz aller Unabhängigkeit doch auch meine Liebe und Bewunderung für dieses Werk. Aber Grimm warf mir ja auch Überheblichkeit vor in seiner Rezension. Wenn es also so ist, wenn ich wirklich arrogant bin, bleibt immer noch die Frage, ob das nicht auch eine, ich wage zu sagen, legitime Technik der Produktivität ist. Gottfried Benn selbst, der immer mit geradezu brutaler Rücksichtslosigkeit seine Gedanken formuliert hat, würde es sicher bejahen. Jedenfalls nicht wie Mendelssohn, und nicht in der Art von Muschg bin ich arrogant. Denn ich habe mich bemüht zu verstehen. Ich habe mir selbst immer wieder neue Einwände gemacht. Nur, es ist eben kein neutrales Buch, sondern ein entschieden persönliches, mein eigenes. Ich kenne Herrn Dr. Hinske nicht, kann gar nicht urteilen. Aber manches in seinem Brief ist dann eben doch typisch für den deutschen Universitätswissenschaftler. Der beamtete Geist will andere zu seiner eigenen Ängstlichkeit verpflichtet sehen. Unwissenschaftlichkeit ist also immer wieder erhobene Forderung zu einer Art Drohwort geworden, mit dem man Verstöße gegen die eigene Dienstvorschrift, das eigene Reglement ahndet. (O, ich sehe schon wie arrogant ich bin und werde mich, obwohl es zu spät ist, zurückhalten.) Nur noch dies: Ungeklärtheit der Methode? Aber wieso, meine Methode ist doch völlig klar, es ist die essayistische Methode, ich habe mich der Freiheiten dieser Methode bedient. Sollte auch noch das Vorurteil im Spiele sein, daß der Essay eine oberflächliche Äußerungsform ist? – Ich schreibe dies übrigens in wenigstens oberflächlich guter Laune, bin nicht verärgert. Unwillen und Unzufriedenheit liegen tiefer. Nämlich ich möchte das alles loswerden: alle graue Theorie, alles nachvollziehende, sekundäre Nachdenken, Interpretieren, Geist zweiter Wahl, wie soll man es nennen! Alle Bücher hinter sich verbrennen wie einst nach der Landung bei Karthago die Schiffe. Ich zweifle, ob es richtig war, das Buch zu schreiben. Ich hätte vielleicht die ganze Energie darauf verwenden sollen, selbst etwas zu schaffen. Die Ausgangssituation war da, ich hatte den Spielraum, etwas zu wagen, etwas zu versuchen. Nun habe ich sobald keine Aussicht mehr, daß sich diese Situation wiederholt. Jetzt erwartet man von mir, daß ich in der einmal eingeschlagenen Richtung weiter mache. Doch das wäre nicht so schlimm. Daran brauche ich mich nicht zu halten. Aber zehn Jahre, das Studium eingerechnet, immer dieses Training des Intellekts, die Vernachlässigung der Anschauungskraft, der imaginativen Fähigkeiten, des unmittelbaren Erlebens – das ist kaum wieder gut zu machen. Es muß sich alles ändern. Vielleicht in Heidebergen.

Dank und herzliche Grüße, Ihr ergebener
Dieter Wellershoff

Auch-Politiker

(1951)

Gehn hin und her in wechselndem Gespräche,
dann Händedruck, Treuauge, Staatsvertrag.
Magnesiumlicht, von Glatzen und Medaillen
zuckt ein Reflex, der Pakt ist unterschrieben.
Der Präsident – markantes Greisenantlitz –
spricht von dem Grundstein, den man heut gelegt.
Beim Festbankett im großen Herrensaal
– der Truthahnflügel wirklich ganz vorzüglich –
denkt er besorgt an seine Gallensteine.

Gehn hin und her und grüßen mit den Hüten,
die ernsten Männer. Popularität
als Spesenbasis, Kapitalvermehrung.
Das Allgemeinwohl und der eig'ne Herd!
Sie kämpfen alle für die Menschenrechte.
Das hohe Ziel! Man hört die Böllerschüsse
und durch die Menge zieht der Schützenzug.

Gehn hin und her und haben eine Meinung.
Die Lautverstärkung mittels Mikrophon
trägt Weltbeglückung in den fernsten Hütten.
Zeitdiagnose und Sanierungwille,
nun das Programm zur baldigen Bewirkung
von Auferstehungswundern, und der Mann der Tat
beklebt prophetisch alle Litfaßsäulen.

Kulissenzauber, großes Welttheater
und eine ferne Hand spielt mit den Fäden.
Auftritt der bunten Puppen:
Gehn hin und her in wechselndem Gespräche.
Gehn hin und her und grüßen mit den Hüten.
Gehn hin und her und haben eine Meinung.
Und plötzlich, wenn die Hand der Fäden müde,
hängen sie da wie abgewelkte Blätter.

Die überlegene Methode

(1952)

Der Hausherr, ein weitgereister Mann, ergriff inmitten seiner Gäste das Wort. »Da wir gerade von Charakteren reden«, begann er. »Ich lernte während meines langjährigen Aufenthaltes in Bagdad einen arabischen Händler kennen, der das wohl gelungenste Exemplar eines Betrügers war, ein Virtuose im Feilschen, ein Artist und Trickkünstler von einem Händler, dessen Meisterschaft im betrügen geradezu Sympathie abnötigte. Dieser Ali – so nannte und so nenne ich ihn – denn der wirkliche Name war unaussprechlich – interessierte mich als eine merkwürdige Kuriosität. Ich ließ mich gerne von ihm um kleinere Summen betrügen, weil ich so Gelegenheit fand, einiges von seinen Geschäften zu erfahren. Nun, sie waren immer erfolgreich; aber eines Tages erlitt er doch eine Niederlage.

Da war ein Mann auf der Straße an seinen Verkaufsstand getreten, an dem Ali nichts weiter bemerkte, als daß er ungewöhnlich harmlos aussah, und hatte nach langem Feilschen eine Perle erworben. Er war kaum verschwunden, als Ali feststellte, daß er mit falschem Geld bezahlt hatte. Nun, mein Freund geriet in eine große orientalische Aufregung, aber er hatte auch seine große orientalische Beruhigung; denn die Perle, die er verkauft hatte, war natürlich unecht. Nach einer Weile aber kam der Fremde zurück und behauptete wild gestikulierend eben das, was Ali ja am besten wußte: die Perle sei nicht echt.

Leicht vorzustellen, was in diesem Augenblick im Kopf unseres Händlers vorging. Nach seinen Geschäftsprinzipien waren unechte Perlen immer noch brauchbarer als falsches Geld und so erblickte er in dieser Situation eine gerechte Fügung des Himmels – denn alle Betrüger glauben auf ihre Art an die Gerechtigkeit – eine Fügung, die es ihm ermöglichte, das falsche Geld wieder loszuwerden. Um sicher zu gehen, beteuerte er zunächst langwierig seine Unschuld und ließ sich dann die Perle reichen, die der Fremde hastig aus seinem Beutel holte.

Sicher fand dieser nichts Verdächtiges dabei, daß Ali sich so lange prüfend über die Perle beugte, sondern hielt es für Theater, und wir alle würden es dafür gehalten haben. Aber Ali hatte nahezu mit Erschrecken etwas festgestellt: die Perle, die er in der Hand hielt, – es mußte eine Verwechslung vorliegen –, die Perle, bei Allah, sie war echt! ›O‹, rief er, beinahe weinend vor Freude (aber das wußte der andere nicht), ›ich bin ein geschlagener Mann! Verzeiht mir! Ich bitte um Vergebung, sie ist tatsächlich unecht!‹ und dann mit den untertänigsten Verbeugungen legte er das kostbare Stück in seinen Kasten und gab dem Manne das Geld zurück. Nie sah ein zerknirschter Sünder so bejammernswürdig aus wie Ali. Er hatte großartig gespielt und dennoch verlor er.

Der Fremde, voller Mißtrauen, zählte das Geld sorgfältig, stockte und schrie plötzlich: ›Das Geld ist ja falsch! Das Geld ist ja auch falsch!‹ Es bildete sich gleich ein Kreis von Neugierigen, die den Fremden unterstützten, sodaß er immer lauter schrie: ›Dieser Betrüger! Erst verkauft er mir eine unechte Perle und dann gibt er mir falsches Geld!‹ ›Das Geld habe ich ja von dir!‹ rief Ali schrill, aber sehr kläglich, da er genau wußte, daß die Wahrheit im Munde eines ertappten Betrügers wenig überzeugend wirkt. ›Unverschämter Verleumder!‹ empörte sich der Mann, ›Lügner!‹ brüllte das Volk, ›wer unechte Perlen für echte verkauft, der zahlt auch mit falschem Geld.‹ ›Aber die Perle ist ja echt!‹ quäkte Ali in Todesängsten und wußte sofort, daß er einen Fehler begangen hatte. ›Du lügst, zeige sie her!‹ tobte das Volk und zwang ihn, die Perle vorzuzeigen und dann eine, zwei, drei Stimmen: ›Bei Allah, sie ist echt!‹ Jetzt fuhr die Hand des Fremden wie ein Blitz in den Beutel und brachte eine zweite Perle zum Vorschein, Alis Perle, die unechte. ›Ha!‹ schrie er völlig außer sich, jetzt begreife ich erst alles! Ich gab ihm eine Perle zurück, die echte, die ich zum Vergleich mitgenommen hatte, weil ich ja nichts von Perlen verstehe. Ich verwechselte sie in der Aufregung. Dieser dreifache Betrüger! Erst gibt er mir für mein gutes Geld eine unechte Perle, dann schwindelt er mir vor, daß meine echte Perle unecht sei und dann gibt er mir noch falsches Geld zurück! Dieser Schurke! Greift ihn! Greift ihn, Leute!‹

Ich brauche nicht zu bestätigen, daß man ihn ergriff«, sagte der Hausherr nach einer Pause. »Es waren zu viele dabei, die sich schon durch ihn betrogen fühlten, und so mußte er für einige Zeit ins Gefängnis. Erstaunlich aber ist, daß er hinterher vollkommen verwandelt schien und sich den Ruf eines ehrlichen Kaufmannes erwarb.«

»Sie verderben sich mit diesem moralischen Schluß ihre ganze Geschichte«, warf hier einer der Gäste ein, der schon lange im Hause verkehrte – und alte Bekannte sind die undankbarsten Gäste – »der betrogene Betrüger, das mag noch angehen, aber der bekehrte Sünder ist einfach langweilig und außerdem geht es gegen die Konstanz des Charakters.«

Der Herr des Hauses lächelte milde. »Ich habe auf diesen Einwand gewartet«, sagte er wohlgefällig, »ich brauchte ihn; denn meine Geschichte ist noch nicht zu Ende. Auch ich war damals von Alis Verwandlung verblüfft, um nicht zu sagen enttäuscht. Ich besuchte ihn dann, um ihn darüber zu befragen. Anfangs war er sehr verschlossen, als ich auf die Geschichte zu sprechen kann, aber dann zog er mich dicht an sich heran und es war ganz so, als ob er mir ein großes Geschäftsgeheimnis verrate. ›Das war das erste Mal, daß mir jemand überlegen war‹, flüsterte er. ›Ich habe lange darüber nachgedacht. Ich bin jetzt ganz sicher, daß der Mann nicht wußte, daß er mit falschem Geld bezahlt hatte. Er war einfach ehrlich. Das ist das Bedenkliche.‹«

Konversation machen

(1952)

Bist du ein Mann von Bildung oder von Welt oder gar beides, dann mußt du es können. Willst du Lebensart beweisen, weise dich aus durch Redensarten, mache Konversation. Wenn du auch sonst nichts machst, diese Nichtigkeit mußt du machen, dann bist du ein gemachter Mann, das ist ausgemacht. Ach, man möchte in Wüsten flieh'n, zu den Höhlenbären zieh'n, emigrieren in Eremitie, aber wie? »Aber warum«, fragt die reizende alte Dame, »sind Sie immer so einsam, lieber Freund? Sie müssen unter Leute, heute ist bei mir Akademikertee, Sie kennen doch die Herren Doktoren A, B, C.« Also die setzt einem die Pistole auf Herz und Nieren. Man sucht nach Vorwänden, Seitenwänden, Rückwänden, um sich einzumauern. Vergeblich, das kommt der alten Dame gleich spanisch vor, und es ist bekannt, daß sie jede spanische Wand durchschaut. »Aber ...« (ihr Auge flammt so fürchterlich) »aber mit Vergnügen, gnädige Frau.« Hier stehe ich, ich konnt nicht anders. Der Stab ist gebrochen, man knickt zusammen zum Handkuß.

»Laß alle Hoffnung fahren«, so las es Dante über der Pforte zum Inferno. Zagender Teegast betrittst du, ein hohes Gespräch dir erhoffend, den menschengefüllten Salon: Laß alle Hoffnung fahren. Tollkühne Männer sollen versucht haben, auf einer Gesellschaft von mehr als fünf Personen Gedanken zu entwickeln, Probleme sichtbar zu machen, geistigen Widerhall zu erwecken. Die Dame des Hauses hat diesen Verstoß gegen das gute Benehmen sehr rasch unterbunden: »Ach, Herr Doktor, probieren Sie doch von diesem Gebäck«, und dann an die Nachbarin gewandt: »ein ganz neues Rezept. Ich habe es ausgerechnet von meiner Schwiegermutter, denken Sie nur.« Die Dame des Hauses hatte das sehr geschickt gemacht. Besonders fein das abschließende »denken Sie nur« an die Nachbarin, das ja in Wahrheit an den Störenfried gerichtet war und »denken Sie nur nicht« bedeutete. Wie gesagt »laßt alle Hoffnung fahren«.

Konversation oder – um das Fremdwort zu vermeiden – drei Stunden Stumpfsinn mit verteilten Rollen hat nur ein einziges Anliegen, die Vermeidung der Pause.

In der Pause materialisiert sich der unsichtbar anwesende Geist der Langeweile und glotzt lähmend in die Runde. Deshalb dieses emsige Betätigen der Sprechwerkzeuge, dieses Aneinanderknüpfen von Belanglosigkeiten, dieses ungeduldige Geduldsspiel, es ist offensichtlich horror vacui. Gelingt den Beteiligten die pausenlose Erzeugung von Gerede während der ganzen Dauer ihres Zusammensitzens, so erhält diese Kollektivarbeit das Prädikat »eine angeregte Unterhaltung«.

Zu solcher Bewerkstelligung gibt es seit Generationen gebrauchsfertig überlieferte Methoden. In Adelskreisen ist zum Beispiel das Feststellen von Verwandtschaftsbeziehungen besonders beliebt. Also auf die Stammbäume, ihr Äffchen, und werft euch fleißig hohle Nüsse zu. Diese genealogischen Kletterübungen – seit Darwin auch bei Bürgerlichen sehr im Schwange – bilden meistens die Einleitung. Von hier aus gelangt man mühelos und mit einer gewissen unauffälligen Eleganz zum Familienklatsch, um dann über Taufe, Kindererziehung und Gebetbuch ins Allgemeine emporzuschreiten. Den Gipfel aller Konversation aber bildet zweifellos die Anekdote, Geschichten, die das Leben schrieb, wer sie zu berichten weiß, erhält den Nimbus des wissenden Weisen. Zudem enthält die normale Anekdote gerade jenes Höchstmaß von Witz, das der allgemeinen Verdauung noch zuträglich erscheint. Freilich vom orthodoxen Standpunkt aus ist die Anekdote bereits eine Extravaganz, weswegen sie als ein Sonderrecht nur gewissen Bevorzugten zugestanden wird. Der typische Anekdotenerzähler ist der soignierte ältere Herr. Die ganze Einöde der Konversation wird beherrscht durch den Salonlöwen. Er genießt die Bewunderung aller Kamele. Aber auch Nietzsche soll sich nach längerem Anhören eines solchen Herrn der Ausruf »gut gebrüllt, Löwe« entrissen haben. Wenn sich der Salonlöwe abschließend mit gewinnendem Kompliment von der Dame des Hauses verabschiedet, tritt er wie ein Sieger von der Szene. Er bildet darin den direkten Gegensatz zum Normalmenschen, der, trotz reichlich genossener Stärkungsmittel, völlig benommen von dannen schleicht.

Von Rilke stammt das Wort: »Wer spricht von Siegen, übersteh'n ist alles.« Was meinte er damit? Ich nehme an, eine Teegesellschaft.

Geist der Sprache

(1954)

Das Lebenswerk des Schriftstellers Karl Kraus ist fast vollständig in der Zeitschrift »Die Fackel« enthalten, die er seit 1899 herausgegeben und seit 1911 allein geschrieben hat. Bei der Veröffentlichung seines Werkes in Buchform, ehemals durch den Verlag der Fackel und jetzt durch den Kösel-Verlag, empfahl es sich, seine Arbeiten nach thematischen Gesichtspunkten zu ordnen, sie also in verschiedenen Sammelbänden zusammenzufassen, die jeweils unter einem besonderen Leitmotiv stehen. Die bibliographische Notiz des vorliegenden Bandes, der alle größeren Aufsätze zum Thema »Sprache« und zahlreiche kleine Sprachglossen enthält, zeigt indessen, daß die Chronologie des Gesamtwerkes durch die thematische Ordnung nicht völlig verwischt worden ist; denn fast alle Arbeiten zur Sprache stammen aus einer späten Schaffensperiode, den Jahren 1920 bis 1932.

Das weist auf eine Entwicklung hin: Kraus kam von der Gesellschaftskritik zur Beschäftigung mit sprachlichen Problemen. Wie keinem anderen wurde ihm deutlich, daß die aus den Fugen geratene Zeit ihr genaues Abbild hat im verrenkten Satz. In der verstümmelten Sprache erkannte er die Deformation des Menschen durch die Gesellschaft.

Das große Thema seiner Sprachkritik erfaßten indessen nur wenige Zeitgenossen; das beweist der immer wieder gegen ihn erhobene Vorwurf, er beschäftige sich mit Belanglosigkeiten. Aber noch zu seinen Lebzeiten erhielt er, der im falsch gesetzten Komma die Weichenstellung kommenden Unheils erblickt hatte, durch die nationalsozialistische Machtergreifung die bittere Bestätigung.

Voraussetzung solchen Scharfblicks war die Einsicht, daß die Sprache nicht das Vehikel des Gedankens ist, sondern der Gedanke selbst, genauer, daß sich der Gedanke erst in der Sprache erfüllt und sich, indem er zur Sprache kommt, zu bewähren hat. Diese Einsicht bestimmte die Methode seiner Polemik, aber auch seiner grammatischen und sprachpsychologischen Entwicklungen. Alfred Polgar hat ihn einen »Meister des erledigenden Zitats« genannt. Kraus entlarvte die Menschen, indem er sie beim Wort nahm. Er verstand es, allein durch Hervorhebung eines Wortes in Sperrdruck die Absurdität eines Gedankens sichtbar zu machen. Man könnte Kraus auch einen Meister des veranschaulichten Begriffs nennen. Immer wieder gelang es ihm, eine grammatische Regel, eine syntaktische Beziehung zu erläutern und sie zugleich in dieser Erläuterung beispielhaft darzustellen.

Erkenntnisvermögen und Gestaltungskraft sind bei ihm im Verhältnis gegenseitiger Bedingung und Steigerung unauflöslich miteinander verbunden. Liest man zum Beispiel seine Untersuchung über Subjekt und Prädikat, so ist man geneigt, in Abwandlung eines Nietzsche-Wortes zu sagen, daß sich hier die Geburt der Sprachwissenschaft aus dem Geiste der Sprachkunst vollzogen hat.

Karl Kraus: »Die Sprache«, 2. Band des Gesamtwerkes, herausgegeben von Heinrich Fischer im Kösel-Verlag, München, 1954, 447 Seiten, DM 25.-.

4. Die Lektoratsjahre
und der schriftstellerische Beginn

»Wohnungen, Umgebungen«

(1984)

Inzwischen gab es eine neue Möglichkeit. Rolf Schroers, einer der Schriftsteller, die ich als Redakteur der Studentenzeitung kennengelernt hatte, war jetzt Lektor im Verlag Kiepenheuer & Witsch. Er wußte, daß ich über Benn promoviert hatte, und schlug mir vor, ein Buch über diesen Autor zu schreiben, der gerade gestorben war. Ich nahm mir vor, ein ideologiekritisches Buch zu schreiben, um Verstehen bemüht, doch ohne jede Huldigung, denn ich hatte mich innerlich schon weit von Benn entfernt. Während ich das Buch begann, ohne einen Vertrag zu haben, wurde Schroers als Lektor entlassen. Sein Nachfolger, Otto F. Best, nahm nach einiger Zeit Kontakt zu mir auf, und schließlich bekam ich einen Vertrag. Der Vorschuß war lächerlich. Also schrieb ich immer abwechselnd ein Kapitel des Buches und eine Rundfunksendung über irgendein anderes Thema. Abgesehen von der Anstrengung war das kein gutes Verfahren. Man kann es dem Buch noch ansehen, das viel zu viele Zitate hat, als wäre es wie ein Feature für verschiedene Sprecher geschrieben. Immerhin war das mein erstes Buch, und das heißt, daß man eine Schallmauer durchbrochen hat. Ich wollte weiterschreiben, am liebsten da, wo das Feuer Platz für etwas Neues geschaffen hatte. Aber zunächst einmal hatte ich, um das Buch schreiben zu können, so viele Schulden gemacht, daß daran wieder nicht zu denken war. Außerdem rückte der Termin näher, zu dem wir aus unserer Wohnung heraus mußten.

In Bonn waren durch die Regierung alle Mieten rapide gestiegen. Genauso wie damals, als ich mit Paul K. eine Bude suchte, stand deshalb für uns fest, daß wir weit aus der Stadt hinausziehen mußten, um eine hinreichend große Wohnung zu finden, die bezahlbar war. Auf eine Annonce hin fuhr ich mit dem Bus weit ins Rechtsrheinische aufs Land hinaus, bis zu einem Dorf mit dem Namen Roleber, das auf einem nordöstlichen Ausläufer des Siebengebirges lag. Von dort mußte ich noch eine Viertelstunde zu Fuß durch Felder und Wiesen gehen, hinweg über den letzten Höhenrücken, von dessen Rand man in Sieg- und Rheinebene hinunterblicken konnte. Man sah den Siegburger Burgberg und bei gutem Wetter in der Ferne blaßgrau, doch als Umriß deutlich erkennbar, die Türme des Kölner Domes. Hier, auf dem Nordhang der buschbestandenen Anhöhe, hatte sich eine Zufallssiedlung gebildet, die den poetischen Namen Heidebergen trug, aber ein formloses Konglomerat aus selbsterbauten, unverputzten Häusern und armseligen Baracken war. Es gab einen einzigen Lebensmittelladen, eine einzige Schotterstraße, die beim Lebensmittelladen endete, sonst nur halbbefestigte Wege zwischen viel Gestrüpp, Wiesen und Waldresten, denn die Grundstücke der Ansiedlung, die vor kurzem noch eine Mark pro Quadratmeter gekostet hatten, waren riesig, und als ich ankam, wurde die Schäbigkeit der Häuser verdeckt und beschönigt vom frühlingshaften Grün. Das Haus, in dem eine Parterrewohnung mit fünf Zimmern frei war, lag fast am Rand der Siedlung und war von einem Bonner Schrotthändler im Eigenbau errichtet worden. Verputzt war es nicht, und es hatte schlecht schließende Fenster aus dünnem, teilweise schon gesprungenem Bilderglas, die man nur vorsichtig öffnen und schließen konnte. Die Badewanne stammte, wie bestimmt auch andere Bauteile, aus dem Schrottlager. Es gab keine Öfen, und in drei Zimmern ließen sich mangels Kaminanschluß auch keine aufstellen, so daß sie im Winter wohl kaum benutzbar waren. Doch angesichts unserer Armut hatten wir keine andere Wahl mehr, und jetzt, da Sommer war, bestach die Umgebung. Hier konnten die Kinder ungestört im Freien spielen.

Erst allmählich wurde uns klar, in welcher sozialen Umgebung wir gelandet waren. Dies hier war eine Endmoräne des beginnenden Wirtschaftswunders, eine Welt von Asozialen und Gestrandeten. Es gab zwar auch einige Familien, die als Pendler in Bonn und Siegburg arbeiteten und angezogen von den spottbilligen Grundstückspreisen hier eine Pionierrolle spielten. Sie haben wirklich einen Goldgräberinstinkt gehabt, denn inzwischen ist die ganze Gegend mit Bungalows und gepflegten Gärten überzogen, und die Grundstückspreise sind längst über 200 Mark pro Quadratmeter hinausgeklettert. Damals aber, Ende der fünfziger Jahre, war noch nichts von dieser Zukunft zu sehen, erst recht nicht am äußersten Rand der Ansiedlung, wo wir wohnten. Unser Vermieter, der Schrotthandler, hatte allerhand Versprechungen gemacht, was er an der Wohnung bis zu unserem Einzug noch verbessern wollte, aber es war vorauszusehen gewesen, daß nichts davon geschehen würde. Er war ein vierschrötiger, schwer zuckerkranker Mann, der wenige Jahre später am Herzinfarkt starb, vermutlich weil ihm von seinen großmannssüchtigen Projekten kein einziges gelungen war. So hatte er auf dem tiefergelegenen Teil seines Grundstücks ein zweites Haus errichtet, das, obwohl oder weil er es schon mit seiner Familie bewohnte, über den Zustand eines Rohbaus nie hinaus gedieh. Als sein eigener Architekt hatte er die Frontseite des Hauses mit einer mächtigen doppelläufigen Freitreppe repräsentativ inszeniert. Das war offensichtlich von einem Schloß abgeschaut. Die Treppe besaß allerdings kein Geländer, ihre schlecht gegossenen, rohen Betonstufen begannen schon wieder zu zerbröckeln. Neben seinem Haus hatte er eine gewaltige Grube ausgehoben, in der Absicht, den über das Grundstück rieselnden kleinen Bach dort hineinzuleiten und einen Zierteich für allerlei Wasserpflanzen und Fische entstehen zu lassen. Aber wie die Dinge nun mal bei ihm liefen, war daraus eine Müllgrube geworden, in die er all seinen Abfall kippte. Der chronische Verlierer, der er eigentlich war, schüttete seine Träume von einem schöneren Leben eigenhändig wieder zu.

(...)

Immerhin hatte ich gerade wieder angefangen, etwas Literarisches zu schreiben. Größtenteils noch in Bonn und dann in Heidebergen waren einige formal sehr unterschiedliche Hörspiele entstanden, die sich allerdings in einer Hinsicht glichen: Sie waren eine fortschreitende Auseinandersetzung mit unserer Lage. Das erste Stück, ein langer innerer Monolog, handelte von einer Frau, die sich gegen ihre Träume für die Anpassung an ein normales Leben entscheidet. Das zweite hatte eine szenische Handlung und schilderte, wie ein älteres Musikerehepaar, das durch Krankheit sein Engagement verloren hat, einen ganzen Tag lang vergeblich versucht, an Geld zu kommen. Das dritte Stück bestand aus zwei Monologen. Seine Hauptfigur war ein junger Mann, der seine Freundin zu einem Schwangerschaftsabbruch überredet hat, weil er durch das Kind seine Unabhängigkeit bedroht sieht. Das vierte Stück existierte erst als Entwurf und sollte eine böse, ironische Komödie werden. Ein junger Mann, der gerade Examen gemacht hat und sich vor der Zukunft fürchtet, und ein alter Mann, der im Leben gescheitert ist, treffen sich in einer Nachtbar und schlagen die Zeit tot, mit der sie nichts anzufangen wissen. Der Titel des Hörspiels lautete *Am ungenauen Ort*.

Auch ich befand mich an einem ungenauen Ort und wußte nicht, wie es weiterging. Mit dem ersten Hörspiel hatte ich Erfolg gehabt. Die beiden nächsten waren auf inhaltliche Einwände der Redaktionen gestoßen. Zu dem Stück über das alte Musikerehepaar wurde gesagt, dieses Problem gäbe es nicht, denn den beiden Leuten würde die Gewerkschaft helfen. Bei dem Hörspiel über die Abtreibung verlangte man einen positiven Schluß. Die Frau sollte sich entschließen, das Kind zu bekommen. Angesichts der Zwänge, in denen wir gesteckt hatten, kam mir das viel zu glatt und patent vor. Ich verweigerte diese Änderung, und nun hing alles wieder in der Luft. Das war wenig ermutigend. Es sah nicht so aus, als würden wir auf diese Weise aus unserer schwierigen wirtschaftlichen Lage herauskommen. Das serienweise Schreiben von Rundfunkfeatures und dialogisierten Nachtprogrammen schien weiterhin mein Schicksal zu bleiben. Daß ich überhaupt noch zögerte, das Angebot von Witsch anzunehmen, lag daran, daß mich das Schreiben der Hörspiele belebt und fasziniert hatte. Es war keine Routine gewesen, sondern ein Suchen nach Ausdruck und Form für Inhalte, die erst während des Schreibens wirklich hervorgebracht werden mußten. Im Unterschied zur Bearbeitung und Darstellung von Sachthemen war es eine Arbeit ohne Netz, deren Gelingen unter anderem auch davon abhing, wie deutlich und rücksichtslos man sich selbst dabei in den Blick bekam. Die Hörspiele waren für mich nur ein Anfang gewesen, ein probeweises Schreiben, das ich noch nicht als Ernstfall betrachten konnte, aber ich hatte das Gefühl, ich hätte mir zum ersten Mal eine Tür damit aufgemacht. Freilich war das nur eine innere Tür und nicht die reale, die sich im Verlagshaus in Köln-Marienburg geöffnet hatte. Und fehlte mir, um die innere Tür weiter aufzustoßen, nicht auch noch Lebenserfahrung und Weltkenntnis? War es deshalb nicht richtig, wenn ich noch für ein paar Jahre ein Moratorium einschob, in dem ich vor praktische Aufgaben gestellt wurde und neue Erfahrungen mit Menschen machte? Stimmte das, war es eine Ausflucht? Vielleicht waren diese Überlegungen ja nur Selbsttäuschungen, die es mir angenehmer machen sollten, mich dem Diktat der Not zu beugen. Ich ging spazieren und sagte mir, daß diese Arbeit im Verlag auf jeden Fall nur etwas Vorübergehendes sei und unsere gegenwärtige Lage Vorrang vor weiterreichenden Plänen und Träumen hatte.

Vielleicht würde das Intermezzo ohnehin bald zu Ende sein, weil ich mich mit Witsch nicht verstehen würde oder weil der Aufbau einer Verlagsabteilung für wissenschaftliche Literatur mir nicht gelingen würde. Wie machte man das überhaupt? Ich war noch nie in einem Verlag gewesen, und meine einzige Berufserfahrung stammte aus der Zeit bei der Studentenzeitung. Nun, ich wollte einfach damit beginnen, mir wissenschaftliche Verlagsprogramme anzusehen und mit vielen jungen Wissenschaftlern meines Alters zu reden, angefangen bei denen, die ich noch von der Universität kannte. Während ich mir das zurechtlegte, entschied ich mich, das Lektorat anzunehmen.

Ich wußte nicht, was das bedeutete, wie tief ich in diese Arbeit hineingeraten und wie sehr mich die Öffentlichkeit damit identifizieren würde. Mit distanzierter Neugier begann ich diesen Job und in dem Gefühl, daß alles ruhig schiefgehen konnte, ohne daß mich das sehr betreffen mußte. Es war ja sowieso nur ein Versuch. Noch heute werde ich manchmal gefragt, ob ich diese Arbeit nicht vermisse. Aber das tue ich wirklich nicht. Es ist natürlich kein schlechter Beruf, und wenn man ihn so unprofessionell betreiben kann, wie ich es getan habe, kann er auch an Liebhaberei grenzen. Für mich war der Umgang mit den Autoren und ihren Manuskripten immer der Kern der Arbeit, und ich habe es jahrelang geschafft, mich dabei von sonstigen verlegerischen, vor allem ökonomischen Überlegungen kaum behelligen zu lassen. Trotzdem war es natürlich unvermeidbar, viele Menschen zu entmutigen, und, obwohl es dafür sachliche Gründe gab, die entweder im Verlagsprogramm oder in den Manuskripten selbst gegeben waren, es blieb ein Rest von unvertretbarer Zurückweisung, schon weil man nicht die Zeit hatte, auf alles angemessen einzugehen. Ich bin froh, daß ich das hier einmal sagen kann, als Abbitte an alle, die ich auf diese Weise verletzt habe.

Nun habe ich vorgegriffen in der Darstellung meiner neuen Arbeit. Denn ich war ja zunächst einmal als Lektor für Wissenschaft und nicht für Literatur ins Haus gekommen. Es dauerte aber nicht lange, da brachen zwischen Witsch und seinem Lektor Best schwelende Konflikte aus, und Best blieb nichts anderes übrig, als zu kündigen. Daraufhin wurde mir auch noch das Lektorat für die deutschsprachige Literatur anvertraut, eine Aufgabe, die mich eigentlich auch mehr reizte und neben der Vorbereitung der wissenschaftlichen Buchproduktion zunächst einmal den Vorrang bekam.

Best war nach Schroers der zweite Lektor, den ich gehen sah. Doch das machte mich nicht besorgt, da ich innerlich mit einem Bein immer draußen stand und das andere sofort nachgezogen hätte, wenn die Situation im Verlag nicht mehr erfreulich gewesen wäre. Gerade das hat meine Stellung gefestigt. Es verschaffte mir Respekt, daß ich bei Meinungsverschiedenheiten mit Witsch immer bereit war, sie auf Biegen und Brechen auszutragen. Bald konnte ich zusammen mit meiner Kollegin Renate Matthaei in meinem Lektorat ziemlich ungestört tun, was ich wollte, und das hat im allgemeinen Aufwind der sechziger Jahre auch den nötigen Erfolg gebracht.

Wahrscheinlich hatte das auch seine charakterologische Seite. Ältere Männer mit Autoritätsanspruch und Chefpathos waren lange Zeit für mich Herausforderungen. Ich neigte dazu, mich mit ihnen intellektuell, politisch und moralisch anzulegen oder sie in Gedanken bei mir abzuhaken, weil ich sie für inkompetent oder korrumpiert hielt. Zu einer so komplexen Person wie Witsch konnte man kein einfaches Verhältnis gewinnen. Oft erschien er mir als Glücksritter und Phantast, der die Menschen blenden konnte, aber genauso häufig selbst von etwas geblendet war. Von Anfang an aber gefiel mir die Lebensleidenschaft, die ihn erfüllte. Er war wie alle Aufsteiger ein Kämpfer, der sich ein möglichst großes Stück aus dem Kuchen des Lebens herausbeißen wollte, aber es machte ihn sympathisch, daß ihm die kalte Cleverness und Zielstrebigkeit der wirklichen Erfolgsstrategen fehlte. Er war ein typischer Verleger der Expansionsjahre. Er starb 1967, kurz bevor mit den Studentenprotesten und dem Kampf gegen die Notstandsgesetze sich die Stimmung in der Bundesrepublik radikal zu wandeln begann und auch der Konkurrenzkampf auf dem Buchmarkt härter wurde. Mit Reinhold Neven DuMont, der den Verlag übernahm, verband mich damals schon ein freundschaftliches Verhältnis, und so ist es auch geblieben.

Seit 1964 arbeitete ich nur noch drei Tage in der Woche als Lektor, denn ich hatte zu schreiben begonnen. Ab 1971 beschränkte ich die Lektoratsarbeit so weit, daß ich sie zu Hause erledigen konnte und nur noch zu den regelmäßigen Mittwochsbesprechungen in einen Verlag ging. Ende 1981 gab ich sie dann ganz auf. Aber es hatte viel länger gedauert, als ich mir das im Sommer 1959 hatte vorstellen wollen. Zweieinhalb Jahre haben meine Frau und ich gezögert, uns in Köln eine Wohnung zu suchen. Wir waren nicht sicher, ob sich das lohnen würde. Und obwohl ich nun etwas mehr verdiente, blieb ein Umzug in eine hinreichend große Stadtwohnung längere Zeit noch ein fast unlösbares Problem für uns. Ich nahm mir also in Köln ein möbliertes Zimmer und fuhr immer zum Wochenende zu meiner Familie aufs Land.

Vom nächsten Jahr ab stellten sich allerdings unerwartete Erfolge ein. Ich bekam den Hörspielpreis der Kriegsblinden und ein Literaturstipendium vom Land Nordrhein-Westfalen, ich wurde zur Gruppe 47 eingeladen und bekam durch die Vermittlung von Günter Eich eine Gastdozentur an der Universität München, wo ich mich plötzlich vor dem überfüllten Auditorium maximum auf dem Katheder sah. Und weil der Erfolg genauso wie der Mißerfolg in der Regel ein Serienereignis ist, erhielt ich auch neue berufliche Angebote, zuerst beim Funk, später an verschiedenen Universitäten. Die angenehme Folge war, daß wir auf einmal Geld hatten. Ich kaufte ein Auto und fuhr noch über zwei Jahre täglich zwischen Heidebergen und Köln hin und her, weil ich meine Arbeit im Verlag immer noch als etwas Vorläufiges betrachtete. Erst als ich zwei freie Wochentage für meine eigene Arbeit herausgehandelt hatte, richtete ich mich im Verlag auf längere Dauer ein.

Die Neubauwohnung, die wir in Rodenkirchen bei Köln bezogen, konnten wir dank des Hörspielpreises mit einigen neuen Möbeln einrichten. Wir atmeten auf. Endlich würde es im Winter warm sein, endlich hatten wir ein schönes Badezimmer, das uns die rostige Badewanne im Haus des Schrotthändlers vergessen ließ. Auch sozial waren wir in einer anderen Umgebung gelandet. Die Nachbarn waren Leute in unserem Alter, manche arbeiteten beim Rundfunk oder an der Universität, und neben uns wohnte ein Modefotograf, der unsere älteste Tochter zu seinem Mannequin für Kinderkleider machte. Der Nachteil der Wohnung war, daß der Architekt über die Hälfte der Wohnfläche an einen einzigen Raum verschwendet hatte, und so war sie schon wieder zu klein, als unsere jüngste Tochter geboren wurde. An meinen verlagsfreien Tagen fuhr ich deshalb in die Innenstadt und arbeitete in der Wohnung meiner Kollegin. Manchmal setzte ich mich auch mit dem Schreibblock in ein Café, geriet aber nie an Kellner, die großzügig oder gleichgültig genug waren, einen Gast, der vor einer leeren Tasse Kaffee saß, längere Zeit zu übersehen.

Unsere nächste Wohnung, in Köln-Sülz in der letzten Straße vor dem äußeren Grüngürtel gelegen, war ein Reihenhaus vom Ende der zwanziger Jahre, von den Deutschen Heimstätten errichtet, ein Beispiel für den sozialen Wohnungsbau dieser Zeit. Als das Eckhaus einer Hausreihe war es höher und breiter als die Mehrzahl der Häuser in der Straße und hatte auch einen doppelt so breiten Garten, der ziemlich verwildert war. Ein großer Nußbaum stand darin und ein überalterter Birnbaum, der alle zwei Jahre voller mehliger, nahezu ungenießbarer Birnen hing. Ringsum war das Grundstück von Büschen umgeben, und häufig wurde es von Kaninchen, Eichhörnchen und jagenden Katzen gekreuzt. Das Haus war ein Sommerhaus, wie sich im Winter herausstellte, denn die alte Luftheizung funktionierte nur schlecht. Mein Arbeitszimmer unter dem Dach erinnerte mich an den Verschlag unter der Dachschräge, in dem ich als Student einige Zeit gehaust hatte. Weder bei großer Kälte noch bei Hitze war es darin auszuhalten. Aber da es unter dem Dach lag, wurde es nicht vom Leben der Familie umpulst, zu dem auch die Freunde der heranwachsenden Kinder gehörten, unter anderem eine Rockband, die manchmal in unserem Keller probte. Nebenan spielte die Nachbarin stundenlang Klavier, eine sehr liebenswerte, ältere Dame, die leider mit den Jahren immer verwirrter wurde. Manchmal schlug sie mit dem Hammer Löcher in ihre Zimmerwände oder machte sich an ihrem Küchenfenster durch laute Zurufe und Gelächter bemerkbar, wenn wir mit Gästen in unserem Garten saßen.

Dieter Wellershoff 23. XII. 1960
Heidebergen ü. Siegburg (Rhld.)
Im Erlengrund 6

An die
Redaktion des Stern
Hamburg 1 / Pressehaus

Sehr geehrte Herren!

In Ihrer Ausgabe vom 17.12 haben Sie Herrn William S. Schlamm Gelegenheit gegeben, sich gegen die Erklärung einundzwanzig deutscher Schriftsteller zum Boykott der »Deutschland-Fernseh-GmbH« zu äußern, die auch ich unterschrieben habe. Ihre redaktionelle Vornotiz, die besagt, daß sie ungeachtet Ihrer eigenen Meinung die Meinung Schlamms zur Diskussion stellen wollen, da nur eine freie Aussprache unsere Lage klären helfe, ist ein so trübes Waschwasser, daß Ihre Hände davon nicht sauber werden. Faktisch stellen Sie einem Schreiber, dem es aus Unfähigkeit oder mit Absicht mißlingt, seine Affekte zu kontrollieren, ihre weit verbreitete Zeitung zur hemmungslosen Meinungsmache zur Verfügung. Es fällt mir schwer anzunehmen, daß Ihnen das nicht bewußt ist; denn die Machart dieses Artikels ist so eindeutig, daß es der journalistischen Erfahrung und des Stilgefühls, das ich Ihnen unterstelle, nicht einmal bedarf, um ihn als Hetzschrift zu klassifizieren. Was er an Information und Analyse scheinbar enthält, dient nur zur Vernebelung des Sachverhaltes. Um seinen Lesern unser Mißtrauen unverständlich zu machen, läßt Schlamm die strukturellen und entstehungsgeschichtlichen Unterschiede zwischen den bestehenden Rundfunk- und Fernsehanstalten und der geplanten Institution verschwinden, macht unsichtbar, worum es eigentlich geht, und hat nach diesem Manöver die Dreistigkeit, u n s eines »heimtückischen Tonfallschwindels« zu beschuldigen: nicht die Institution des sogenannten Deutschland-Fernsehens, sondern die Regierung als solche sei gemeint. Was ein so lädiertes Unterscheidungsvermögen zur Klärung der Lage beitragen kann, ist im übrigen deutlich genug: es bezeichnet der undifferenzierten Volkswut, die es anheizt, ihre nächsten Objekte. Schlamms Formulierungen (»Böll und Konsorten«, »böllschewistische

Begründung«, »das unschuldige deutsche Publikum hat einen Anspruch darauf, wenigstens vor krasser Dummheit geschützt zu werden« usw.) sind ein Appell an üble Ressentiments, die mit genau den gleichen Methoden schon einmal mobilisiert worden sind. Ich hoffe, daß Sie diese Zeilen dem »unschuldigen deutschen Publikum« zur Kenntnis geben.

Köln, den 20. Oktober 1966
Dr.we/pei

Herrn
Günter Herburger
Berlin 41
Handjerystr. 74

Lieber Herr Herburger,

Dank für Ihren Brief. Das war ja anscheinend ein interessanter Abend. Ich bedaure sehr, daß ich nicht dabei sein konnte. Vielleicht ergibt sich doch einmal die Gelegenheit zu einem literarischen Gespräch, das nicht – wie in der Gruppe 47 – bloß Textkritik ist, sondern auch Diskussion der Voraussetzungen und Grundsatzfragen. Da Sie sagen, daß Grass meinen kritischen Artikel richtig versteht, nämlich als Auseinandersetzung mit einer literarischen Position und Methode, deren Exponent er ist, und nicht als feindliche persönliche Äußerung, müßte das ja vielleicht einmal möglich sein. Die Vorstellung vom Selfmademan scheint ja eine fixe Idee von ihm zu sein. Ich bin durchaus auch ein Selfmademan, denn das, was ich denke, habe ich nicht an der Universität gelernt. Dort herrschen eher Kategorien, die der literarischen Methode von Grass zugeordnet sind. Den Artikel habe ich auf Anregung von Dr. Vormweg geschrieben, der mich darum bat. Er sagte, mir, Civis sei eine ehemalige Studentenzeitschrift, die sich jetzt selbständig mache und er berate die Redaktion. Ich tat es eigentlich nur nach langem Drängen, da ich angefangen hatte, ein Hörspiel zu schreiben und mit Plänen für das nächste Buch beschäftigt bin. Aber so schlimm ist die Zeitschrift wohl nicht, und ich hätte natürlich in einer anderen Zeitung auch nichts anderes geschrieben. Es ist Zufall, daß der Artikel dort veröffentlicht wurde. In der nächsten KIEPE steht übrigens ein Interview über mein Buch und die damit zusammenhängenden Schreibprobleme, und im Frühjahr bringe ich eine neue Anthologie mit neuen Autoren heraus, diesmal zum Thema »Wochenende«. Ein noch unbekannter, in Berlin lebender Autor ist dabei, von dem ich mir einiges erhoffe, ein Mann, der die Zähigkeit hatte, sich zwei Romane von mir ablehnen zu lassen und der jetzt an seinem dritten schreibt und von Mal zu Mal besser geworden ist.

Ich freue mich sehr, daß Sie sich inzwischen in Berlin und der neuen Wohnung eingelebt haben und die Arbeit vorangeht, und daß sich dadurch Ihre Stimmung mehr und mehr zu lichten scheint. Vorläufig will ich Sie damit in Ruhe lassen, aber natürlich wissen Sie, daß ich jederzeit bereit bin, mich mit Ihnen zu unterhalten oder mir den Text anzusehen. Sie müssen wissen, was Sie brauchen. Vielleicht sollte man unabhängig vom Text gelegentlich über Figuren und Thema sprechen. Ich habe festgestellt, daß das ein Verfahren ist, bei dem sich noch vieles verdichtet und intensiviert. Im Augenblick kann ich noch nicht sagen, wann ich nach Berlin komme. Es wäre schön, wenn es noch in diesem Jahr klappte, ich melde mich dann an. Grüßen Sie bitte Ihre Frau und, wenn sich die Gelegenheit ergeben sollte, dann können Sie Grass und Roehler ja sagen, daß es sich für mich hier um einen sachlichen, nicht um einen persönlichen Gegensatz handelt und daß ich froh bin, daß Sie es auch so verstehen.

Herzliche Grüße
Ihr
(Dr. Dieter Wellershoff)

P.S.1:
Im Frühjahrsprogramm veröffentlichen wir übrigens einen kleinen Gedichtband von Born in der selben Form wie Ihren. Ich bin gerade dabei, ihn zu redigieren.

P.S.2:
Ich glaube, Sie haben den Seuren noch nicht. Ich schicke ihn Ihnen mit gesonderter Post zu.

Herrn
Günter Steffens
Puerto de la Selva, Gerona
Calle del mar 23
SPANIEN

Köln, den 9. Dezember 1966
Dr. we/pei

Lieber Herr Steffens,

Ihr Brief war eine große Freude, vor allem die Nachricht, daß es Ihnen gut geht, oder, was ja noch viel besser klingt, daß Ihr »Weizen blüht«. Ich bin sehr gespannt auf die Texte, aber Sie müssen früher fertig werden; ich muß alles im Februar haben. Meine Kollegen sind nämlich jetzt schon mit dem Herbstprogramm 67 theoretisch fertig, und ich weiß noch fast nichts. Die Herstellungsfristen und vor allen Dingen auch die Planung werden immer langfristiger. Sogenannte Schnellschüsse (gräßlicher Jargon des Gewerbes) werden immer nur gemacht bei Büchern, die versprechen, rasch Geld einzubringen; das andere, die Literatur, muß einige Zeit angewärmt werden, bis sie ihren Platz im Programm hat.

Immer wenn ich Ihre Briefe lese, bedauere ich sehr, daß Sie nicht in der Nähe sind, denn mir fehlt ein Gesprächspartner, obwohl ich wirklich mit vielen zusammen komme, aber die jüngeren Herren, die ich so betreue, sind für mich nicht so sehr ergiebig. Mich interessieren sehr Ihre Einwände zu meinem Buch, weil sie mit eigener Überlegung zusammentreffen. Vor allem möchte ich jetzt eine etwas offenere und freiere Struktur haben, nicht so sehr an den unmittelbaren Ablauf des Geschehens gebunden bleiben wie beim »schönen Tag«. Das gerade hat ja Distanz und Transparenz unmöglich gemacht. Es war ein Perspektivenzwang, dem ich folgen mußte, nachdem ich ihn einmal festgesetzt hatte, und ich glaube, er entspricht auch dem Thema. Mein Roman soll ja nicht so sehr ein psychologischer Roman sein als ein Roman vom Zerfall der Psychologie oder vom Zerfall einer soziologischen Struktur, einer Verhaltensstörung, die sich umsetzt in leere Subjektivität (flüchtige Gefühle, Körperempfindungen, Pseudoreflexionen, Pseudohandlungen), eine erregte und blinde Sensibilität. Also, ganz als Heros und letzter Bezugsgrund der Welt erscheint das Individuum nicht bei mir, sondern ich zeige es im ruinösen Zustand. Und mit der Soziologie kann man natürlich auch ungewöhnlich platt sein und nur bekannte Erkenntnisse (XXX), gerade wenn man die groben Determinationen zeigen will. Es wäre auch interessant, das glaube ich, die verborgenen intimen Determinationen kenntlich zu machen.

Die beste Besprechung, die ich bekommen habe, ich fand auch die adäquateste, war von Gerda Zeltner-Neukomm in der Neuen Zürcher Zeitung vom 19.11. Ich schicke Ihnen ein Exemplar zur Lektüre.

Bitte, wenn Sie daran denken, Ihren Wohnsitz zu wechseln, dann kommen Sie – ich weiß, Sie erbleichen jetzt – ins Rheinland. Ich glaube, wir könnten beide davon profitieren, wenn wir ab und zu Zeit zu Fachgesprächen hätten.

Den Robbe-Grillet werde ich jetzt einmal lesen, da er am nächsten Samstag hier in Köln ist und ich mit ihm im Wallraf-Richartz-Museum diskutieren muß. (Nicht allein, andere sind auch dabei.) Ich finde ja, daß sein Verfahren auf die Dauer schlecht legitimiert ist, weil das künstliche Dunkelheit erzeugt. Mehr und mehr habe ich auch den Eindruck, daß diese Zusammenstellung kurzer, in sich fast unbewegter Textstücke, die kaum eine durchlaufende Bewegung zulassen und in sich mechanisch variiert sind, einfach eine Übertragung der Filmtechnik auf die Prosa ist. Robbe-Grillet denkt in Kameraeinstellungen, die oft nichts weiter sind als apart. Das Ganze macht den Eindruck einer totalen Subjektivität. Ich finde immer noch, daß Literatur ein objektives Korrelat haben sollte, d. h. die fiktiven Muster, die sie entwirft, müssen geeignet sein, Züge der Realität sichtbar zu machen.

»Opoponax« habe ich mir nur kurz angesehen bei der Büchermesse, es aber noch nicht gelesen. Es würde mich interessieren, aber mein erster Leseeindruck war, daß es alles poetisch und charmant ist, auch das Kindlich-Böse, und daß vor allem die Kinderperspektive immer etwas sehr Künstliches, Unglaubhaftes hat. Aber, wie gesagt, das ist ein ganz flüchtiger Eindruck.

Herzliche Grüße bitte auch an Ihre Frau und Ihre Schwiegermutter. Grüße auch von meiner Frau. Und ziehen Sie für einen Ortswechsel, falls Sie ihn zu Sylvester beschließen, die nähere Umgebung des Verlages mit in Erwägung!

Herzliche Grüße

Ihr

(Dr. Dieter Wellershoff)

P. S.:

Herr Bender (Köln, Brüderstraße 3) hätte gerne wieder neue Texte von Ihnen gesehen für den nächsten Jahresring.

Köln, den 15. März 1967
Dr. we/pei

Herrn
Prof. Dr. Benno von Wiese
53 Ippendorf b. Bonn
Bergstr. 33

Lieber Herr Professor von Wiese,

ich bedanke mich für Ihre Einladung, an dem Sonderheft der Zeitschrift für deutsche Philologie mitzuarbeiten, das Sie herausgeben. Aber jetzt muß ich gleich um Ihr Verständnis bitten, daß ich dabei nicht mitmachen kann. Ich stecke mitten in der Arbeit an dem neuen Roman, und das nimmt mich vollkommen in Anspruch, weil ich mir einen relativ kurzen Termin dafür gesetzt habe. Und es ist auch so, daß ich Unterbrechungen der Arbeit kaum vertrage und jedes Mal teuer bezahlen muß. Ich leide ja ohnehin schon darunter, weil ich mich immer wieder mit den Manuskripten der Autoren beschäftigen muß, die ich hier im Lektorat betreue. Das bringt mich jedes Mal aus meiner eigenen Sache heraus und ich brauche viele Tage, um wieder hineinzufinden in das Klima meines eigenen Buchs. Noch viel schlimmer und schädlicher wäre es, wenn ich jetzt einen Essay über einen anderen Autor zu schreiben hätte. Und dann darf ich nebenbei noch anmerken, daß keiner der lebenden deutschen Autoren mich reizen könnte, einen Essay über ihn zu verfassen. Ich finde sie nicht interessant; jedenfalls nicht von meiner eigenen, wahrscheinlich höchst subjektiven Perspektive aus, die ich aber gegenwärtig nicht verlassen darf. Ich bin sicher, Sie bringen Verständnis für meine Absage auf, weil Sie wissen, wie schwer es für mich ist, neben meinem Beruf noch Bücher zu schreiben und wie wichtig es mir ist.

Ich höre von Dr. Neven Du Mont, daß Sie vor Ostern noch zu einer Besprechung der Immermann-Ausgabe in den Verlag kommen werden. Das Manuskript zu Band 4, das bei uns liegt, hat in der Berechnung einen Umfang von 784 Seiten = 49 Bogen zu 16 Seiten ergeben bei einem Satzspiegel von 38 Zeilen mit einem lebenden Kolumnentitel. Das wäre der Umfang, den wir vielleicht für alle Bände als ungefähre Orientierung nehmen könnten. Über Einzelheiten sprechen wir dann bei Ihrem Besuch.

Ich möchte mich auch noch einmal bei Ihnen und Ihrer Frau für die Einladung bedanken, indem ich Ihnen einen kleinen Sammelband schicke mit Texten noch unbekannter Autoren zu einem von mir gestellten Thema, die ich vor kurzem herausgegeben habe. (Das dauert vielleicht ein paar Tage, weil das Buch von unserer Auslieferung in Gütersloh aus verschickt wird.)

Herzliche Grüße
Ihr ergebener
(Dr. Dieter Wellershoff)

Köln, den 19. April 1967
Dr. we/pei

Frau
Irma Wilke
Köln-Sülz
Hermeskeiler Str. 35

Sehr geehrte Frau Wilke,

Sie haben das Stadtanzeiger-Interview über den Neuen Realismus gelesen (das übrigens, das möchte ich noch dazu sagen, ein Konzentrat einer zweistündigen Unterhaltung war und deswegen nicht immer ganz verständlich ist) und fragen mich nun, welches Buch am besten diese Tendenz in der Literatur dokumentiert. Ich möchte meinen, kein Buch tut das, weil der Neue Realismus so etwas wie ein ganz lockeres, weitläufiges Arbeitskonzept ist, eigentlich mehr eine Unterscheidung von der grotesken und phantastischen Literatur à la Günter Grass und der metaphysischen Literatur à la Beckett und Kafka, natürlich auch eine Form des Schreibens, die sich von der traditionellen realistischen Literatur abhebt. Von mir erschien im vergangenen Jahr ein Roman unter dem Titel »Ein schöner Tag«, der vielleicht für das, was ich gesagt habe, am bezeichnendsten ist. Dann, denke ich, könnten Sie alle Erzählungen von Günter Herburger lesen, die unter dem Titel »Eine gleichmäßige Landschaft« erschienen, und einen Band »Raupenbahn« von Rolf Dieter Brinkmann, der sehr deskriptiv ist (es werden fast nur gegenständliche Welten dargestellt, in denen die Menschen nur spurweise vorhanden sind), von dem er sich neuerdings auch wegentwickelt; aber diese drei Bücher sind vielleicht am ehesten geeignet, den Begriff zu dokumentieren. Ich lege Ihnen gerne zu Ihrer weiteren Information noch ein paar theoretische Äußerungen bei, die ich unserer Hauszeitschrift und in der Zeitschrift CIVIS gemacht habe.

Mit freundlichen Grüßen
(Dr. Dieter Wellershoff)

Köln, den 12. Juni 1967
Dr. we/est

Herrn
Walter Siegfried
Zum Granatbaum
CH 4800 Zofingen/ SCHWEIZ

Sehr geehrter Herr Siegfried!

Es hat mich sehr interessiert, das Manuskript Ihres Vortrags über mich zu lesen, den ich durchaus treffend fand und der wahrscheinlich auch den Zuhörern eine anschauliche Vorstellung vermitteln wird. Ich finde mich nicht darin missverstanden. Vielleicht müsste man nur auf Seite 9 ergänzend sagen, dass das, was Sie dort »nachschreiben der alltäglichen Wirklichkeit« nennen, nicht unterstellt, die alltägliche Wirklichkeit wäre etwas allgemein Verbindliches und Objektives, das man überhaupt nur nachschreiben könne. Das ist ja immer subjektiv gesehen. Nur der naive Realismus tut so, als gäbe es eine allgemeingültige, objektive Wirklichkeit. Aber Sie schreiben ja selbst an vielen Stellen Ihres Referates, dass meine Darstellung perspektivistisch subjektiv ist. Alles wird von bestimmten Personen in bestimmten Situationen mit bestimmten Vorurteilen, Ängsten, Erwartungen gesehen.

Eine kleine fachliche Korrektur. Ich habe nicht sieben Hörspiele geschrieben, sondern nur sechs. Dann müsste man vielleicht sagen, dass mein Theaterstück »Anni Nabels Boxschau« thematisch sich zwar den anderen Arbeiten anfügt, dass es aber stilistisch und formal einen Gegensatz bezeichnet, denn dieses Stück ist ja durchaus grotesk, phantastisch, allegorisch. Erst in der kritischen Auseinandersetzung mit diesem Stück ist die Auffassung von Literatur, ist das eigene Konzept entstanden, das unter dem Stichwort »neuer Realismus« bekannt geworden ist und für das mein Roman ein Beispiel darstellt, aber eben nur einmal. Es sind innerhalb dieser Arbeitsregelung sehr viele unterschiedliche Bücher denkbar. Aber mein nächstes Buch wird schon wieder etwas anderes sein.

Interessiert hat mich, was Sie auf Seite 8 über das Präsens schreiben. Vielleicht könnte man diesen Gedanken noch vervollständigen: Das Präsens ist die Zeit der Zukunftslosigkeit. Diese Personen haben keine weiteren Perspektiven, sondern sie befinden sich in einer Art chronischem Alarmzustand. Sie reagieren von Moment zu Moment aufeinander, beobachten sich dauernd gegenseitig in einer nervösen Aufmerksamkeit und Unsicherheit.

Weil es keine selbstverständlichen Sicherheiten des Verhaltens mehr gibt, sind sie ganz in den Augenblick gebannt. Es steigert sich ihre labile Sensibilität, sie sind Gefangene des Moments, und ich glaube, das drückt sich am besten im Präsens aus. Für den Leser bedeutet das: im Gegensatz zu einer Perspektive, in der immer vorausgesetzt ist, dass die Geschichte schon vorbei ist und nur in ihrem Wesen, ihrem Sinn verfügbar geworden ist, bekommt er nie Übersicht, nie ein den handelnden Personen überlegenes Bewusstsein. Er ist wie die Person gezwungen, von Augenblick zu Augenblick zu gehen.

Das sind nur ein paar Bemerkungen, die ich noch zur Ergänzung machen wollte. Sie haben das in kurzer Form ja schon in Ihrem Referat ausgeführt.

Ich nehme an, Sie müssen das Manuskript zurückhaben. Deshalb lege ich es diesem Brief bei.

Mit Dank und freundlichen Grüssen

I h r

Anlage (Dr. Dieter Wellershoff)

Herrn
Joachim Fuhrmann
44 Münster
Rottendorffweg 49

Köln, den 9. März 1970
Dr. We/Pl

Lieber Herr Fuhrmann!

Ich kann Ihren langen Brief leider nicht so ausführlich beantworten, wie er es verdient, vor allem weil Ihre Fragen zu komplex und auch nicht eindeutig beantwortbar sind.

Wenn ich gesagt habe, Literatur sei ein Simulationsraum neben der gesellschaftlichen Praxis, in dem mit vermindertem Risiko Erfahrungen artikuliert werden, auf die man sich sonst nicht einlassen würde, dann kann man natürlich auch sagen, das führe zu einer bloßen Ersatz- und Innenraumbewegung. Ich kann darauf nur antworten, daß unter den gegebenen gesellschaftlichen Verhältnissen vielleicht immer nur ein geringer Teil der menschlichen Antriebe und Erlebnismöglichkeiten praktisch ausgelebt werden kann. Wir leben zu einem großen Teil ein Fantasieleben, und würde man das sperren, so verdorrte auch die Praxis. Sie würde sich selbst verdunkelt sein, weil es keine alternativen Vorstellungen mehr von ihr gäbe, ja weil man überhaupt nur ganz schematische Vorstellungen von ihr hätte. Es spielt sich ein ritualisiertes Reiz-Handlungsmuster ein. Natürlich kann die Störung solcher eingefahrenen Handlungsschablonen und Erlebnisgewohnheiten eine Gefährdung oder Beeinträchtigung der Verhaltenssicherheit sein, aber ich glaube eher, daß es ein Gewinn an Sicherheit ist, wenn man nicht nur in seinem Zustand ist, sondern ihm auch gegenüber sein kann, dadurch, daß man sich ihn noch einmal in der Vorstellung vergegenwärtigt, ihn noch einmal durchspielt und sich von ihm distanziert. Schreibweisen, die ganz auf Erlebnismöglichkeiten verzichten wollen, sie sogar sperren wollen, stehen für mich unter dem Verdacht der Verdrängung.

Sie fragen mich nach meinem Wirklichkeitsbegriff. Ich möchte zur Wirklichkeit nicht nur die gegenständliche Welt, sondern auch die psychischen und geistigen Prozesse rechnen. Wir haben im Bewußtsein ein internes Modell der Wirklichkeit, das sich dauernd verändert durch neu hinzukommende Informationen, neue, affektive Tönungen, neue Interessen, die unsere Wahrnehmungen bestimmen. Ich meine also, daß die Störung stabiler eingeübter Denk- und Erlebnisgewohnheiten, z. B. in Krise, Krankheit, Schock, Ausnahmesituation dazu führt, daß man neue Informationen oder neu interpretierte Informationen bekommt. Das heißt, unsere Tendenz zum Schema oder zur Entlastung vom Wirklichkeitsdruck durch Codierung der Wirklichkeit braucht diesen Gegenzug der Störung oder, wie man früher sagte, Verfremdung.

Joyce habe ich als Student gelesen, und damals war ich ungeheuer beeindruckt. Aber ich kann nicht sicher sagen, welchen Einfluß er auf mein Schreiben gehabt hat, da so vieles dazu kam. Man kann nachher die Einflüsse nicht mehr trennen.

Bei der »Schattengrenze« war zuerst eine Vorstellung von der Struktur da, dann gab es sicher auch eine innere Disposition für dieses Thema bei mir, und außerdem gab es eine Außenanregung, einen Unterschlagungsfall, den ich miterlebt habe. Siehe dazu auch den Essay in »Literatur und Veränderung«, ›Wiederherstellung der Fremdheit‹, Seite 93 ff. Ich schrieb die »Schattengrenze« in dem Jahr vor dem Erscheinen. Ja, es wird darin auf den Tod von Jupp Elze angespielt.

Ich glaube, daß ich mich deshalb mit Literaturtheorie neben dem primären Schreiben beschäftige, weil mich die Bewegung der Literatur und meine tägliche Umwelt dazu herausfordert. Für mich gehört beides jetzt zusammen.

Ich bin oft nach der Sprachtaktik gefragt worden. Mir scheint, daß es eine tastende, unbestimmte Sprache ist, die über ihre »vielleichts«, »als obs«, »scheinbars« einem immer wieder verschwindenden Gegenstand folgt. Es ist die Sprache einer Wirklichkeitssuche in einer sich verflüchtigenden Wirklichkeit.

Lieber Herr Fuhrmann, ich komme jetzt nicht mehr dazu, mir noch die anderen Texte, die Sie mir dazu gelegt haben, anzusehen. Dazu schreibe ich später.

Freundliche Grüße
Ihr
(Dr. Dieter Wellershoff)

Herrn Prof.
Dr. Wolfgang Iser
Universität Konstanz
Fachbereich Literaturwissenschaft
775 Konstanz
auf der Insel 1

Köln, den 4. Sept. 1970
Dr. We/Pl

Lieber Herr Iser!

Ich bin sehr dankbar dafür, daß Sie mir Ihren Vortrag über die Appellstruktur der Texte zugeschickt haben, denn das hat bei mir, was ja nicht alle Tage vorkommt, einen Gedankenruck verursacht. Es ist eine Bestätigung meiner Schreiberfahrung und hat mir deutlich bewußt gemacht, weshalb man immer wieder mit allen möglichen psychischen und operativen Taktiken versucht, sich jedem festgewordenen Vorverständnis zu entziehen. Ihre Argumentation zeigt auch, wie verfehlt und literaturfremd die Forderung nach dem Engagement der Schriftsteller ist und wieso die scheinbar kritische Literatur, die ihr folgt, erstickend konformistisch wirkt. Sie müssen das weiter ausführen. Ich bin sehr gespannt darauf und hoffe nur, Sie bleiben nicht zu lange in Amerika.

Herzlich, Ihr
(Dr. Dieter Wellershoff)

Frau
Dr. Elisabeth Endres
8 München-19
Gernerstr. 12

Köln, den 11. Sept. 1970
Dr. We/Pl

Liebe Frau Endres!

Ich bin nicht mehr hauptamtlich im Verlag, sondern betreue einige Teile unseres Programms in freier Mitarbeit seit Anfang dieses Jahres. Das ist eine lange angestrebte Lösung, die es mir erlauben wird, in Zukunft mehr an meinen eigenen Sachen zu arbeiten. Eben komme ich nur auf einen Sprung im Verlag vorbei und finde Ihren Brief vor, und ich will schnell ein paar Unterlagen für Sie auf den Weg geben.

Tatsächlich ist wohl mein Essayband, zu dem Sie sich zu meiner großen Freude so zustimmend äußern, der beste Beleg für meine Schreibkonzeption, die ja ohnehin nicht starr ist, nicht starr sein kann, wenn man arbeitet und in Bewegung ist. Vielleicht sollten Sie zu den Romanen noch mein eben erschienenes Hörspielbuch hinzunehmen, vor allem die beiden letzten Hörspiele, die mit Kollagetechniken arbeiten. Da ist einiges angedeutet über die Weiterentwicklung meiner Arbeiten. Und auch die anderen Autoren, die einmal unter der Überschrift »Neuer Realismus« zusammengefaßt wurden, haben sich, wenn sie sich bewegt haben, natürlich verändert. Brinkmann zum Beispiel unter dem Einfluß von Pop-Art und amerikanischer Lyrik. Zusammenfassend muß man wohl sagen, daß der Begriff »Neuer Realismus«, den ich nicht als kompakte literaturhistorische Kategorie gemeint habe, und der dann von der Kritik verdinglicht wurde (ein Begriff wie »Kölner Schule« kam dazu, und zwar nicht von mir), eine situationsgebundene Improvisation war. Es war der Versuch, gegen die damals herrschende Schreibweise, vor allem gegen den grotesken Manierismus von Günter Grass, andere Schreibweisen zu ermutigen, aber nicht dogmatisch festzulegen. Inzwischen ist natürlich längst eine andere Situation eingetreten, und man hat andere Anregungen verarbeitet, andere Schreiberfahrungen gemacht, obwohl ich gleichzeitig sicher bin, daß es auch einen erkennbaren Zusammenhang meiner Arbeiten gibt.

Aufmerksam machen möchte ich Sie noch auf ein Buch von meiner Kollegin Renate Matthaei, das unter dem Titel »Grenzverschiebung«, neue Tendenzen in der deutschen Literatur der 60er Jahre, im Herbst dieses Jahres bei uns erscheint. Ich halte es für eine außerordentlich informative und intelligente Darstellung und Dokumentation des letzten Literaturjahrzehnts, unverzichtbar eigentlich für alle, die sich mit der Gegenwartsliteratur befassen.

Gute Wünsche für Sie und
Herzliche Grüße
Ihr
-gez. Dr. Dieter Wellershoff-
i. A.
(Margrit Plagge)

STERN
Herrn Lütge
2 Hamburg-1
Pressehaus

Köln, den 3. Dez. 1970
Dr. We/Pl

Lieber Herr Lütge!

Dr. Neven Du Mont bestellte mir Ihre Grüße und sagte mir, daß Sie bereit wären, mir zu helfen bei der Beschaffung von Informationen, Dokumenten und Gerichtsakten über Kriminalfälle, die mich interessieren. Wir unterhielten uns hier darüber bei Ihrem Kölner Besuch. Sie und ich waren der Meinung, daß die Realität der Fantasie oft, jedenfalls im Detail überlegen ist, und daß es einem Schriftsteller nur nutzen kann, wenn er Material hat, mit dem er arbeitet. Ich habe aus meiner Ausschnittsammlung drei Fälle ausgewählt, die für mich interessant sind. Das eine ist der Schwerverbrecher Fabeyer, der lange gesucht worden ist und sich in Wäldern aufgehalten haben soll. Mich interessiert daran vor allem die Situation des Einzelgängers, der die ganze Gesellschaft zum Gegner hat. Das zweite ist der Fall des Erfinders Angst, der seinen Kompagnon erschlagen hat. Darüber habe ich nur eine kurze Zeitungsnotiz. Ebenso lückenhaft und geheimnisvoll ist der Vorgang, den ich auf dem gleichen Blatt fotokopiert habe, Titel »Rätsel um kleine Tamara«. Wahrscheinlich läßt sich darüber nichts mehr feststellen. Aber gerade die Lückenhaftigkeit der Berichte regt nur die Fantasie an. Am wichtigsten wäre für mich Information über den Fall Fabeyer, am zweitwichtigsten über den Fall Angst. Generell aber wäre ich an Folgendem interessiert: ich möchte gern den Zusammenbruch eines erfolgreichen, einflußreichen Mannes darstellen. Das könnte ein Zeitungsverleger sein, der seine Zeitung nicht mehr halten kann, ein Unternehmer, der seine Fabrik verkaufen muß, ein Intendant, der entlassen wird. Aber solche Fälle werden natürlich kaum gerichtsnotorisch. Mich interessiert an einem solchen Fall natürlich das ganze Bündel von Begleitumständen, Ursachen und Folgen, die man gar nicht alle erfinden könnte.

Lieber Herr Lütge, es ist außerordentlich freundlich von Ihnen, wenn Sie mir helfen wollen, wenn das möglich ist. Ich würde Ihnen gern eines meiner Bücher schicken, weiß aber im Augenblick nicht, ob ich Ihnen den Roman »Die Schattengrenze« schon geschickt habe. Der würde Sie vielleicht am ehesten in meine Schreibweise einführen. Auf alle Fälle schicke ich Ihnen zunächst mal mein letztes Buch, eine Sammlung von Hörspielen, weil Sie das ja sicher nicht haben.

Herzliche Grüße
Ihr
(Dr. Dieter Wellershoff)

Herrn
Prof. Dr. Windfuhr
Heine-Archiv
Landes- und Stadtbibliothek
4 Düsseldorf-1
Postfach 1120

Köln, den 10. Febr. 1971
Dr. We/Pl

Sehr geehrter Herr Professor Windfuhr!

Bitte entschuldigen Sie, daß ich erst jetzt auf Ihren Brief vom 27.1.71 antworte. Ich war auf Lesereise und lange Zeit nicht im Verlag und ich arbeite auch nur noch freiberuflich im Verlag, komme in der Regel nicht mehr als einmal in der Woche hierher.

Hoffentlich beantworte ich Ihre Frage nun nicht zu spät. Wir haben leider keine neuen Fotos von Böll. Er lässt sich nicht gerne fotografieren. Aus der jüngsten Zeit existieren sicher nur Schnappschüsse. Das Foto mit der Situation, die Sie suchen, könnte höchstens im dpa-Archiv oder vielleicht auch im Archiv des Kölner Stadtanzeigers zu finden sein. Wollen Sie es da einmal versuchen?

Ich freue mich sehr, daß Herr Powroslo diese Untersuchung über meinen Realismusbegriff schreibt, denn ich habe ihn kennengelernt als einen sehr intelligenten Studenten schon damals bei den Diskussionen in Düsseldorf und später, als er mich besuchte und hier im Verlag arbeitete, um sich für seine Arbeit Material zu besorgen. Ich bin nicht ganz überzeugt von einer Ausweitung des Themas auf die sogenannte »Kölner Gruppe«, denn schon der Begriff »Gruppe« ist für diesen flüchtigen Zusammenhang von Autoren, die sich später dann nach zwei, drei Jahren ganz auseinander entwickelten, ein etwas zu kompaktes Wort. Damals, als ich den Begriff »Neuer Realismus« in die Diskussion brachte, war das vor allem eine Reaktion auf das damals herrschende Literaturverständnis, was einerseits durch die Romane von Grass, andererseits durch die Autoren um Heißenbüttel geprägt war. Mir lag daran, deutlich zu machen, daß es eine aktuelle, realistische Schreibweise geben könne, die sich weit vom Oberflächenrealismus des Trivialromanes und vom sozialistischen Realismus unterschied, und diese negativen Unterscheidungen scheinen mir interessanter fast als der gemeinsame Ausgangspunkt. Und interessant ist ja vielleicht auch, daß sich gleichzeitig in der bildenden Kunst ein neuer Realismus durchsetzte, der sich ganz deutlich als Ding-Fetischismus zeigte (so ja vor allem bei Warhol), während im vermeintlichen literarischen Objektivismus etwa Robbe-Grillets die Subjektivität der mitgeschriebenen Perspektive ja viel entscheidender war. Ich meine, daß die 60er Jahre eine ganze Fülle von neuen oder wiederaufgenommenen Überlegungen brachten über die Beziehung von Medium und Realität, und was ich dazu gesagt habe, ist einer der Impulse in diesen Zusammenhängen. Vielleicht könnte der Begriff »Neuer Realismus« im Zusammenhang mit den Autoren, die ich vorgestellt habe, nur deshalb ein so weites Echo finden (das mich außerordentlich überrascht hat), weil die Diskussionen über Realismus, Realität und Kunst nach langen Jahren gegenstandsloser oder abstrakter Kunst in den 60er Jahren wieder allgemein aktuell geworden sind.

Herzliche Grüße
Ihr
(Dr. Dieter Wellershoff)

P.S.:
Am 4. März läuft im 3. Programm des W D R um 21.15 Uhr ein 45-Minuten-Fernsehfilm von mir, in dem Ausschnitte aus meiner Diskussion mit vielen Ihrer Studenten in Düsseldorf zu sehen sind, u. a. Herr Powroslo. Würden Sie die Freundlichkeit haben, das in Ihrem Seminar bekannt zu machen, oder soll ich deswegen noch einmal extra schreiben? Übrigens fehlt mir auch die Adresse von Herrn Powroslo. Ich habe sie wohl verlegt.

Herrn
Dr. Kay Hoff
Deutsche Botschaft
Kikar Malchei/ israel 19
Tel Aviv/Israel

Köln, den 26. 3. 1971
Dr. We/Pl

Lieber Herr Hoff!

Ich habe Ihnen noch nicht geschrieben, weil die gegenwärtige politische Lage mich veranlasst hat, etwas abzuwarten. Eine Lesung, vor allem in Jerusalem in der augenblicklichen Situation, ist ja eine politische Demonstration, die ich nicht beabsichtige. Mich interessiert es, das Land kennenzulernen und Leser zu gewinnen für meine Bücher, aber ich möchte es vermeiden, durch mein Auftreten, besonders bei der Buchmesse in Jerusalem, einen politisch demonstrativen Akt zu begehen, mit dem ich nicht ganz identisch wäre. Vielleicht haben Sie Verständnis dafür, wenn ich deswegen noch zögere. Ich hoffe ja, daß bis zum April sich die Situation normalisiert hat. Grundsätzlich wollen wir also davon ausgehen, daß ich komme, und daß Sie das in Ihrem Programm auch schon anzeigen müssen. Ich würde also in der Woche vom 19. zum 25. April kommen, und zwar mit Einzelflug, weil alle Gruppenreisen beim Reisebüro Cosmopolit für eine Dauer von 14 Tagen sind, und so lange kann ich mich nicht von meiner Arbeit lösen, in der ich dann mitten drin sein werde.

Was sollen wir also vorsehen? Zunächst einmal die Lesung in Tel Aviv, frühestens am 20., vielleicht am 21. April und dann eine weitere Lesung in Jerusalem (falls sich bis dahin die Lage geklärt hat), und falls Sie mir dazu raten können, in Haifa. Ich habe die Vorstellung, daß Haifa ein Ort sei, wo ich kein Publikum für mich finden würde, und daß es auch kein so besonders interessantes Reiseziel sei. Aber vielleicht ist das ein Vorurteil. Wo vor allem sollte ich denn hin, und was soll ich sehen, wenn ich in Israel bin? Ich habe eine Reise von etwa einer Woche vor, Hin- und Rückflug einbegriffen.

Dann zur Frage meines Leseprogramms. Ich schlage vor, daß ich aus eigenen Büchern und unveröffentlichten Arbeiten lese mit anschließendem Gespräch, falls das gewünscht wird. Da ließen sich für zwei, drei Abende verschiedene Programme oder Textzusammenstellungen denken, falls das nötig ist. Und dann kann ich einen Vortrag anbieten zum Thema »Der Kompetenzzweifel der Schriftsteller«, Untertitel »Literatur und Trivialliteratur«. Der Vortrag geht aus von der Frage, ob Schriftsteller sich noch für kompetent halten, das gesellschaftliche Rollenspiel exemplarisch und kritisch darzustellen. Er dauert etwa 50 Minuten, anschließend würde ich dann auch zu einem Gespräch zur Verfügung stehen. Schwerpunkt meines Aufenthaltes würde also Tel Aviv. Ich stelle mir vor, daß ich einen Flug schon am 19. April nach Tel Aviv buche und Mitte der Woche (wahrscheinlich Donnerstag) von da aus in andere Landesteile weiterfahre. Aber Sie müßten mir dazu noch Tipps und Ratschläge geben.

Herzliche Grüße auch an Ihre Frau
Ihr
gez.
(Dr. Dieter Wellershoff)
i. A.
(Margrit Plagge)
(Herr Dr. Wellershoff hat nach Diktat den Verlag verlassen und bittet zu entschuldigen, daß er nicht persönlich unterschreiben kann.)

Herzliche Grüße
Ihr
(Dr. Dieter Wellershoff)

Evangelische Akademie
Loccum
Herrn Dr. Olaf Schwencke
3055 L o c c u m

Köln, den 5. Mai 1971
Dr. We/Pl

Lieber Herr Schwencke!

Dank für das Diskussionsprotokoll, das ich übrigens vorzüglich finde. Der Protokollant hatte den Sinn der jeweiligen Argumentation sehr genau und komprimiert herausgebracht. Ich möchte bei mir nichts korrigieren. Aber einen zusätzlichen Beitrag kann ich Ihnen jetzt nicht versprechen. Ich bin mit zwei größeren Arbeiten (einem Roman und einer anderen Sache) für ein Jahr belegt, so daß ich mich auch noch nicht absolut festlegen kann, ob ich zur Tagung »Trivialliteratur« im nächsten Jahr komme. Ich hoffe aber doch. Fast noch mehr interessiert mich die Tagung über Kriminalroman und Wirklichkeit oder Literatur und Kriminalroman, denn ich habe ja selbst so etwas wie einen Kriminalroman geschrieben. Mein zweiter Roman »Die Schattengrenze« schildert den entstehenden Verfolgungswahn eines Menschen, der als Kompensation für berufliches Versagen Unterschlagungen gemacht hat und illegale Geschäfte mit Autodieben. Es ist das Schema des Kriminalromans aus der Perspektive des Verfolgten, das ich übernommen und für meine Zwecke verwendet habe, und auch jetzt beschäftigt mich wieder ein Kriminalstoff. Übrigens ist der Roman »Die Schattengrenze« auch in der rororo-Taschenbuchreihe erschienen. Aber wahrscheinlich weiß man dort in der Presse- und Informationsabteilung nicht, daß es sich um einen umfunktionierten Kriminalroman handelt.

Herzliche Grüße
Ihr
(Dr. Dieter Wellershoff)
P.S. Ich nehme an, daß ich die Fotokopie des Tagesprotokolles behalten darf.

Frau
Karin Bökamp-Struck
6451 Bischofsheim ü. Hanau
Schillerstr. 7

Köln, den 19. Mai 1971
Dr. We/Pl

Sehr geehrte Frau Bökamp-Struck,

ich danke Ihnen für Ihren Brief vom 7.5., den ich nicht gleich beantworten konnte, weil ich mitten in einer Arbeit saß, die ich zu einem bestimmten Termin fertigschreiben sollte, und dann bin ich immer nicht ansprechbar. Das Problem, das ich in Düsseldorf mit Ihnen und Ihren Kommunitoren bei verschiedenen Gelegenheiten diskutiert habe, beschäftigt mich immer weiter. Welche Funktion hat die Literatur, welche kann sie haben in der Konkurrenz zu den Wissenschaften, neben der Politik, neben den Massenmedien und welche gesellschaftlichen Kompetenzen haben die Schriftsteller. Die meisten meiner gegenwärtig schreibenden Kollegen ziehen sich auf die Eigenlogik der Literatur zurück, verstehen sich als Artisten oder auch insofern als Kritiker, als sie durch ihre Texte den gegenwärtigen Sprachgebrauch auffällig machen oder Motive der Trivialliteratur der Konsumgesellschaft aus den normalen Kontexten herausreißen und zeigen. Aber ich glaube, daß es sehr leicht zu einer neuen intellektuellen Konsummöglichkeit abflacht. Daß dies ein kritisches Verfahren sei, scheint mir oft nur eine Schutzbehauptung zu sein für den Wunsch, aktuelle Reize zu arrangieren. Ich meine, daß der Schriftsteller Erfahrungen mitteilen muß, die weniger allgemein sind. Mein Konzept, Sie kennen das ja, ist der Versuch, die individuelle Erfahrung als ein repräsentatives Moment des gesamtgesellschaftlichen Zustandes zu erfassen, in den persönlichen Beschädigungen ein Indiz für Symptome, für die Verfassung des Ganzen zu finden. Der Leser soll eine Möglichkeit bekommen, durch die mitgeteilte Geschichte, Handlung, einen neuen Blick auf sich selbst und auf die Gesellschaft, in der er sich befindet, zu werfen, daß er nicht im Komfort des scheinbaren Bescheidwissens verharren kann. Aber wie weit kann eine solche Erfahrung Praxis werden? Ihrem Wesen nach ist sie vorpraktisch oder alternativ zur Praxis, aber meines Erachtens doch einbezogen in den permanenten Austausch zwischen Ich und Welt und kann da zur Korrektur festgewordener Einstellungen führen. Das alles setzt allerdings Leser voraus, d.h. die wahrscheinlich schichtenspezifische Angewohnheit, seine Erfahrung durch Lesen zu erweitern und zu korrigieren (oder zu bestätigen, wie bei aller direkt affirmativen Literatur), und ich finde auch, daß man diese eingefahrenen Beziehungen zwischen Autor und Leser immer wieder verlassen muß, tue das sehr oft, in dem ich öffentlich lese und diskutiere. Das ist ja auch eine Art Rückkopplung mit dem Publikum, die wichtig ist für mich selbst. Ich habe auch versucht, andere Medien einzubeziehen, den Rundfunk schon seit langem, jetzt seit neuerem auch das Fernsehen, und ich würde auch gerne einmal an einem Werkkreis mitarbeiten, denn es interessiert mich zu erfahren, wo die Sprach- und Bewußtseinsbarrieren zwischen den Arbeitern und Intellektuellen liegen und wie weit man sie überwinden kann.

Ich bin im Augenblick nicht sehr gut informiert. Mein Eindruck ist allerdings, daß die Werkkreise sehr still geworden sind. Stimmt das? Im Augenblick bereite ich einen neuen Roman vor, der eine Mischung zwischen dem Stil meiner bisherigen Arbeiten und mehr dokumentarischen Arbeiten sein wird, und dessen Thema eine kollektive Hysterie bei der Jagd nach einem Verbrecher ist.

Herzliche Grüße
Ihr
-gez. Dr. Dieter Wellershoff-
i. A.
(Margrit Plagge)

(Herr Dr. Wellershoff mußte nach Diktat den Verlag verlassen und läßt sich entschuldigen, daß er selbst nicht unterschreiben kann.)
P.S.:
Wenn Sie den Fernsehfilm sehen wollen, müssen Sie einmal versuchen, einen Termin mit dem zuständigen Redakteur, Dr. Leo Kreuzer, 3. Fernsehprogramm des W D R, Literaturabteilung, zu vereinbaren. Dort liegt der Film im Archiv. Ich sehe Herrn Kreuzer vielleicht in der nächsten Zeit und werde ihm sagen, daß Sie daran interessiert sind.

Dr. Dieter Wellershoff, 5 Köln-41, Morbacherstraße 50
Frau
Dorothea Oppenheimer
866 United Nations Plaza
Room 4029
New York, NY 110017

Köln, den 19. Mai 1971
Dr. We/Pl

Liebe Frau Oppenheimer!

Sie haben mir einen so eindringlichen Brief geschrieben mit soviel Intuition für meinen Roman, daß ich sehr froh bin, Sie als Übersetzerin gefunden zu haben. Sie haben erfaßt, was mir wichtig war, die Differenziertheit der Wahrnehmung und vor allem die Intensität im Stillstand oder eine Verlagerung der Spannung in die unausgesprochenen Beziehungen zwischen den Figuren, in ihrer Wahrnehmung und Selbstwahrnehmung, ein Penetrantwerden all der Vorgänge, die man normalerweise nicht bemerkt. Damit hängt auch mein Konzept zusammen, das ganze Buch im Präsens zu schreiben. Ich hatte zunächst im Imperfekt begonnen, und dann zeigte sich mir, daß das Imperfekt, im Deutschen jedenfalls, den Vorgängen zu viel von ihrer Sperrigkeit und Widerständigkeit nimmt. Es ist eine Zeitform, in der die Gegenstände erzählerisch zu fließen beginnen, während im Präsens alles auf seiner Stelle beharrt, sich isoliert und verselbstständigt. Es ist die Zeit eines zukunftlosen Gefesseltseins an die stillstehende Gegenwart. Aber wahrscheinlich ist dies alles schon in der Darstellung der Vorgänge selbst enthalten, und es wird jedenfalls im Englischen durch das Präsens so übermäßig betont, daß es in eine negative Qualität umschlägt, das Buch zäh und schwerfällig macht und dadurch die Erfahrung, die ich darstellen wollte, weniger intensiv.

Ein Übersetzer schreibt das Buch in einer anderen Sprache noch einmal und muß bei aller Treue zur Vorlage eigene Entscheidungen treffen. Er ist ein Mitautor, und wenn das Buch jetzt in Amerika erscheint, soll es nicht nur mein, sondern auch Ihr Werk sein. Deshalb vertraue ich mich gern Ihrer Entscheidung an.

Werden Sie auch den nächsten Roman »Die Schattengrenze« übersetzen? Kennen Sie meine Essays und Hörspiele? Gegenwärtig schreibe ich an einem dritten Roman, der im nächsten Jahr erscheinen soll, und vielleicht werde ich dann auch einmal nach New York kommen. Sollten Sie umgekehrt vorher nach Europa kommen, hoffe ich sehr, daß Sie mich besuchen.

Dank und herzliche Grüße
Ihr
(Dr. Dieter Wellershoff)
P. S.:
Ich lege in Fotokopie einige Belege des Fragebogens bei, den ich für die Werbeabteilung von Harper & Row ausgefüllt habe. Wahrscheinlich wird man Ihnen das Formular ohnehin zur Übersetzung geben. Auf Blatt 7 steht noch etwas über das Präsens im »Schönen Tag«. Das müsste dann, falls man etwas von dem Text für die Werbung übernehmen will, gestrichen werden.

Arbeitsgemeinschaft Literatur
Weidigschule
6308 Butzbach/Hessen
Köln, den 28. Juni 1971
Dr We/Pl

Sehr geehrte Herren!
Ein paar Notizen zu Ihrem Thema »Die Rolle des Schriftstellers in der Gesellschaft«:

Die Meinungen haben sich stark polarisiert. Ende der 60er Jahre hat z. B. der amerikanische Literaturwissenschaftler Leslie Fiedler die westdeutschen Schriftsteller mit der These schockiert: das Zeitalter der seriösen Literatur sei zu Ende. Literatur diene nicht mehr der Existenzerhellung und der Orientierung des Menschen in der Welt, sondern sei nur noch Spiel, Reizsuche für eine neue Sensibilität und sie solle sich mit den Schablonen und Attitüden der Trivialliteratur, des Abenteuerromans, des Science Fiction-Romans und der Pornographie neu beleben und aktualisieren. Fiedler bestritt also den Schriftstellern die Kompetenz, den Menschen ihrer Zeit das gesellschaftliche Rollenspiel darzustellen und zu deuten. Auf der anderen Seite sind z. B. von marxistisch orientierten Studenten ganz strenge Praxisforderungen an die Literatur gerichtet worden. Sie soll direkt agitatorisch wirken im Sinne einer revolutionären Veränderung der Gesellschaft, sie soll Handlungsanweisung sein oder zumindest im unmittelbaren Sinne politisch aufklärerisch wirken. Auch dahinter steckt vielleicht die Auffassung, daß die Literatur keine eigenen Kompetenzen mehr hat und sich nur noch als Medium der politischen Praxis legitimieren könne. Dann gibt es noch den Versuch, die gesellschaftlichen Verhältnisse per Tonbandprotokolle einzufangen (Beispiel Erika Runge). Man kann vermuten, daß sich auch dahinter ein Zweifel an der Kompetenz des Schriftstellers versteckt, die gesellschaftliche Wirklichkeit darzustellen. An die Stelle des Autors tritt zunächst einmal der Reproduktionsapparat, das Tonband. Die Rolle des Autors ist reduziert auf das Auswählen des jeweiligen Wirklichkeitsausschnittes.

All das mag zusammenhängen mit der fortschreitenden Popularisierung der Wissenschaften vom Menschen, insbesondere der Soziologie und der Psychoanalyse, die dem Roman seinen alten Primat in der Darstellung des gesellschaftlichen

Rollenspiels streitig gemacht haben. Das zeigt sich auch an der fortschreitenden Subjektivierung der Literatur. An die Stelle der Übersicht des allwissenden Erzählers (z.B. Balzac und Tolstoi) tritt zunächst die literaturwissenschaftlich jüngere Erlebnisperspektive, die die Welt aus der Perspektive eines besonderen, vielleicht sogar abseitigen und verstörten Individuums darstellt. Und nachdem auf diese Weise der Bruch zwischen dem Individuum und der Gesellschaft, dem Besonderen und dem Allgemeinen, dem Privaten und dem Öffentlichen strukturell akzeptiert worden ist, zunächst zugunsten einer größeren Authentizität des Subjektiven, beginnt man sich zu fragen, ob denn der einzelne Schriftsteller überhaupt anderen Menschen noch wichtige Erfahrungen zu vermitteln habe und kann mit Samuel Beckett schließlich alles Reden als endloses, sinnloses Geräusch verdächtigen oder sich mit den konkreten Poeten auf einfache Sprachstrukturen zurückziehen und akzeptieren, daß die Literatur ein Sonderbereich ist, der sich im wesentlichen mit den Formen des Artikulierens, den Sprachschablonen zu beschäftigen habe. Vielleicht könnte man Heißenbüttel und Bense hier sehen. Oder aber man ruft wie Leslie Fiedler im Gefolge der Pop Art eine neue Narrenfreiheit aus.

Dies also eine kurze schematische Übersicht über die Verunsicherung der Schriftsteller und ihres Rollenbildes (hervorgerufen zum Teil durch die Konkurrenz der Wissenschaften, sicher übrigens auch der neuen Massenmedien), ihrem Zweifel an ihren Kompetenzen und ihren Versuchen, sich neu zu legitimieren. Ich würde meinen, daß die Autoren sich deutlich machen müssen, daß Literatur eine sehr vermittelte Beziehung zur gesellschaftlichen Praxis hat. Sie kann gelegentlich als direkter Appell Handlungen auslösen. Aber eigentlich hat sie die Funktion, den Menschen von den Anpassungs- und Erfolgszwängen der Praxis loszulösen, damit er seine Erfahrungen ohne diese Zwänge erweitern kann. Er soll nicht nur in seinem gesellschaftlichen Zustand sein, sondern ihm zugleich gegenüberstehen. Ich habe einmal die Literatur in meinem Essay »Fiktion und Praxis«, enthalten in dem Band »Literatur und Veränderung«, Köln 1969, Verlag Kiepenheuer & Witsch, als eine Simulationstechnik bezeichnet. Man kann in ihr fiktiv Erfahrungen machen, die man in der Praxis um jeden Preis vermeiden würde, d.h. Literatur kompensiert die Erfahrungseinschränkung in der alltäglichen Praxis, weil man sich in ihr auch auf ruinöse, gefährliche, tabuisierte Erfahrungen einlassen kann. Sie dient also dem Ausgleich und der Balance, zeigt aber auch Alternativen zum tatsächlichen Leben, hat also auch einen utopischen Zug. In meinen Büchern habe ich versucht, den Preis der herrschenden gesellschaftlichen Praxis an einigen gestörten Menschen zu zeigen. In dem Roman »Ein schöner Tag« handelt es sich um eine kleine Familie, deren Mitglieder sich gegenseitig daran hindern zu leben, und die aus Angst in einer Pseudoidylle verharren und ihre Selbstverwirklichung aufgeben (erschienen: Köln 1966, Verlag Kiepenheuer & Witsch und auch als Rowohlt-Taschenbuch). In dem Roman »Die Schattengrenze« (Köln 1969, Verlag Kiepenheuer & Witsch und Rowohlt-Taschenbuch) ist die Hauptfigur ein Mann, der in der Konkurrenzgesellschaft versagt, kriminell wird und einen Verfolgungswahn entwickelt. In meinen Hörspielen, zusammengefasst in dem Band »Das Schreien der Katze im Sack« (Köln 1970, Verlag Kiepenheuer & Witsch), habe ich ähnliche Themen behandelt: verstörte und beschädigte Menschen und gestörte Kommunikationsvorgänge. Das unausgesprochene Gegenbild wäre eine Gesellschaft mit herrschafts- und angstfreier Kommunikation, in der die Lebensimpulse nicht unterdrückt werden müßten.

Gegenwärtig sehe ich den Schriftsteller eher als eine einzelgängerische Figur, die sich der abgedrängten, zugedeckten, privatisierten Erfahrungen annimmt und sie gegen die Selbstreklame der Gesellschaft geltend macht. In der Literatur der DDR ist die Rolle des Schriftstellers ganz anders. Dort haben die Autoren den gesellschaftlichen Auftrag, im Sinne der Strukturbewahrung, Übereinstimmung über die gesellschaftliche Praxis herzustellen. Sie sollen den Menschen in ihren Geschichten und Romanen vorführen, daß sie in einer vernünftigen Gesellschaft leben, die generell in Ordnung ist, in der aber gelegentlich Fehler gemacht werden. Das ist eine Literatur, die der Anpassung des Individuums an die herrschenden gesellschaftlichen Verhältnisse dient. Weil hier, also bei uns, nicht ein so direkter Auftrag vorliegt, und weil wir auch nicht so unmittelbar ideologisch kontrolliert werden, können wir uns eher als freie Schriftsteller fühlen. Die gesellschaftliche Kontrolle funktioniert hier mehr über Marktmechanismen. Unsere Art von Öffentlichkeit, z. B. die Bestsellerlisten, die Verkaufsgepflogenheiten der Buchhändler machen das Buch zu einer Ware und drängen in der Regel den Autor, der keine geheimen Massenwünsche bedient, ins soziale Abseits der kleinen Auflagen. Obwohl korrigierend gesagt werden muß, daß es umgekehrte Hierarchien gibt. Man kann also auch als Autor mit geringeren Auflagen Einfluß und Geltung in der Öffentlichkeit bekommen. Die Wirkung ist dann wahrscheinlich intensiv auf kleinere Gruppen, Bildungs- oder Konsumeliten gerichtet und setzt sich dann durch deren Vermittlung weiter in die Breite fort.

Übrigens ist ein Schriftsteller heute durchaus nicht mehr nur ein Buchautor. In der Regel verdient er einen großen Teil seines Einkommens bei den Massenmedien, durch Hörspiele, Rundfunkvorträge, Fernsehspiele und dergleichen und öffentliche Vorträge, Lesungen und Diskussionen in Buchhandlungen, Volkshochschulen, literarischen Gesellschaften usw. Ich habe neben der schriftstellerischen Arbeit noch eine freiberufliche Tätigkeit als Verlagslektor für ein, zwei Tage in der Woche. Bis vor zwei Jahren hatte ich noch weniger Zeit zum Schreiben als heute. Den Beruf brauchte ich, um als Schriftsteller nicht so unmittelbar vom Markt abhängig zu sein und nur schreiben zu können, wie und was ich wollte.

Mit freundlichen Grüßen
(Dr. Dieter Wellershoff)

25.I.78

Liebe Frau Brandstetter,

gestern abend kam ich in den Verlag und fand Ihren Brief vor. Ich hätte anrufen sollen, habe mich aber gescheut. Telefonieren – das ist eine so abstrakte Sprechsituation, weil man sich nicht sehen kann – das ist eigentlich nur zumutbar, wenn man sich schon kennt oder nur neutrale Mitteilungen für einander hat. Ich ziehe es deshalb vor zu schreiben, zumal ich den Vortrag für Februar nicht zusagen kann (ich stecke zu sehr in den anderen Arbeiten und möchte auch nicht einfach daherplaudern.) Vielleicht kann ich später einmal zu einer Lesung mit anschließender Diskussion nach München kommen, aber einen Vortrag möchte ich vorläufig nicht ausarbeiten. Zur Zeit beschäftigen mich Filmdrehbücher und ab Sommer oder Herbst möchte ich eine Reihe von Erzählungen schreiben. Und da ich nebenher auch noch für den Verlag als Lektor arbeite, muß ich mir meine Zeit genau einteilen und mich auf die wichtigsten Dinge konzentrieren.

Der Brief, den Sie mir geschrieben haben, ist mir sehr wichtig. Er heilt, zusammen mit einigen anderen leidenschaftlich zustimmenden Briefen, die Wunden, die mir einige der toten Seelen unserer Literaturkritik geschlagen haben. Alles, was Sie hervorheben und ich nur zögernd zitiere – die komplexe, widerspruchsreiche Darstellung der Menschen, die Geschmeidigkeit und Differenziertheit der Sprache – ist mir glatt abgesprochen worden. Das Buch ist nahezu tot, seit Blöcker in der FAZ und Frenzel in der Süddeutschen darüber weggegangen sind (positive Besprechungen etwa in der Zeit und in der Frankfurter Rundschau und einigen anderen Blättern vermögen dagegen nichts auszurichten.) Das Buch steht kaum noch in den Buchhandlungen, wird kaum noch bestellt, die ausländischen Verleger, die sich noch nicht vertraglich festgelegt hatten, zogen sich nach diesen Besprechungen von dem Buch zurück usw. Blöcker schreibt zum Beispiel: »Mit der Wahl dieses Themas und dieser Figur hat Wellershoff es sich und uns über jedes vernünftige Maß schwer gemacht. Was er selbst oft und gerne als die wünschenswerte Gemeinsamkeit zwischen Erzähler und Leser bezeichnet, nämlich die Möglichkeit des ›imaginativen Nachvollzugs‹, das ist hier nahezu ausgeschlossen.« … »Wellershoffs eigene Mittel sind diesem Ziel gerade entgegengesetzt. Sein auf das

Glatte, Griffige gerichteter Formulierungsehrgeiz, der alles Poröse wie einen Makel meidet, vermag innere Vorgänge, seelische Bewegung allenfalls zu benennen, nicht jedoch sie mitzuteilen. Wellershoffs erzählende Prosa hat etwas Korsettiertes, mühsam Festgeklopftes – sie atmet nicht.

Selbst seine Binnenbeschreibungen werden zu glasierter Oberfläche. Es gibt keinen dummen und keinen schlechtgeschriebenen Satz in diesem Buch, aber auch keinen, der uns unmittelbar, mit der Gewalt suggestiver Erzählkraft an das Zentrum des heiklen Falls heranführte.«

Und so weiter.

Ivo Frenzel in der Süddeutschen:

»... der Autor registriert Handlungen und Gefühle, aber er erweckt sie nirgendwo zum Leben.«

Günter Zehm in der Welt:

»Warum geniert man sich dieses Stück ›ernsthafte neue deutsche Literatur‹ zu zitieren, warum fühlt man sich dabei fast wie ein Klammheimlicher, der aus dem ruchlosen Buback-Nachruf des Göttinger Mescalero zitiert? Weil es einen stilistischen Naturalismus gibt, der reine Komplizenschaft ist, in dem nur noch das mitgeteilte Faktum gilt und nicht mehr die Form, in der es mitgeteilt wird. Wellershoffs Stil zeugt von solcher Komplizenschaft. Der distanzlose Feuereifer, mit dem er bei der Sache ist, hat mit Literatur nichts mehr zu tun, er vermittelt nichts als Ersatzbefriedigung; er liefert, um die Wahrheit zu sagen, Gewaltpornographie reinsten Wassers.«

Ich könnte auch eine ganze Reihe von positiven Pressestimmen zitieren, aber darum geht es mir nicht, ich will keinen Überblick über den Meinungsmarkt geben mit pro und contra-Stimmen. Ich bin nur immer wieder fassungslos, wie es möglich ist, daß dergleichen über mein Buch geschrieben wird. Es widerspricht meiner inneren Evidenz, es widerspricht den vielen Briefen wie zum Beispiel Ihrem Brief. Aber die Kritiker beherrschen die Szene und entscheiden darüber, welche Bücher gelesen werden. Es ist, als würde man vergiftet. Ich muß das alles wieder aus mir herausschaffen, damit ich weiter schreiben kann, ich muß es vergessen.

Bitte entschuldigen Sie, daß ich Sie jetzt damit überhäufe. Aber Ihr Brief hat das wieder in mir aufgewühlt.

Fünf Jahre lang habe ich den Stoff zu diesem Buch mit mir herumgetragen, dann habe ich es in einigen Monaten in einer einzigen Arbeitsanstrengung geschrieben. Das Schreiben ist eine Anspannung aller meiner Fähigkeiten, auch der Emotionalität, eine hochgespannte Meditation und zugleich Arbeit, Kritik, ein dauerndes Wechselspiel von Spontanität und Beobachtung. Ich weiß dann meistens in einer nicht unbedingt begrifflichen Einsicht, wann etwas wahr ist, wirklich, wann ich es gefunden habe. Die Sprache ist das Medium, in der die Sache, der Vorgang erscheint. Sie sollen sich nicht vordrängen, sie sollen den Leser hineinziehen in die Erlebnisbewegung, die ich beim Schreiben selbst durchmache. Viele Partien, die zu den besten zählen, habe ich relativ rasch, fast in einem Zug geschrieben. Zum Beispiel die Szene, in der Jung von Göke zusammengeschlagen wird, oder seine eigene Gewalttat, oder Beschreibungen seines Zustandes, oder auch den ersten Absatz des Buches. Dann ist mir auch etwas unterlaufen, was ich erst nachträglich begriffen habe: die Analogie zu Hamlet. Hamlet ist ja der durch den Verrat der Mutter am Vater verunsicherte Mann, der unfähig ist zu leben, sich zu realisieren und der mit einem tiefen Argwohn gegenüber Frauen geschlagen ist. So ist ja auch Jung. Ich schrieb im 2. Teil die Szene, in der Jung, gedemütigt von Ellen, auf der Hotelterrasse sitzt und plötzlich an die braunrote Mundhöhle seines toten Vater denken muß und sich einbildet, sie sagte etwas, wolle durch ihn zu Wort kommen – aber ich hatte keinen Gedanken daran, daß das die Szene vom »Geist des Vaters auf der Terrasse« ist. Erst später, viel später, ziemlich gegen Ende des Buches fiel es mir ein. Natürlich braucht man diese Analogie nicht zu sehen. Sie ist für das Verständnis des Buches nicht nötig; ich war nur überrascht, daß sie sich vom Thema, von der Erfahrung her ergeben hatte. (Der Anlaß war, daß mein Vater einige Zeit vorher gestorben war und ich tatsächlich seine Mundhöhle gesehen hatte. Es war ein erschreckender Anblick, als schrie jemand um Hilfe, während einer fürchterlichen Mißhandlung.) Es sind überhaupt viele Realien und Erfahrungen in das Buch eingegangen. Zum Beispiel mußte ich einen Kater töten, der von einem Schäferhund halb totgebissen worden war. Auch bei diesem Tier sah ich die aufgerissene Mundhöhle, bevor ich es auf den Kopf traf. Eine Frau habe ich nicht getötet, aber Jahre zurück gab es ein solches verfehltes Wochenende. Eigentlich bin ich kein Beobachter, nur nachher weiß ich, was ich gesehen, erfahren habe. Das Schreiben ist die Erprobung dessen, was ich wirklich weiß. Man weiß viel mehr als man glaubt; wenn man sich erst darauf einläßt, wird es immer mehr. Ich beobachte natürlich auch, aber das ist noch zufällig, die Erinnerung realisiert die Erfahrung erst völlig und zwar gerade dann, wenn sie durch funktionale Gestalten ausgelebt wird.

Ich würde mich natürlich freuen, wenn Sie sich auch wissenschaftlich oder essayistisch mit dem Buch beschäftigen würden. Mir fielen in dem Sommerurlaub nach

Abschluß des Buches zufällig zwei Bücher in die Hand, die ein ähnliches Thema behandeln (Mord aus Eifersucht, Depersonalisation des Helden). Es ist Patricia Highsmith »Tiefe Wasser« und Simenon »Der Mörder«, beide Diogenes Verlag. Es wäre sicher sehr interessant, diese Bücher mit meinem zu vergleichen, weil sie sehr unterschiedlich und doch hinreichend ähnlich sind (Dramaturgie, Psychologie, Sprache, Milieu könnte man vergleichen und gegeneinander abheben.) Aber das ist nur ein Einfall. Mich hat das damals natürlich sehr fasziniert. Der Brief ist uferlos geworden. Ich danke sehr, daß Sie mir geschrieben haben.

5. Der freie Autor

»Wohnungen, Umgebungen«

(1984)

In dieser Wohnung, einer Etage in einem renovierten alten Haus in der Kölner Südstadt, wohnen wir jetzt im achten Jahr. Sie war zum Kauf angeboten, und da mein Vater kurz vorher gestorben war, bekam ich durch den Verkauf des Elternhauses in Grevenbroich wenigstens soviel Geld, daß der Kauf kein bedrohliches Wagnis war. Wir entschlossen uns dazu auf den ersten Blick. Die Wohnung ist genau das, was wir brauchen. Vorne, zur Straße hinaus, liegen die Wohnräume. Von dort führt ein langer, zweimal um die Ecke biegender Gang, an dem noch zwei Zimmer liegen, zu meinem Arbeitszimmer. Es ist das erste, das groß, ausreichend heizbar und im Sommer nicht zu warm ist.

Obwohl das eine Großstadtwohnung ist, die noch im näheren Umkreis der Kölner Innenstadt liegt, ist es erstaunlich still hier. In meinem Arbeitszimmer höre ich keinen Lärm, sondern nur ausdrucksvolle, man könnte auch sagen erzählerische Geräusche. Wenn der Wind entsprechend steht, höre ich nachts die Güterzüge über die Südbrücke rollen, bei Nebel tuten auf dem Rhein die Lastschiffe wie riesenhafte Seekühe, die einander anmuhen. An hohen kirchlichen Feiertagen tönen von ferne die Domglocken herüber und aus der Nähe die von St. Severin. Sonntagmorgens bimmelt das helle Glöckchen des Karmeliterinnenklosters und ruft ein paar Hausnummern weiter die kleinen alten Nonnen zur Andacht, denen ich häufig in der Straße begegne. Und eine Zeitlang waren in den Sommernächten aus einem der Nachbarhäuser die völlig selbstvergessenen Liebesschreie einer Frau zu hören, die einen mit wahrer Lebensandacht erfüllen konnten.

Ich fühle mich wohl hier. Seit dem Elternhaus hat es keine Wohnung gegeben, in der ich so zu Hause war. Dazu hat auch beigetragen, daß ich vor einigen Jahren die letzten mir noch verbliebenen Lektoratsverpflichtungen gekündigt habe, so daß ich nun, auf einem langen Umweg, dort angelangt bin, wo ich eigentlich hinwollte: Ich führe ein selbstbestimmtes Leben und kann mich den Arbeiten widmen, die mir wichtig sind. Seitdem ist es für mich nicht mehr so problematisch, daß ich sehr viel

Lebenszeit in einen Beruf gesteckt habe, in den ich aus Zufall und Not hineingeraten bin. Ich habe versucht, etwas daraus zu machen, aber mich nicht ganz davon bestimmen zu lassen, und so ist diese Vergangenheit weder richtig noch falsch für mich, sondern ein selbstverständlicher Teil meiner persönlichen Geschichte.

Jetzt, in der Gegenwart, wirkt das noch nach als ein Bewußtsein der Kostbarkeit der eigenen selbstbestimmten Zeit und als Ungeduld gegenüber Forderungen der Öffentlichkeit und der literarischen Szene. Wenn Älterwerden überhaupt einen Sinn hat, dann doch wohl den, daß die Werte, denen man folgt, jetzt allein in einem selbst begründet sind und man sich freier fühlt, als es früher möglich war. Man muß Ruhe um sich herstellen, um auf die eigenen Interessen und Erfahrungen hören zu können, die sich im Laufe des Lebens zu einem empfindlichen und genauen Gefühl für das persönlich Richtige verschmolzen haben, und das Schreiben eines Buches ist für mein Verständnis eine lange, immer ausschließlichere Einübung in diese Ruhe. Für die berufsnotwendigen Auftritte in der Öffentlichkeit habe ich mir eine Maxime Gottfried Benns zu eigen gemacht: »Auftauchen, nur im Akt vorhanden sein und wieder versinken.« Allerdings ersetze ich für meinen Privatgebrauch das expressionistische »versinken« durch ein banales »verschwinden«.

Arbeitszimmer, Wohnung und Stadtviertel, das sind verschiedene Bereiche meines eigenen Territoriums, sein Innenraum und seine Außenwelt, die täglich miteinander in Verbindung stehen. Während ich schreibe, genügt es mir wochenlang, am nahegelegenen Rheinufer, in den beiden kleinen Parks um die Ecke und in den Straßen der näheren Umgebung spazierenzugehen. Die Kölner Südstadt mit ihren vielen Kneipen, Imbißstuben, Restaurants, Cafés und kleinen Läden ist ein Viertel mit einer bunt gemischten Bevölkerung. Hier leben Deutsche, Türken, Italiener und Spanier, Alteingesessene und Zugezogene, das soziale Spektrum reicht von den Nonnen bis zu einigen Damen, die sexuelle Liebesdienste verkaufen, von den Geschäftsleuten bis zu den Pennern, die im Kloster ihre Suppe holen und im Park ihr Bier trinken, es reicht von den Studenten der Kunst- und der Sprachenfachhochschule bis zu den Bewohnern des Altenheims und von den Kneipenwirten bis zu den Intellektuellen, – aber das ist wohl keine einleuchtende Polarität mehr.

(...)

Morgen werde ich wieder in meinem Arbeitszimmer an meinem Schreibtisch sitzen und das Gefühl haben, an meinem Platz zu sein. Ich weiß, wie es sein wird. Post ist da. Das Telefon steht auf dem Tisch. Ich kann es nach vorne umstellen, wenn ich nicht gestört werden will. Der Kalender mit seinen Eintragungen ist aufgeschlagen und zeigt noch das Datum unserer Abreise. Neben der zugedeckten Schreibmaschine liegt ein Stapel Papier. Es ist Konzeptpapier, die Rückseiten sind schon beschrieben. In verschiedenen Mappen liegen unveröffentlichte Manuskripte, Exposés, Notizen und Materialien, beschwert durch Steine und Versteinerungen, die mir geschenkt worden sind. In einer kleinen braunen Tonschale mit menschlichen Füßen, Imitat einer ägyptischen Schale, die ich den »wandernden Bauch« nenne, liegen Zettel mit Telefonnummern, Adressen und Buchtitel. Auf einer Fensterbank stapeln sich Bücher, weil die Regale längst überfüllt sind. Aber ich weiß, wo ich ein gesuchtes Buch finde. Viele sind befahnt mit Lesezeichen. Viele sind nur noch für mich brauchbar, weil sie übersät sind mit Unterstreichungen und Randnotizen. Auch die Bilder an den Wänden gehören zu mir, ganz besonders eine meergrün und dunkelblau verfremdete Fotografie, die den Bahnhofsvorplatz von Solothurn in sommerlicher, mittäglicher Stille zeigt, so wie es ihn längst nicht mehr gibt.

Die Ausblicke aus meinen beiden Fenstern – auf eine Ziegelmauer und auf eine Reihe von Pappeln – habe ich in einem Buch beschrieben. Wenn es dunkel ist, sind die Vorhänge meistens zu, weil ich das Gefühl habe, daß der Raum groß genug ist und alles enthält, was ich brauche. Doch wenn ich nicht arbeite, ist es auch schön, die Vorhänge aufzuziehen und die Nacht hereinzulassen. Kein Theatervorhang kann ein vergleichbares Schauspiel enthüllen. Auch ein Plattenspieler ist da, falls ich Musik hören will. Manchmal, selten, tue ich das auch, während ich schreibe, aber es muß eine vertraute, unauffällig gewordene Musik sein, die ich fast nicht mehr höre, die mich nur umgibt. Neben den Arbeitsmöbeln stehen im Zimmer noch ein Bett, der alte Kleiderschrank und die alte Kommode, Möbel aus unserer ersten Wohnung, in denen ich meine Sachen aufbewahre. Ich schlafe auch in diesem Zimmer. Ich verbringe den größten Teil meines Lebens in diesem Raum. Man könnte meinen, ich sei ein Gefangener in einer allerdings angenehmen, selbst eingerichteten Zelle. Manchmal gewähre ich mir Ausgang. Aber immer kehre ich ungeduldig in meine Zelle zurück. Egal, was mich beeinträchtigt, gestört oder verletzt hat, wenn ich die Tür meines Zimmers hinter mir geschlossen habe und mich an meinen Arbeitstisch setze, fühle ich mich verstärkt. Ich weiß zwar, ich bin nicht allein in der Welt, aber hier in meinem Zimmer habe ich das Gefühl, daß mein Leben mein eigenes Projekt ist. Und von hier aus vor allem nehme ich die

Verbindung zur Welt auf. Denn ich betrete ja diesen Raum, um ihn in Gedanken zu verlassen in irgendein vorgestelltes, erfundenes oder erinnertes Szenarium. Ich bin hier, um anderswo zu sein, und gehe anderswohin, um wieder hierher zu kommen.

Glücksklee

POMPON

Nachtspaziergänge in der Südstadt

(1989)

Am späten Abend, manchmal auch nachts, wenn ich meine Arbeit an der Schreibmaschine beendet oder das Buch, in dem ich gelesen, zugeschlagen habe, mache ich meistens noch einen Rundgang durch die Kölner Südstadt. Ich muß mich nach dem stundenlangen Sitzen ein wenig bewegen, muß ausatmen, durchatmen (wenn auch Köln kein Luftkurort ist, sondern an vielen Tagen ein Luftnotstandsgebiet), und vor allem muß ich mich von den Gedanken und Phantasien lösen, die mich den Tag über beschäftigt haben. Ich muß das imaginäre Szenarium verlassen und Verbindung aufnehmen zu der vertrauten Lebenswelt um mich herum.

Das Revier, das ich durchstreife, ähnlich wie ein Tier sein Territorium, liegt zwischen der Bonner Straße und der Rheinuferstraße, wird im Süden von dem Bahndamm begrenzt, der zur Südbrücke führt, umschließt also auch den Römer- und den Friedenspark. Es grenzt im Norden an das Stollwerkviertel, führt von der Bottmühle zur Severinskirche und noch ein großes Stück in die Severinstraße hinein. Von dort komme ich durch die Torburg zum Chlodwigplatz zurück, der das städtische Zentrum meines Reviers darstellt, räumlich aber an seiner Grenze liegt. Vielleicht nehme ich noch das Dreieck hinzu, das von Merowingerstraße und Rolandstraße gebildet wird. Seit fast zwölf Jahren wandere ich hier herum, wechsele nach Laune die Richtungen und die Straßenfolge. Überall gehe ich hier in meinen eigenen Spuren.

Ich trotte durch die dunklen Straßen, die an vielen Abenden, besonders am Wochenende, überschwemmt sind von den Autos der Kneipentouristen, die aus der ganzen Stadt und dem rechts- und linksrheinischen Umland in die Südstadt kommen. Es sind Menschen, die den mir schwer verständlichen Drang haben, in überfüllten und verräucherten Kneipen zu sitzen, und den allgemeinen Lärmpegel immer höher treiben, indem sie versuchen, über ihn hinweg zu reden. Ich ziehe Lokale vor, in denen ein paar Tische leer geblieben sind, mit breiten, unverstellten Sichtschneisen dazwischen, so daß die Bedienung sofort kommt und fragt, was

Severinstor am Chlodwigplatz

man für Wünsche habe; und wenn man in Gesellschaft ist, muß man sich ohne Anstrengung unterhalten können. Aber andere sehen das anders, und ich betrachte das mit dem Staunen eines Ethnologen, der die Verhaltensweisen eines fremden Volksstammes beobachtet. Gut, denke ich, sie halten wieder ihr großes Palaver ab. Sie suchen die Zugehörigkeit und den Unterschied. Jeder ist hier wie alle und doch ein wenig anders, und miteinander spielen sie das durch: Wer bist du? Wer bin ich?

Selbstdarsteller, die zusammenhocken. Jeder zeigt was Persönliches her, und alle zusammen stellen sie das Allgemeine dar. Es ist ein besonderes Allgemeines, das von der großen Mehrheit draußen verschieden ist. Ist dies hier das Leben? Wenn das Kölsch die Grenzen aufweicht und die Rauchschwaden die Sicht behindern, kann man nicht mehr unterscheiden, ob man zusammensackt oder schwebt. Man kommt her, weil die Kneipe eine Zusammenballung von Möglichkeiten ist. Wo so viele zusammenkommen, besteht begründeter Verdacht, daß jederzeit das Leben beginnen könnte. Noch ein Kölsch bitte! Und die nächste Zigarette. Noch sind die meisten da, und jeder, der neu hereinkommt, ist eine neue Bestätigung, daß dies hier der Platz ist, wo alles geschieht. Ich glaube, das Ganze ist völlig imaginär.

Genauso wie das, was ich treibe, an meiner Schreibmaschine. Es ist jedesmal ein kleiner Kulturschock, wenn ich das Zimmer verlasse, um nach draußen zu gehen. Die hier, denke ich, werden deine Bücher nicht lesen. Doch manche kennen und grüßen mich, wenn ich gedankenversunken an ihnen vorbeitrotte. Ich schaue in bekannte Gesichter und angele in den trüben Tiefen meines Gedächtnisses vergeblich nach den vergessenen Namen. »Hallo«, sage ich mit jener schuldbewußten Freundlichkeit, die ein »Seid umschlungen Millionen« anstelle einer persönlichen Anrede in die Bresche wirft. Und sie akzeptieren das und lassen mich weiterziehen. Ich nehme an, ich bin für sie eine Art Geistererscheinung, die um Mitternacht in den Straßen auftaucht, um irgendeinem alten Fluch zu gehorchen. Wie recht sie haben. Ich will meinen Phantasiegestalten entkommen. Sie haben mich leergesogen den Tag über, und nun gespenstere ich, gierig nach fremdem Leben, am Rand der nächtlichen Szene herum.

Diese Nachtspaziergänge sind wie eine sanfte Klopfmassage. Die Außenwelt verlangt Einlaß mit ihren Reizen. Sie macht verschwenderische Angebote. Vielleicht ist es eine laue Mainacht, und in der Mainzer Straße blühen die Robinien. Die mattweißen Blütengehänge in dem lichten Laub sehen im Schein der Straßenlampen weich und locker aus wie große Schaumtropfen. Nehmen wir an, dies ist ein üppiges Blütenjahr, und die alten Bäume zeigen wieder einmal, was in ihnen steckt. Dann duftet es sogar, als sei soeben die fremde Traumfrau an einem vorbeigegangen und habe sich wie gewöhnlich wieder in nichts aufgelöst. Doch um nicht zu romantisch zu werden, sage ich jetzt, daß ein leichter Wind aus Süden kommt und der Maischegeruch aus Küppers Brauerei durch die Straßen zieht. Weiße Wolken aus Wasserdampf steigen dort schräg in den Nachthimmel. Es sieht frenetisch aus, ein lautloses nächtliches Signal hinüber zu der Kneipenszene. Doch das liegt schon außerhalb des Viertels, von dem ich erzählen will, während die blassen, weit verstreuten Sterne über den Dächern für mein Gefühl dazugehören.

Ich wohne im ruhigen Teil der Mainzer Straße. Obwohl es jetzt an ihrem südlichen Ende auch ein Szenenlokal gibt, dessen gestylte Aufmachung – mit Monitorwand und einem schmiedeeisernen Gartentor mitten im Raum – ein zahlreiches Publikum mit weiten Flatterhosen und viel Gel in den Haaren in diesen Randbereich des Viertels lockt. Ihre größte Kneipendichte erreicht die Südstadt jedoch stadteinwärts in der Nähe des Ubierrings, vor allem da, wo ihn die Alteburger Straße kreuzt. Im Mai blühen dort die alten Kastanienbäume. Ihr frisches Laub sieht im Licht der Straßenbeleuchtung unnatürlich grün aus, als hätte man alle Blätter mit Phosphor bestrichen. Darunter flanieren durch die Nächte der warmen Jahreszeit Menschen mit hochbeladenen Eiswaffeln, lecken mit friedlichen Gesichtern an Himbeerrot und Pistaziengrün und zart besänftigender Vanille. Hier und da liegt Glas auf der Straße – ein zersprungenes Kölschglas, eine zerschlagene Flasche –, und aus den geöffneten Türen und Fenstern der überfüllten Kneipen strömen wie aus großen Düsentriebwerken mächtige Strahlen von mulmiger Luft ins Freie.

Immer noch kommen neue Leute und suchen Einlaß in das Gedränge. Dabei sitzt man schon Rücken an Rücken in den Fenstern, ohne Kontakt zum Bierhahn, doch um so mehr mit der Nachbarin. Vom umlagerten Tresen her werden Biergläser über die Köpfe hinweggereicht. Vielleicht ist dieser schwierige Versorgungsweg einer der Gründe dafür, daß man so wenig Betrunkene sieht. Dies ist keine Alkoholikerszene, wie man sie in traditionellen Kneipen findet. Trinker sind einsame Menschen. Sie ziehen Lokale mit mütterlich bergenden Namen wie »Bei Trude« oder »Zum alten Krug« vor. Hier dagegen herrscht die euphorische Erregtheit junger Leute, die dem Disco-Alter noch nicht so lange entwachsen sind. So klingen auch die Namen der Kneipen anders. Nicht der »Mainzer Hof«, ein Szenenlokal für Ältere, das seinen ursprünglichen Namen behalten hat. Aber »Spielplatz« und »Opera«, »Schröders« und »Ekkstein's«, »Linus« und »Radio«, »Ur-Bier-Ding«, »Stilbruch« und »Out« haben das spielerische Flair einer Kunstwelt, die dem Comic-strip näher steht als dem Brunnen vor dem Tore. Nur das »Kaffeeböhnchen«, das auch auf Nachmittagsgäste hofft, und die »Alte Wettannahme«, ein Szenenlokal für Weintrinker, setzen auf gemütlichere Töne.

Während im Kneipenareal das Leben pulsiert, herrscht vor meiner Haustür längst nächtliche Stille, wenn ich zu meinen Spaziergängen aufbreche. Nur noch wenige Fenster der schönen gründerzeitlichen Fassaden sind erleuchtet. Die Hausgenossen Jan und Paul, zwei englische Journalisten, arbeiten noch. Auch gegenüber in der Dachwohnung unserer Freundin, der amerikanischen Malerin Jack Ox, brennt gewöhnlich noch Licht. Sie arbeitet seit Jahren an dem monumentalen Vorhaben, die Strukturen, Klangfarben und Motive von Anton Bruckners 8. Sinfonie über viele Zwischenstufen in eine Serie von meterlangen Gemälden umzusetzen:

Severinsmühlengasse mit Blick auf den Chor von St. Severin

gemalte Musik, aber nicht als bloße subjektive Nachempfindung, sondern in Form einer systematischen Nachkonstruktion mit völlig anderen medialen Mitteln. Vielleicht hat sie sich etwas Verrücktes vorgenommen. Doch die strenge Methode gibt ihren Bildern eine Formkraft, wie ich sie lange nicht mehr in einer Ausstellung zeitgenössischer Kunst gesehen habe.

Jack Ox ist aus New York nach Köln gekommen und liebt diese Stadt. Sie findet, daß man hier gut leben und arbeiten kann, und ich gebe ihr gerne recht. Ich vermag nicht zu sagen, woran es liegt. Ist es der lebenspraktische Realismus der Kölner, ihre Neigung, schwierigen Situationen lieber mit Kompromißbereitschaft als mit Prinzipien zu begegnen? Ist es vielleicht ihre historisch im Umgang mit fremden Menschen gewachsene Toleranz oder auch Gleichgültigkeit (»Jeder Jeck ist anders«), der jedermann ganz selbstverständlich seine Verschrobenheit zubilligt?

Ich kann mir vorstellen, daß andere Städte ähnliche Qualitäten für sich beanspruchen, und so will ich hier nicht für Köln um die Tugendpalme streiten, weil dies vielleicht gar nicht so kölnisch wäre, sondern die Lebensqualität, die die Stadt für mich hat, als ein Produkt der Gewohnheit deuten. Ich wohne seit Jahrzehnten hier. Zuerst in Rodenkirchen, dann in Sülz, und nun schon lange in der Südstadt, und inzwischen ist dieses Viertel mein Biotop geworden.

Bei meinen Spaziergängen habe ich mir manchmal die Frage gestellt, was es bedeuten würde, wenn ich das Viertel nicht verlassen dürfte. Nun, es wäre natürlich eine unzumutbare Internierung, aber überleben könnte ich hier. Alles, was man zum täglichen Leben braucht, aber auch das Ausgefallene und Besondere, ist in den Grenzen des Viertels zu finden. Man kann eine Farbpistole und ein Hörgerät kaufen, neue und gebrauchte Klaviere und Badewannen in allen Modefarben, seltene Mineralien und Secondhand-Garderobe für kleine Kinder, Dekostoffe und Brillengestelle, Spazierstöcke, Videokameras und Biobrot. Es gibt nichts, was es nicht gibt – wohl auch eine rheinische Redewendung. Oder um es soziologisch auszudrücken: Dies ist eine gut gemischte städtische Geschäftslage und ein Viertel mit komplexer Infrastruktur. Im Unterschied zu einer Stadt wie Berlin, wo man weite Wege machen muß, wenn man beispielsweise einen orthopädischen Schuster und danach eine Werkstatt für die Anfertigung von Lampenschirmen sucht, liegt hier alles dicht beieinander. In wenigen Minuten Fußweg erreicht man Copyshops und Videotheken, Änderungsschneider und Schlüsseldienste, Arztpraxen aller Art, Massage- und Gymnastikstudios (auch, wenn's sein muß, deren rein lustbetonte Varianten).

Es gibt mehrere Buchhandlungen und eine öffentliche Bibliothek, ein Theater, ein Museum, zwei Fachhochschulen, ein Seminar für Lehrerausbildung, fünf Bankfilialen, zwei Kirchen, mehrere Altersheime, eins sogar für alte Nonnen.

Das meiste, was das Viertel zu bieten hat, brauche ich nicht. Zum Beispiel keine aufnähbare Stoffplakette für meine Windjacke mit Aufschriften wie »Nazareth« oder »Uriah Heep« und ebensowenig ein knallig beschriftetes Airbrush-Hemd. Die Menschen saugen ihren Nektar eben aus verschiedenen Blüten. Die gastronomische Palette des Viertels, von den vielen Schnellimbissen über die breite Mittellage in vielen Nationalitäten bis hin zum Feinschmeckerrestaurant mit gelegentlicher Gitarrenbegleitung zu den Weinbergschnecken, ist immerhin ein Angebot. Ich bin für den Überfluß der Möglichkeiten und liebe den Satz von Ludwig Wittgenstein, mit dem die Philosophie am Ende ihres Weges ins sprachlose Staunen zurückgekehrt ist: »Die Welt ist alles, was der Fall ist«. Mit diesem Wort im Ohr fällt mein Blick auf ein Plakat, das eine neue Single von den »Toten Hosen« ankündigt, die »1000 gute Gründe« heißt. Warum eigentlich nicht? Tausend gute Gründe für was, denke ich. Um das Richtige nicht zu tun und das Falsche nicht zu lassen? Der tausend-und-einste Grund entscheidet, nachdem man die anderen durchdacht und verworfen hat. Und deshalb streune ich nachts hier herum und starre in ein Schaufenster wie in ein aufgeschlagenes Buch in einer fremden Sprache, und vor der Tür des Nachbarhauses klimpert eine Frau lange und nachdrücklich mit ihrem Schlüsselbund, bevor sie dann doch ins Innere des Hauses verschwindet. Die Tür fällt ins Schloß mit einem deutlichen Ruck. War das der tausendundeinste Grund der tausendundeinsten Nacht, in der ich hier herumwandere?

Schon trete ich wieder aus meiner Haustür und bleibe nach gut hundert Metern vor den Schaufenstern der Seidengalerie Smend stehen. Es brennt kein Licht mehr und die schimmernden Stoffgehänge sind kaum zu erkennen. Aber ich habe sie schon hundertmal gesehen und komme nur vorbei als ein Nachbar, der sich überzeugen will, daß die Dinge alle an ihrem Platz sind. Offenbar brauche ich das für mein Gleichgewicht. Und so zieht es mich jetzt zu »Bett und Decke«, wo mich aus dem Souterrain die Schaufensterpuppe mit dem Schweinskopf anlächelt, die einen rosafarbenen Bademantel trägt. Was für eine Darbietung ausgeschlafener Zufriedenheit! »Gut erhaltener Mittfünfziger sucht nette Saunabekanntschaft, um gemeinsam die Sau rauszulassen.« Man sollte diese Figur inmitten aufgestapelter Badetücher ins Museum Ludwig stellen.

Das alles sind unverantwortliche Nachtgedanken. Das Viertel ist unschuldig an meinen Phantasien. Obwohl es mir manchmal Motive zuschiebt, die ich gebrauchen kann. Sobald ich irgendein Thema habe, macht mir das Viertel seine Vorschläge. Eine Romanfigur ist in einer schwierigen, bedrängten Lage, und ich sehe auf einem abendlichen Spaziergang auf einem Monitor einen Karatekampf auf dem sich ein Mann gegen drei Angreifer zu behaupten sucht. Das ist das Bild, das mir fehlte. Genauso wie das große Reklamemesser in einer Eisenwarenhandlung, das langsam seine Gerätschaften aus- und einklappt, den Herzkrampf veranschaulicht, den ich gerade beschreiben will. Noch wichtiger sind eigentlich die unauffälligen Dinge: das Bild einer leeren Telefonzelle in der Nacht, das Flackerlicht einer defekten Straßenbeleuchtung, ein regennasser alter Baumstamm, Schneefall vor der Fassade eines Hauses auf der anderen Straßenseite, Menschen in der Straße, Vögel auf den Fernsehantennen und die plötzliche Erinnerung daran, daß ich bestimmte Personen lange nicht mehr gesehen habe. Sind sie weggezogen, sind sie tot? Wenige Häuser weiter ist vor einigen Jahren ein Mann aus dem Fenster gesprungen. An der Ecke steht eine junge Prostituierte, die ich noch nie hier gesehen habe, blond wie Gretchen. Die Ältere, Robuste, die wie eine römische Matrone aussieht, und die Kleine mit dem Hüftschaden und die mit dem grauen Gesicht sind schon lange nicht mehr aufgetaucht. Ich ziehe weiter meine Bahnen. Und eines Tages wird jemand sagen: »Den habe ich schon lange nicht mehr gesehen. Wo ist der nur geblieben?« Ja, wo bleiben wir?

Die Nacht läßt die Fragen entstehen und wieder verhallen. Es sind bloß Stimmungen, keine Probleme, die auf eine Lösung warten. Das Loslassen ist jetzt die Lösung, das Dahintreiben. Mühelos geht das auf zweierlei Wegen, in der äußeren Welt und in dem Gehirnkino, in ihr, neben ihr, hinter ihr. Das Gehen spinnt den roten Faden aus sich heraus und rollt ihn wieder auf. Zu Hause angekommen, bin ich leer genug, um zu schlafen. Lausche noch ein wenig bei offenem Fenster auf die Nachtgeräusche: Züge auf der Südbrücke, das Martinshorn eines Notarztwagens oder der Feuerwehr, unverständliche Stimmen im benachbarten Häuserblock.

Einmal im Jahr, in der Weiberfastnacht, ist ein Grollen und dunkles Dröhnen im Viertel zu hören. Das sind Zusammenrottungen von Trommlern, die am Anfang der Alteburger Straße vor der »Opera« stehen oder sich unter dem Severinstor zusammenfinden, wo ihr rhythmischer Lärm besonders laut widerhallt. Kleine und große Trommeln sind dabei, exotische Handtrommeln, paukenähnliche Kessel, mit Schlegeln oder schweren Klöppeln geschlagen, Tamburins und Becken und allerlei improvisierte Schlaginstrumente, und dazu zahlreiche Trillerpfeifen, die immer dann, wenn das Rollen der Trommelschläge anschwillt und schneller wird, wie die Ventile eines Druckkessels schrill zu pfeifen beginnen. Und jetzt drängen sich vom Rand her drei, vier Tänzerinnen zwischen die Trommler. Die schließen sich um sie zusammen und treiben sie an zu ihrem flammenhaften Zucken und Schütteln, mit immer neuen rhythmischen Energieausbrüchen. Das wilde Getrommel ist pure Power. Es bündelt die Lebensströme, bringt sie auf den einfachsten, den stärksten Ausdruck. Jetzt! Jetzt! Jetzt! Und erneut jetzt und jetzt und wieder jetzt! Das Trommeln hat kein Ziel. Es besteht auf sich selbst. Es kennt kein Außerhalb. Es ist sein eigener Grund. Und alle ringsum bewegen sich, schwingen in den Eruptionen. Man sollte Trommelschulen einrichten, Trommelkliniken, Trommelgottesdienste, denke ich im Weitergehen, während ich noch höre, wie der Schlag einer schweren Trommel einen Augenblick lang den Einklang bricht, um sie alle neu mitzureißen: neue Salven von Energie, neues schrilles Pfeifen.

Auch kalte, lautlose Dämonen gibt es in der Nacht. Es ist irgendeine Nacht, die man sich nicht merkt, weil sie nichts Besonderes hat. Vielleicht sind weniger Menschen auf den Straßen. Und ich habe das Haus später verlassen als sonst. Gegen eins kommt am menschenleeren Chlodwigplatz gegen die Fahrtrichtung ein Radfahrer auf mich zu. Ich will die Straße überqueren, aber er starrt mich an, und ich schaue ihn an. Da zieht er aus seinem Blouson eine Pistole hervor und richtet sie zwei, drei Sekunden lang auf mein Gesicht. So rollt er dicht an mir vorbei. Ich habe mich nicht gerührt, habe nichts empfunden, nichts gedacht. Noch einmal blickt er sich nach mir um, bevor er um die Ecke verschwindet. Was für ein seltsames Schweigen hat er zwischen uns hergestellt mit seiner langsamen, deutenden Bewegung. Es gab nichts zu fragen und nichts einzuwenden. Es war der Augenblick für einen trockenen Knall. Auf einmal tauchen wieder Menschen auf und beleben die Nacht mit ihrer freundlichen Harmlosigkeit.

Wenn ich nicht zu spät zu meinen Nachtspaziergängen aufbreche, treffe ich oft alte Bekannte. Zum Beispiel Scarlet und Michael Zimmermann, zwei höchst eigenwillige Künstler, die in ihrem Atelier im Souterrain phantastische und skurrile Figurationen aus farbigem Ton formen. Es sind menschengroße Körper und labyrinthische Gebäude, fetischhaft geschmückt die einen, märchenhaft verrätselt und verspielt die anderen.

Michael und Scarlet sind gewöhnlich nicht allein. Billy ist bei ihnen, ein Mischlingsrüde von ebenso großer Charakterstärke wie Körperkraft. Er scheint ein ZEN-

Meister unter den Hunden zu sein, ein Tier ohne Hysterie und Aggression, mit einem gelassenen Vertrauen zum Leben. Natürlich geht Billy nicht an der Leine, und wenn andere Hundebesitzer mit ihren zerrenden, kläffenden Kötern vorbeikommen, wechseln Michael und Billy nur einen Blick und gehen friedlich ihrer Wege. »Billy ist mein Lehrer«, sagt Michael Zimmermann. »Von ihm lerne ich, was im Leben wichtig ist und was nicht.« Billy weiß Balance zu halten zwischen seinen eigenen Bedürfnissen und den Rechten der anderen. Er hat Geduld, er zeigt Verständnis, aber hündische Unterwerfung kennt er nicht. Jetzt zum Beispiel grummelt er ein wenig, was heißen soll: »Nun kommt mal zu Ende mit eurer Unterhaltung. Wir wollten doch noch zum Rheinufer.« Da gibt's keinen Einspruch.

Ich komme noch ein Stück mit, um durch die Trajanstraße zurückzugehen. Meister Grossers Schild »Friseur im Hof. Bitte an der Haustür klingeln« erinnert mich daran, daß ich ihn in den nächsten Tagen besuchen muß. Ich freue mich auf seine unerschöpfliche Erzählkunst und seinen abschließenden Händedruck: »Bleiben Sie gesund. Alles andere gibt's noch zu kaufen.« Worauf ich antworte: »Wenn man Geld hat.« Er stimmt mir zu mit einem erneuten Händedruck: »Da haben Sie recht.« Zusammen kommen wir der Wahrheit immer ziemlich nahe.

Meister Grosser hat mir von Schlaffti erzählt, einer der sagenhaften Figuren des Viertels, die ich auch noch gekannt habe. Jetzt, da ich bei den Anonymen Alkoholikern vorbeikomme, die hinter ihren Preßglasscheiben in einem asketischen weißen Lampenlicht Mineralwasser oder Tee trinken, fällt mir Schlaffti wieder ein. Er ist vermutlich nie hier gewesen. Oder wenn er es versucht hat, ist er wohl bald wieder gegangen, hat sich in dem kleinen Laden in der Alteburger Straße, der noch bis Mitternacht Flaschenbier und Lakritz, Schnaps und Schokolade verkauft, ein paar Flaschen in eine Plastiktüte packen lassen und ist in einem der beiden Parks verschwunden.

Im Friedenspark sitzen oder liegen die Gestrandeten in den Sommernächten auf den Bänken des Wallgrabens im Dunkel der Heckennischen. Wenn ich ein Stockwerk höher durch den Steingarten gehe, höre ich dort unten ihre trunkenen, schwerfälligen Stimmen. Nur ihr Tonfall ist zu verstehen: ein Auftrumpfen, ein Schimpfen, dann das Absinken der Stimmen in das dumpfe Gemurmel des Fatalismus und der Besoffenheit. Jetzt kreist die Flasche. Jemand beginnt mit unsicherer, krächzender Stimme den Refrain eines alten Schlagers zu singen, bricht aber gleich wieder ab, weil Worte und Melodie fehlen und ohnehin nichts einen Sinn hat. Jetzt hustet einer, vielleicht der Sänger, während die entrüstete Erzählerstimme von vorhin sich wieder zu Wort meldet und auf etwas beharrt, was niemand hören will, so daß sie bald wieder verstummt und erneut die Flasche kreist und vorübergehend Stille eintritt, als wären sie alle ein Stück tiefer in ihren Rausch versackt.

Ich habe mich auf eine der weißen Bänke gesetzt und die Füße auf die niedrige Mauer gelegt. Manchmal sitze ich auch tagsüber hier und lese. Dies ist eine besonders schöne Nacht mit milder Luft und kleinen weißen Wölkchen, die sich nicht verändern, nicht bewegen. Ein Zug fährt über den Bahndamm zur Südbrücke, ein anderer kommt von dort. Zwei Bänke weiter sitzt ein Liebespaar. Bei denen da unten im Wallgraben ist jetzt auch manchmal eine Frau. Es ist eine Person mit struppigen Haaren, die laut vor sich hinschimpft, wenn man ihr begegnet: »Das wollen Deutsche sein!« Und: »Schau dich doch an! Du gehörst doch auf den Friedhof!« Man soll ihr wohl zustimmen oder es auf sich beziehen.

Aber ich wollte ja von Schlaffti erzählen, der lange Zeit eine der markantesten Gestalten der Südstadt war. »Schlaffti« war er von Kindern getauft worden, wohl nach einer Figur aus einem Comic-strip. Wenn sie ihn mit diesem Spottnamen riefen, antwortete er immer: « Schlaffti klabaffti bei Tag und bei Nacht«. Die Kinder waren von ihm entzückt. Er war freundlich und humorvoll, erzählte Geschichten aus dem Krieg und aß dabei ihre Schulbrote. Manchmal kauften sie ihm auch eine Flasche Bier, denn er bestand darauf, daß man zum Essen etwas trinken müsse. Schlaffti war polnischer Soldat gewesen, zur Hälfte aber deutscher Abstammung, und die Deutschen steckten ihn in die Waffen SS. Er war an allen Brennpunkten der Ostfront und wurde mehrfach verwundet. Am Polarkreis will er sogar Menschenfleisch gegessen haben. Man schnitt nach seinen Berichten den Gefallenen das Fleisch aus den Wangen und briet es.

Nach dem Krieg und langer Gefangenschaft war Schlaffti körperlich am Ende und impotent. Er war verheiratet und hatte zwei Kinder, aber seine Frau lebte mit einem anderen Mann und wollte nichts mehr von ihm wissen. Er kam in den Westen und machte ein kleines Fuhrunternehmen mit Pferden auf. Doch gegen die Lastwagen hatte er nichts zu bestellen. Er ging auf den Bau, wurde wegen dauernden Fehlens und wegen Betrunkenheit immer wieder entlassen. Auf allen Arbeitsstellen bekam er Streit mit den Polieren, denen er rhetorisch weit überlegen war. Inzwischen war er ein chronischer Trinker, der Gebrauchtmöbel an türkische Gastarbeiter verkaufte. Das ging nur anfangs gut, als die Türken noch nicht richtig verdienten. Er wurde dann Altmaterialsammler, zog mit einem Handkarren durch das Viertel und sammelte Papier und Flaschen ein. Das war nur noch ein Vorwand, um in den Geschäften um Bier und Geld zu betteln. Meine Frau, die seinen westpreußischen Akzent mochte, unterhielt sich manchmal mit ihm und gab ihm etwas Geld. Als sie ihm einmal vorschlug, eine Flasche Milch zu spendieren, sah er sie vorwurfsvoll an. Er hatte sie bis dahin für eine vernünftige Frau gehalten. »Madamchen«, sagte er, »was glauben Sie, wieviel Milch ich heute schon getrunken habe.«

Es ging sichtlich abwärts mit ihm. Aber er war ein Überlebenskünstler. Im Winter ließ er sich in einem undurchschaubaren Gemisch aus Verzweiflung und Berechnung vor Autos fallen oder legte sich einfach mitten auf die Straße. Man schaffte ihn ins Krankenhaus, wo er seine ganze Schlauheit und seine vielen Lazaretterfahrungen aufbot, um die Stellung zu halten. Er machte sich nützlich auf der Station, leerte die Bettpfannen der Kranken, las ihnen vor, verteilte das Essen, war zu allem zu gebrauchen. Die Schwestern mochten ihn und hielten ihn so lange sie konnten. Wenn er schließlich doch entlassen werden mußte, wurde er mit Kleidern von irgendeinem verstorbenen Patienten ausgestattet und erschien »stolz wie Graf Koks«, so schildert es Meister Grosser, im Friseurladen, um sich rasieren zu lassen. Denn eine Rasur zur Begrüßung bekam er umsonst.

Tage später sah er schon wieder völlig verkommen aus. Er aß kaum noch, lebte vom Bier. Da er mehrmals von anderen Pennern schwer verprügelt worden war, ging er in kein Asyl mehr, auch zu keiner Behörde. Er schlief in einem modrigen Kellerraum des Alten Forts auf einem Lager aus alten Zeitungen, geduldet von den städtischen Gärtnern, die dort ihre Geräte aufbewahrten. Mit Zeitungen stopfte er auch seine Kleider aus, wenn es kälter wurde: das waren Erfahrungen aus dem Krieg. Eines Abends, es ging wieder auf den Winter zu, sah ich ihn, ein paar Schritte von einem Lebensmittelladen entfernt, halb im Rinnstein, halb auf dem Bürgersteig liegen. Er war aufs Gesicht gefallen und blutete, stöhnte schwer, war aber nicht ansprechbar. Ich versuchte, ihn aufzurichten und mit dem Rücken gegen die Hauswand zu setzen. Ein anderer Passant half mir. Aber Schlaffti regte sich kaum und roch wie ein Sack verfaulter Kartoffeln. Es war wieder ein Krankenwagen fällig, das sahen alle, die herumstanden. Kurz danach ist er gestorben.

In den letzten Jahren vor seinem endgültigen Niedergang hatte Schlaffti noch einen Freund gefunden. Herr A., so wollen wir ihn nennen, war ein angesehener katholischer Geschäftsmann von kleinbürgerlichem Zuschnitt, der an den Suff gekommen war und bankrott gemacht hatte (oder vielleicht war es auch umgekehrt). Und wie Schlaffti war er von seiner viel jüngeren, vitalen Frau verlassen worden. Er hatte einen halbherzigen Selbstmordversuch hinter sich, war im Krankenhaus gewesen und saß eines Tages, nicht mehr wissend, wie und warum er noch leben sollte, weinend auf einer Bank im Park. Da kam Schlaffti Klabaffti bei Tag und bei Nacht und setzte sich neben ihn, um ihn zu trösten. Von da ab sah man die beiden häufig zusammen, Ich nehme an, daß Schlaffti, der Vielerfahrene, Herrn A., dem Novizen unter den Gestrandeten, das Leben erklärt hat. Und Herr A. wird begriffen haben, daß es etwas viel Größeres, Phantastischeres und Grausameres ist, als er, der biedere Kaufmann, es sich je hatte träumen lassen. Er starb bald an seinem schwachen Herzen. Schlaffti, der zähere von beiden, hatte noch einen längeren Weg vor sich.

Aber wir wollen bei dem freundlichen Bild verweilen, das die beiden an einem schönen, sonnigen Tag auf einer Parkbank zeigt. Die Bierflaschen stehen neben ihnen, und sie reden. Ich glaube nicht, daß sie im Augenblick verzweifelt sind, denn sie sind ohne Scham und ohne falsche Hoffnungen, und wenn man genau hinsieht, erkennt man, daß es die beiden Clowns von Samuel Beckett sind, nicht mehr auf Godot wartend.

Gut, ich gehe jetzt nach Hause. Ich wohne hier um die Ecke, bei Tag und bei Nacht.

DW 90

Dieter Wellershoff • Mainzer Straße 45 • 5000 Köln 1
23.3.1983
Herrn
Martin Wiebel
Fernsehdramaturgie / WDR

Lieber Herr Wiebel,

vor unserem Gespräch am 31.3. schicke ich Ihnen noch ein paar Diskussionsunterlagen. Ich habe über unser altes Gespräch über das Thema des ungleichen Paares (in der Konstellation älterer Mann und junges Mädchen) noch einmal nachgedacht und fand, daß das ja wahrscheinlich ein hochaktuelles, psychologisch brisantes Thema ist, das bei den Zuschauern mit größtem Interesse rechnen kann. Dabei ist unsere zunächst diskutierte Version (älterer Mann und junges Mädchen) die konventionellste Form des Problems. Interessanter und aktueller scheint mir heute die umgekehrte Konstellation zu sein (ältere Frau und junger Mann), schon deshalb weil die Männer ihre alte dominierende Position zu verlieren beginnen und auch sozial oft in die schwächere Position geraten. Der junge Mann ist dann psychologisch und sozial der Abhängige. Aber die ältere Frau ist natürlich auch in einer problematischen Situation. Sie muß fürchten verlassen zu werden. Ihr droht die Emanzipation des jungen Mannes, oder aber das Ausgebeutetwerden. Aber natürlich können die Bedürfnisse auch lange Zeit übereinstimmen. Ich fände es sehr reizvoll, daraus vielleicht zwei Filme zu entwickeln. Da das Verhältnis der Geschlechter sozial, ökonomisch, sozial und moralisch und deshalb auch verhaltensmäßig und gefühlsmäßig sich in einer tiefgreifenden Wandlung befindet, scheint mir hier eine wichtige, allgemein interessierende, spannende Problematik zu liegen. Ich schicke zunächst einmal zwei Skizzen, die natürlich noch relativ abstrakt und modellhaft sind (Der Spielzeugmann / Der Ersatzmann), in denen aber sicher etwas steckt. Zur Ergänzung noch zwei ältere Papiere, von denen das eine (Die Leere) auch eine ungleiche Paarsituation beschreibt. Das andere (Der schöne Mann) handelt von einer passiven und zwanghaften Bindung eines wohl tendenziell homosexuellen Mannes an eine Frau. Darin steckt auch ein psychologisches Material zum Thema.

Dann haben wir ja auch noch das Thema der narzisstisch gekränkten, rachsüchtigen Frau (die moderne Penthesilea, die moderne Diana) aus dem Konzept »Die Heiratsannonce«. Auch das gehört ja mit zur Phänomenologie heutiger Mann-Frau-Beziehungen, zu der wir mit »Flüchtige Bekanntschaften« ja schon ein exemplarisches Beispiel geschaffen haben. Bei diesem großen Gesamtthema würde ich gerne weitermachen.

Wie versprochen werde ich Ihnen auch schon Fahnen des Romans besorgen, denn Sie wollten ihn ja über Ostern lesen. Das ist sicher ein interessanter Stoff für eine Verfilmung, aber viel zu viel für einen Film. Meiner Meinung nach geht das nur in einer großen Serie von vielleicht fünf Folgen. Viele Szenen und Dialoge sind schon fast drehbuchreif (man könnte sie nach dem Roman drehen). Aber nun habe ich diese Arbeit gerade hinter mich gebracht, und es wäre eine Art Vergewaltigung, wenn ich mich jetzt gleich an die Umsetzung für's Fernsehen machen müßte. Viel lieber würde ich jetzt zunächst etwas anderes machen (vor allem das Thema der »Ungleichen Paare«).

Im Moment hätte ich sogar gar nichts dagegen einzuwenden, wenn ein anderer Drehbuchautor den Romanstoff für das Fernsehen adaptierte und ich dabei nur eine Beraterfunktion hätte.

Sie sehen, wir haben viel zu besprechen. Sie haben ja auch angedeutet, daß Sie mir Neuigkeiten zu erzählen hätten. Ich freue mich darauf.

Herzlich
Ihr Dieter Wellershoff

Dieter Wellershoff

Mainzer Str. 45
5000 Köln 1
5. Mai 1984

Lieber Herr Wiebel,

Dank für Ihren Brief vom 5.4. mit dem Bericht über das schwierige Hin und Her und bei der Vorbereitung einer Verfilmung des »Siegers«. Schade, daß Ihre Frau sich von dem Projekt zurückgezogen hat. Sie war so engagiert, daß schon das eine prinzipielle Empfehlung war. Andererseits finde ich es gut und beruhigend, daß die dramaturgische und redaktionelle Betreuung nun wieder in Ihren Händen liegt. Ich bin gespannt, was für ein Konzept Marianne Lübke entwickeln wird. Daß die Geschichte annähernd richtig in einem Einteiler erzählt werden kann, erscheint mir zweifelhaft. Aber ich werde es ja sehen.

Und hier kommt nun das Drehbuch zum Thema »Ungleiches Paar«. Vom Exposé, das ja noch reichlich abstrakt und theoretisch war, habe ich mich dramaturgisch in einigen Punkten lösen müssen. Das Konzept, nur die Auflösung einer alten Beziehung zu zeigen, erwies sich beim Schreiben als dramaturgisch zu einlinig und schematisch. Es ergaben sich zu viele Szenen mit gleicher Tendenz. So habe ich mich also entschlossen, auch die Geschichte der Annäherung der beiden Menschen zu schreiben. Dann eine Phase des Schwankens, der flüchtigen Utopie, die in die Auflösung mündet. Während die Frau nach innerem Zögern die neue Lebensmöglichkeit ergreifen will, wird sie ihr wieder genommen.

Großen Wert habe ich auf die Gegenüberstellung der jeweiligen Sozialwelt gelegt, deren Unvereinbarkeit auch die Realitätsschwäche der Beziehung mitbegründet. Keiner kann den anderen in seine Lebenswelt integrieren. Außerdem sind die beiden Protagonisten nicht nur unterschiedliche Charaktere, sondern repräsentieren auch altersspezifische Unterschiede des Denkens und Verhaltens.

Aber ich will jetzt nicht viel reden. Denn ideal wäre es ja, Sie könnten das Drehbuch so lassen wie ein Zuschauer einen Film sieht: ohne zu wissen, wovon genau die Rede sein wird und worauf das Geschehen hinausläuft. Leider gibt es diesen Stand der Unschuld bei uns Profis ja nicht so leicht, und doch muss man immer wieder versuchen, ihn annähernd herzustellen.

Herzliche Grüße,
auch bitte an Ihre Frau

Dieter Wellershoff
5000 Köln 1
3. Februar 1986

Mainzer Straße 45

Westdeutscher Rundfunk
Abt. Fernsehspiel
z. Hn. Herrn Martin Wiebel
5000 Köln 1

Lieber Herr Wiebel,

das Gespräch mit Ihnen und Herrn Keglevic hat mich sehr animiert (was ich nach »Der Bulle und das Mädchen« überhaupt nicht erwartet hatte) und so kann ich Ihnen jetzt die neue Fassung mit den überarbeiteten und neu geschriebenen Szenen schicken. Ihrem Wunsch nach der Verstärkung des »Rituals« bin ich mit einer neuen Eingangsszene entgegengekommen. Und überall habe ich die Anschaulichkeit der Vorgänge verstärkt (Gespräch vor dem Spiegel, 8. Bild, und Autokarambolage, 28. Bild). Vor allem habe ich Carlo mehr Gewicht und innere Eigenart gegeben. Er ist jetzt psychologisch stärker und auf seine Art ein Gegenpart Veras. Das fängt schon in der Szene auf der Sonnenbank an und setzt sich in den Szenen zwischen Vera und Carlo fort. Jeder der beiden beutet auf seine Art den anderen aus. Trotzdem ist erhalten geblieben, was mir ebenfalls wichtig ist: daß wir eine Umkehrung der traditionellen Machtverhältnisse zwischen Mann und Frau zu sehen bekommen (der Mann ist das finanziell und sozial abhängige Lustobjekt).

Viele Dialoge sind neu, die meisten wurden überarbeitet. Daß Vera eine theatralische, ichhafte Person ist, die ihr emotionales Volumen auch redend ausagiert, habe ich natürlich erhalten. Nur einer, allerdings auch nur probeweise im Gespräch aufgetauchten Erwägung bin ich nach gründlicher Überlegung nicht gefolgt: Peter Keglevics Gedanken, eventuell Carlos Sexualakt mit der Kellnerin vor den Augen von Vera als Szene in den Film hineinzunehmen. Mir scheint vieles dagegenzusprechen. 1. Die Szene würde entweder auf ein Plagiat der berühmten Szene in »American Gigolo« hinauslaufen, oder weniger prägnant, und also blasser und schwächer sein. Man müßte die zweite Möglichkeit vielleicht in Kauf nehmen, wenn der Film die Szene unbedingt für Figuren und Handlungsablauf brauchte. Aber das alles funktioniert besser anders, denn: 2. Vera müßte in dieser Szene zusammenbrechen. Sie hätte dann weniger Recht und Kraft, Carlo auf dem Bahnhof abzuweisen und »ein ganz kleines Licht« zu nennen. Sie wäre vielmehr die Verliererin, fühlte sich schwach, würde sich an Carlo klammern und könnte nicht auftrumpfen. Sie wäre ja im Unrecht, hätte sich alles nur selbst eingebrockt. 3. Carlo wirkt in der bisherigen jetzigen Version sympathischer. Er entzieht sich den Phantasien Veras. Gleichzeitig aber beutet er sie zusammen mit der Kellnerin aus, die ja die tausend Mark einfach behält, ohne die entsprechende Leistung zu bieten. Für Vera ist das ein Verrat! Ferner wird Carlo häufig als der große Champion im Bett geschildert, und es scheint mir sehr gut zu sein, wenn er hier anders reagiert. Er ist in Wirklichkeit kein Sex-Maniak. Das ist nur ein Bild, das ihm Vera aufzwingt (siehe Ritual). 4. Es gibt sowieso schon viele Schlafzimmerszenen zwischen Carlo und Vera und auch ohne Vera (mit Eva und Else). Carlo ist in Gesellschaft und im Milieu der Kellnerin ein anderer Mann, als in Begleitung der älteren Frauen, deren Spielzeug er ist.

Ich erinnere mich, daß Sie auch nicht besonders überzeugt davon waren, Carlo und die Kellnerin vor Vera Liebe machen zu lassen, obwohl wir im Gespräch alle dabei auftretenden Probleme und Verschiebungen der Handlung noch gar nicht erkennen konnten. Auch Peter Keglevic bestand nicht auf dieser Variante. Er wollte nur starke Szenen haben, und die bietet der Film jetzt genügend (auch Bettszenen).

Übrigens habe ich auch die Szene mit Eva, Else und Arne (in Arnes Wohnung) neu geschrieben. Es schien mir wichtig, den Zeitungsartikel hineinzubringen und auch die Schlußformel des Films »Gewußt, wie man mit einer Dame umgeht« besser vorzubereiten. Auch die Begegnung von Carlo und Waldi habe ich verschärft. Waldi verhält sich jetzt auf versteckte, aber penetrante Weise aggressiv und unverschämt gegenüber Carlo, der ja sein Antityp ist. Die beiden mögen sich nicht. Carlo macht das deutlich, indem er sich abrupt abwendet. Waldis Stichelei ist noch ein Tropfen mehr, der das Faß zum Überlaufen bringt. Carlo verschwindet ja bald darauf mit Eva und Else.

Wie aktuell unser Thema ist, wurde mir jetzt zweimal bestätigt. Der STERN brachte eine Titelgeschichte darüber, daß Verhältnisse zwischen älteren Frauen und jüngeren Männern immer häufiger werden. Und ich habe mir auch sagen lassen, daß in den Kontaktzeitungen immer mehr junge Männer die Bekanntschaft von Frauen um die Fünfzig suchen. Das ist der neueste sexuelle Hit; er hat schon fast den Charakter eines Massenbedürfnisses. So wird es wirklich höchste Zeit, daß unser Film produziert und gesendet wird! Sonst kommt uns noch jemand zuvor. Zwar wohl kaum mit einer vergleichbaren Geschichte, aber doch bei diesem Thema. Und immerhin waren wir ja schon 1983 auf dieser Spur. Es wäre dumm, wenn uns schließlich gesagt würde, wir hätten uns an einen Trend angehängt.

Ich bin sehr gespannt auf die Arbeit von Peter Keglevic. Unser Gespräch hat mich zuversichtlich gestimmt.

Herzliche Grüße
Ihr Dieter Wellershoff

Dieter Wellershoff
Mainzer Straße 45
5000 Köln 1
13. Dezember 1988

Sehr verehrter Herr Bundeskanzler,

das freundliche und differenzierte Glückwunschtelegramm, das Sie mir zur Verleihung des Heinrich Böll-Preises geschickt haben, hat mich sehr gefreut. Ich danke Ihnen für die Zustimmung zu meiner literarischen Arbeit ebenso wie für die Aufmerksamkeit für die Literatur, die Sie damit zum Ausdruck gebracht haben.

Gerne benutze ich diese Gelegenheit, um Ihrer freundlichen Aufforderung zu folgen, Ihnen zu schreiben, die Sie zum Abschluß des Gesprächsabends im Palais Schaumburg am 30. November allen Teilnehmern gegenüber ausgesprochen haben. Ich habe diesen Abend wegen seiner offenen Atmosphäre in guter Erinnerung, aber auch, weil ich Ihren Überlegungen zur Deutschlandpolitik und zur Europapolitik und besonders Ihrer Einschätzung der Zukunftsbedeutung der Demokratisierungs-Modernisierungsprozesse in der Sowjetunion zustimmen konnte. Hier bahnt sich eine Veränderung von epochaler Bedeutung an, die wir nach Kräften unterstützen müssen. Nur im Problembereich der Ökologie sah ich deutliche Unterschiede der Bewertung, und so möchte ich mir erlauben, im Sinne der von Ihnen angeregten Fortführung des Gespräches, Ihnen einige Gedanken dazu vorzutragen.

Sie haben zweifellos recht, daß die Bundesrepublik ihren westlichen und östlichen Nachbarn in Fragen des Umweltschutzes einige Schritte voraus ist (die Schwierigkeiten, die es in der EG bei der Einführung des geregelten Dreiwegekatalysators gibt, sind ein Beispiel für diese Differenz). Aber wir sind ja auch ein besonders dicht besiedeltes, hoch industrialisiertes Land von beträchtlicher wirtschaftlicher Potenz, und so ist es nicht verwunderlich, daß hier zugespitzte ökologische Dringlichkeiten und fortgeschrittene Möglichkeiten, sich ihnen praktisch zu stellen, zusammentreffen und unsere Gesellschaft dazu prädestinieren, in der Entwicklung neuer, ökologisch angemessener Lebensformen eine Vorreiterrolle zu spielen.

Sie, sehr verehrter Herr Bundeskanzler, haben mit Besorgnis von dem Pessimismus und der Zukunftsangst gesprochen, die weite Teile der Bevölkerung, vor allem die Jugend, erfasst haben, und darin einen seltsamen Widerspruch gesehen zu der Tatsache, daß es der Mehrheit unserer Bevölkerung wirtschaftlich so gut wie nie zuvor geht und die meisten Leute in ihrem Privatleben auch ungehemmt von den Gaben der industriellen Zivilisation Gebrauch machen. Aber vielleicht sind das nur zwei Seiten einer Medaille. Es verträgt sich durchaus mit einem allgemeinen Zukunftspessimismus, daß man sich unter dem Motto »Nach uns die Sintflut« sein privates Leben so angenehm wie möglich einrichtet. Angesichts so hochkomplexer und gewaltiger Probleme wie dem Waldsterben, der Boden- und Grundwasservergiftung durch Landwirtschaft und Industrie und so globaler Schreckensdaten wie dem wachsenden Ozonloch und der Rodung der tropischen Regenwälder empfinden die einzelnen Menschen nichts als Ohnmacht. Was nützt es schon, wenn sie ihren Hausmüll sortieren und sich ein Katalysator-Auto anschaffen? Solange nicht gewaltige gesellschaftliche Anstrengungen unternommen werden, die katastrophalen Prozesse bei ihren Ursachen entschlossen und umfassend zu bekämpfen, fühlen sie sich hilflos einer weitläufigen kollektiven Entwicklung ausgeliefert, gegen die nichts zu machen ist.

Pessimismus und individueller Egoismus sind dann eine psychologisch verständliche Reaktion. Jeder fühlt sich berechtigt, nur noch an sich selbst zu denken, denn die Industrie, die Landwirte, die Gewerkschaften, die Parteien, die Regierungen geben ja auch immer wieder den kurzfristigen Zielen Vorrang vor den langfristigen Überlebensfragen.

Ich glaube aber, daß dieser Pessimismus nur eine gelähmte Handlungsbereitschaft ist, ein brachliegendes, ungeheures Kapital für eine Politik, die diesen Kräften praktische Chancen eröffnet und deutliche Ziele setzt. Die Menschen wollen den Pessimismus und das schlechte Gewissen loswerden, jedenfalls die wacheren, die bewußteren unter ihnen, und ganz besonders die jungen Menschen, deren Zukunft ja vor allem verdüstert ist. Sie wollen nicht hilflose Mitläufer und zynische Nutznießer einer irreversiblen Zerstörung der menschlichen Lebensgrundlagen sein. Es wäre ungeheuer befreiend für sie, teilnehmen zu können an einer zukunftsweisenden Umgestaltung unserer Lebensformen.

Natürlich sind die Handlungsmöglichkeiten begrenzt. Aber sie dürften viel größer sein, als es gegenwärtig scheint. Vor allem die Veränderungen in der Sowjetunion eröffnen neue Perspektiven. Das Gut »Verteidigung und militärische Sicherheit« ist ein riesiger unproduktiver Ballast, der keine positiven Lebenswerte schafft. Mit wachsendem Erfolg der Entspannungs- und Abrüstungspolitik eröffnen sich neue

Gestaltungsräume für die gesellschaftliche Produktivität – statt Raketen ein neues Kanalnetz für das Ruhrgebiet, neue Klärwerke und Filteranlagen, strenge Verbote der Herstellung von Umweltgiften, Anlage von Biotopen und Naturschutzgebieten, biologische Landwirtschaft und Forstwirtschaft. Auch da können neue Arbeitsplätze, neue Profitmöglichkeiten für Unternehmer entstehen, und in diesem weiten Feld kann viel schlummernde Kreativität geweckt werden.

Wir sprachen am 30.11. über Kulturförderung und Kulturaustausch, und ich bemühte mich deutlich zu machen, daß wir dazu einen neuen, erweiterten Kulturbegriff brauchen. So lebensnotwendig brauchen wir keine neuen Theater und Museen, wie wir gesunde Lebensräume, sauberes Wasser und frische Luft brauchen. Das sind die Bereiche, wo neue schöpferische Leistungen herausgefordert und gefördert werden müssen. Man sollte das Stiftungswesen beleben, aber nicht um vordringlich Kulturgüter alten Stils zu Repräsentationszwecken in Repräsentationsbauten anzuhäufen, sondern um neue Lebenswerte zu schaffen, städtische Anlagen etwa wie den Kölner Grüngürtel, ohne den diese Stadt als ein Ort zum Leben nur die Hälfte wert wäre.

Ich glaube, daß in der gegenwärtigen historischen Phase sich viele Prozesse aufeinander zubewegen und dadurch eine neue Zukunftspolitik ermöglichen. Die politische Entspannung, die Abrüstung und die Annäherung der gesellschaftlichen Systeme, die im Ostblock von den Verhältnissen, den Sachzwängen erzwungen wird, diese Lösung einer langen Lähmung auch unserer kreativen Potenzen und Phantasien, lassen es glücklicherweise möglich erscheinen, die überlebensnotwendige Umorientierung unserer Produktions- und Lebensformen in Angriff zu nehmen.

Gegenwärtig ist der Allgemeinwille geschwächt. Jeder einzelne, jede Gruppe verfolgt nur ihre privaten Interessen, gleichgültig dagegen, ob das die allgemeinen Lebensinteressen verletzt. Wer ein Umweltverbrechen begeht, schädigt zwar sich selbst, aber er verteilt den Schaden auf alle, während er für sich allein kurzfristige Vorteile gewinnt. Es ist leider menschlich, solchen Versuchungen nachzugeben, allerdings nicht wirklich und in einem vollen Sinne menschlich; denn angelegt ist in den meisten Menschen auch die Fähigkeit zur Einsicht, zur Verantwortung und Opferbereitschaft. Wenn sie erkennen, daß sie langfristig auf einem richtigen und aussichtsreichen Weg sind und ihn nicht allein gehen müssen, werden sie zu erstaunlichen Leistungen und Veränderungen zu motivieren sein.

Die Menschen brauchen Vertrauen in die Zukunft und die generelle Ermutigung, daß die Schlüsselprobleme der Gesellschaft gemeinschaftlich gelöst werden.

Das bedeutet eine Umstimmung, vergleichbar der geistigen und moralischen Umstimmung, die Gorbatschow gegen allen institutionellen und persönlichen Widerstand in der Sowjetunion eingeleitet hat. Nur würde das natürlich auf einem anderen gesellschaftlichen Entwicklungsstand und mit vorauseilender Zielsetzung und Phantasie geschehen.

Das kann nicht von einer kleinen politischen Gruppierung wie den »Grünen« geleistet werden. Es ist eine staatsmännische Aufgabe. Sie setzt Zugang zu allen gesellschaftlichen Schichten und Gruppen und zu den verwaltungstechnischen und gesetzgeberischen Instrumentalien voraus. Tragfähige und schöpferische Mehrheiten dafür zu gewinnen, das ist eine geistige, eine psychologische Aufgabe. Aber das alles ist vorbereitet, die Menschen warten darauf, bewußt oder unbewußt. Sie wollen nicht weiter als Pessimisten oder fröhliche Parasiten leben, die die Zukunft ihrer Kinder und Enkelkinder zerstören. Ich bin überzeugt, man kann heute viele Menschen davon überzeugen, daß auf das Wirtschaftswunder ein neues Wunder folgen muß, nämlich der Schritt in eine neue Lebensqualität mit Zukunft.

Selbstverständlich kann der strukturelle Wandel nicht überall gleichzeitig in der Welt beginnen. Sogar bei unseren europäischen Nachbarländern gibt es vielfältige Beharrungskräfte, die die notwendigen Veränderungen hinauszögern und blockieren. Ich glaube aber nicht, daß dies trotz kurzfristig sich ergebender Konkurrenzvorteile diesen Ländern dauerhafte Vorteile bringen wird. Wir können vielmehr ihnen gegenüber unschätzbare Erfahrungsvorsprünge gewinnen, denn daß der Weg zu neuen Lebens- und Produktionsformen von allen beschritten werden muß, das kann nicht mehr ernsthaft bezweifelt werden. Säkulare Herausforderungen lassen sich nicht ungestraft überhören.

Dies ist es, was ich leider nicht kürzer zu sagen vermochte, aber sagen mußte, in dem Gefühl, daß viele Menschen in unserem Land ähnlich zu Ihnen sprechen würden, wenn sie die Gelegenheit dazu hätten.

Ich danke Ihnen, Herr Bundeskanzler, daß Sie mir so lange zugehört haben, trotz der Vielzahl der Stimmen, die täglich auf Sie einstürmen, und schließe mit guten Wünschen für die bevorstehenden Festtage und ein hoffentlich erfreuliches Neues Jahr

Dieter Wellershoff

Dieter Wellershoff
Mainzer Straße 45
5000 Köln 1 14.12.1988

Sehr geehrter Herr K.,

Sie haben mir, angeregt durch meine Bücher, einen vertrauensvollen Brief geschrieben, auf den ich sicher nur unzulänglich antworten kann. Ein Schriftsteller muß zwar ein vertieftes Verständnis des Lebens haben, und eben auch des abgedrängten, gefährdeten Lebens der gesellschaftlichen Außenseiter, aber er kann die Lebensprobleme natürlich nicht lösen. Es wäre leichtfertig, weil zu wenig individuell, wenn er aus seinem Arbeitszimmer Ratschläge erteilen würde, außer dem einen, sehr generellen, daß man versuchen muß, sich selbst, seine Fehler, seine Schwächen und seine Situationen zu erkennen und zu verstehen und daß davon auch eine rettende, verändernde Wirkung ausgehen kann. Aber Sie brauchen für diese schmerzhafte innere Umstimmung und Neuorientierung sicher Hilfe, und so finde ich den Gedanken nicht falsch, sich in Psychotherapie zu begeben (hoffentlich bezahlt das die Krankenkasse noch nach der Blümschen Reform des Gesundheitswesens).

Sie schreiben, daß Sie die verheerende Wirkung von Phantasien, die ich an den Figuren meiner Romane dargestellt habe, selber kennen. Die Phantasie ist an sich ein schöpferisches Vermögen. Sie erlaubt es uns Erfahrungslücken zu schließen, und ermöglicht es uns, fremde Situationen und Menschen zu verstehen. Und außerdem dient sie dazu, ein Bild einer wünschenswerten Zukunft und der möglichen Wege dorthin zu entwickeln; ohne sie, ohne ihre geträumten Lebenskonzepte wäre es kaum möglich, sich weiträumig zu orientieren, seinem Leben eine Richtung zu geben und an ihr, trotz aller Mühen, Entbehrungen und Enttäuschungen, zäh festzuhalten. Aber wenn sich die Phantasie von der Realitätserkenntnis löst und zum bloßen Wunschtraum wird, der schnelle, irreale Erfüllungen fordert (wie ein schreiendes, strampelndes Kind, das in seiner Ohnmacht sich nicht helfen kann und einfach wütend und verzweifelt verlangt, daß die Mutter kommt und ihm hilft, ihm zum Beispiel die beruhigende, ersehnte Brust gibt), wenn das unersättliche Lustprinzip, wie die Psychoanalyse das nennt, sich von geduldigen, praktischen, arbeitsfähigen Realitätsprinzipien trennt und allein das Kommando übernimmt, dann kommt man mit den Frustrationen der gesellschaftlichen Wirklichkeit nicht mehr zurecht und versucht die kürzesten Wege einzuschlagen, zum Beispiel den Selbstbetrug des Rauschgiftes oder die Kriminalität. Die Kriminalität ist der meistens ruinöse Versuch, die Wirklichkeit wunschgemäß zu korrigieren, nachdem man die dafür kulturell oder gesellschaftlich vorgesehenen Wege (zum Beispiel durch Arbeit, gesellschaftliche Nützlichkeit) vergeblich versucht hat oder als zu anstrengend und zu wenig aussichtsreich erlebt hat. Der Kriminelle hat dieselben Wünsche wie der angepaßte, der normale Bürger, aber er weicht von ihm ab, indem er die unerlaubten Wege geht, nämlich solche, die das Zusammenleben der Menschen gefährden und niemals funktionieren würden, wenn alle diese Wege beschreiten wollten. Insofern schmarotzt der Kriminelle an der Normalität. Er braucht sie, damit ein reichhaltiges Produkt gesellschaftlicher Arbeit zustandekommt, und versucht dann auf seine Weise, etwas davon abzuzweigen (durch Betrug, Gewalt usw.). Er beginnt damit, weil er sich zu benachteiligt glaubt (gesellschaftlich, sozial, bildungsmäßig, und auf andere Weise), um auf dem normalen Weg zum sozialen Erfolg mithalten zu können. Umso stärker werden in dieser Situation die Bedürfnisse nach Kompensation der Benachteiligung und das fragwürdige Gefühl, wegen dieser Benachteiligung berechtigt zu sein, andere Wege zum Erfolg zu wählen. Dieser Zusammenhang von Frustration, Phantasie, Ungeduld, Abweichung, Selbstrechtfertigung ist ein Teufelskreis, der deshalb nicht so leicht zu durchbrechen ist, weil die normalen Wege, zu einem befriedigenden sozialen Erfolg zu kommen, für jemand, der straffällig geworden ist, nicht so leicht zu beschreiten sind.

Was soll ich Ihnen raten? Sie scheinen ein intelligenter Mensch zu sein, der erkennen kann, daß Kriminalität in der Regel kein dauerhaftes Gewinnspiel ist. Sie müßten versuchen, die Haftzeit zum Erwerb neuer Fähigkeiten zu nutzen. Sich aus einer kriminellen Vergangenheit zu lösen, das ist ein schwieriger Nachreifungsprozeß, der im Grunde günstige Bedingungen braucht, denn man muß sich vom Diktat des Wunschdenkens lösen und sich selbst in größeren Zusammenhängen neu verstehen. Ein kluger Psychotherapeut wäre sicher eine Hilfe. Er würde Ihnen die Aufmerksamkeit und das vorwurfslose Verstehen geben, daß Ihnen sicher in ihrem bisherigen Leben gefehlt hat. Und sich selbst zu entdecken und neu in die Hand zu bekommen, das kann ein großartiges Erlebnis sein. Mit 46 Jahren sind Sie nicht zu alt dazu. Es ist vielmehr das Alter, in dem alle Menschen, auch die sozial erfolgreichen, noch einmal über sich nachzudenken beginnen und ihre Lebensmaximen und Gewohnheiten, ihre Werte und ihre Phantasien überprüfen. Ich wünsche Ihnen, so weit das in Ihren jetzigen Lebensverhältnissen möglich ist, schöne Festtage und ein wirklich neues Jahr

Ihr
Dieter Wellershoff

Dieter Wellershoff Mainzer Straße 45 50678 Köln

2. März 1997

Herrn Hanns Schmitz
Reichenberger Str. 39
53604 Bad Honnef

Sehr geehrter Herr Schmitz,

ich danke Ihnen für Ihren Brief und das mitgeschickte Mitteilungsblatt 1/97, aus dem ich interessante Informationen, zum Beispiel über Ordensverleihungen, entnommen habe.

Ich, geboren am 3.11.1925 in Neuß/Rhein, kam im Frühherbst 1943 als Kriegsfreiwilliger zur Division HG, zunächst zur Ausbildung nach Holland und von dort zum Begleitregiment HG nach Berlin-Reinickendorf. Im Juli 1944 wurden wir nach Ostpreußen verlegt. Kurz nach dem 20. Juli von Göring besichtigt und bei Schirwindt an der alten Reichsgrenze zum ersten Mal eingesetzt. Wir lösten dort das 16. Fallschirmjägerregiment, dem Sie angehörten, in der Stellung ab. Ich wurde am 13. Oktober 1944 im Memelbrückenkopf verwundet, kam ins Lazarett nach Oberschlesien (Königshütte), dann nach Bad Reichenhall in Oberbayern und im März 1945 über Reinickendorf an die Oderfront. Bei Kriegsende gelangte ich bei Schwerin in amerikanische Gefangenschaft, von dort nach Schleswig-Holstein in britische Internierung.

Über all das habe ich ein Buch geschrieben (50 Jahre danach!), in dem die Erlebnisse und die Denkweise des 17 bis 19jährigen dargestellt sind: D. Wellershoff, Der Ernstfall. Innenansichten des Krieges, Verlag Kiepenheuer & Witsch, Köln 1995. Das Buch hat viele Besprechungen bekommen, unter anderem auch eine von dem ehemaligen Generalinspekteur der Bundeswehr, meinem Namensvetter Admiral a. D. Dieter Wellershoff. Und ich erhielt auch viele Briefe von jungen Leuten, die mir schrieben, sie hätten sich erst auf Grund meiner Darstellung eine Vorstellung davon machen können, wie das Geschehen damals in den Augen eines jungen Menschen gewirkt hat (was man gewußt und nicht gewußt hat und wie begrenzt die Welt war, in der sich der einfache Soldat bewegte). Das Buch ist vermutlich eines der letzten Zeitzeugenbücher, von nun an wird es wohl nur noch Geschichtsschreibung nach Dokumenten, also Wissen aus zweiter Hand geben.

Wenn Sie im Mitteilungsblatt auf das Buch aufmerksam machen wollen (vielleicht durch eine Besprechung oder einen Teilabdruck), dann können Sie sicher ein Exemplar bekommen beim Verlag Kiepenheuer & Witsch, Presseabteilung, Rondorfer Straße 5, 50968 Köln, Tel. 0221//376850, oder Presseabteilung Durchwahl 3768535. Mit freundlichen Grüßen

»Ungeschriebene Geschichten«

Die Schlachtordnung

Ein Professor (Ende Fünfzig, Althistoriker, der ein Buch über Cäsar schreiben will) fährt in sein Ferienquartier im Hochhaus in Cuxhaven-Sahlenburg, nach zweijähriger Pause.

Es ist März. Er erwacht in nächtlichem Nebel, der die ganze Umgebung unsichtbar macht (als seien die Fenster gegen Milchglasscheiben ausgetauscht worden). Hinter den Fenstern scheint es keine Realität mehr zu geben.

Schon die Fahrt war schwierig. Zu spät losgekommen, die Umrandung der Frontscheibe löst sich, und er muß auf einem Parkplatz in seinem Gepäck nach Leukoplast und Schere im Waschbeutel suchen! Dann verpaßt er die Abfahrt und merkt kurz vor Hamburg, daß er falsch gefahren ist (obwohl er schon oft in diesem Apartment in Sahlenburg war). Er muß einen Umweg über Stade und Buxtehude machen und kommt erst in der Dunkelheit an. Es wird schon neblig. Abendessen viel zu schwer (Krabbenteller mit Rührei und Röstkartoffeln, dazu Bier). Nur drei Männer als Gäste und die stramme blonde Kellnerin. Atmosphäre der Sexualität verschoben ins Biertrinken und Essen. Er schläft, träumt (Traum von der zurückweichenden Wand, die ein ferner Lichtpunkt wird). Stich in der Herzgegend. Hier wäre er verloren (Iden des März).

Seine Geschichte. Er hat vor Jahren seine Frau verlassen, um mit einer jungen ehrgeizigen Wissenschaftlerin zusammenzuleben. Dann allmählich wachsende Distanz und Entfremdung. Hat er nicht wahrhaben wollen. Sie ist nie mit nach Cuxhaven gefahren. Ist vielleicht zuhause geblieben, weil sie einen jüngeren Geliebten hatte. War sich selbst vielleicht nicht klar, wie die Dinge lagen. Auch er hat es verdrängt, hat sie praktisch mit seinen Reisen nach Cuxhaven zum Treuebruch eingeladen. Hat sich großmütig von ihr getrennt, ohne Vorwürfe. Erst jetzt, drei Jahre später, als er nach zweijähriger Pause wieder in dem Apartment ist, um sein Buch über Cäsar endlich zu beginnen, erreicht ihn die Erfahrung des Verlustes wie ein tödlicher Stich.

Die Schlachtordnung – das sind die Verhältnisse der Menschen zueinander, Untreue, Sich-Verlassen, Kampf, Betrug.

Kurze Abweichung vom Wege
Novelle

Ein ehrgeiziger Kommunalpolitiker (oder Richter) ist an den toten Punkt in seiner Laufbahn gelangt, weil er einen Mann vor sich hat, der ihm den weiteren Weg versperrt. Auch seine Ehe stagniert. In dieser Situation entwickelt sich eine Leidenschaft zu der Frau eines seiner Mitarbeiter im Amt. Die Geschichte wird allmählich ruchbar und entwickelt sich zum Skandal. Die beiden werden immer wieder gesehen, manchmal betrunken, manchmal in halb intimen Situationen. Man redet über sie. Der Mann der Frau beginnt sich zu wehren. Da sind ja auch Kinder. Wird eine Familie zerstört (in den Augen der Öffentlichkeit). Die Frau riskiert alles und zieht ihn mit. Sie suchen eine emotionale und körperliche Symbiose, in der alle Wunden heilen und die Schuldgefühle verbrennen. Doch er ahnt, daß es so nicht weitergeht. Seine Frau wird krank, sie würde eine riesige Entschädigung juristisch von ihm erpressen. Er versucht immer noch Erfolg zu haben. Und da bietet sich ihm die Chance. Die Partei will einen abgenutzten Mann aus der Schußlinie ziehen und ihn zum Bürgermeister machen. Aber man gibt ihm zu verstehen, daß er den Skandal beenden muß. Die Frau, seine Geliebte, gilt als unzumutbare Neurotikerin, als untragbare Person. Er muß sie fallenlassen. Und er tut es. Eine Wende, eine Neuorientierung zum Erfolg erscheint ihm jetzt als die Chance seines Lebens. Die Frau soll zu ihrem Mann zurückkehren. Aber sie kann es nicht. Sie verfolgt ihn. Er schüttelt sie ab. Sie lebt nun allein. Nimmt eine Beziehung zu einem anderen Mann auf, über eine Zeitungsannonce. Das wird ein völliges Fiasko, ein bloßes Konstrukt. Ihre Verzweiflung, Depression verstärkt sich. Sie verkommt und fährt auf der Autobahn gegen einen Brückenpfeiler. Sie weicht kurz vom Weg ab in den Tod. Er weicht kurz vom Weg der Karriere ab in die Leidenschaft, kehrt aber zum Weg der Ordnung und Anpassung und des gesellschaftlichen Erfolges zurück. Seine Intelligenz hilft ihm, alles zu relativieren. Aber er weiß auch, was er unwiederbringlich verloren hat. Er ist jetzt auch der Gefangene seiner Frau.

Roman / Motive

Das Bild / Das Ideal

Ein Mann (ein Intellektueller, Politiker, Künstler, Professor??), der von einer Frau leidenschaftlich geliebt wird. Aber diese Liebe ist immer auch Idealisierung und Bewunderung. Sie treibt ihn durch ihre Bewunderung dazu, das zu sein, was sie an ihm bewundern will. Er braucht das als Energiequelle. Als Heilmittel gegen Selbstzweifel und Zynismus und Müdigkeit. Aber das wird zur Lebenslüge. Und er ist realistisch genug, daß er das spürt. Er nimmt eine Beziehung zu einer anderen Frau auf, die nichts dergleichen von ihm erwartet (in den Augen der Bewunderin eine unwürdige, dumme, unpassende Frau). Bei ihr kann er sein, wie er sich fühlt. Es wird nichts von ihm verlangt, was ideologisch oder ideal wäre. Er ist was er ist: müde, unschöpferisch. Ein alternder Mann, der sein Leben auf seine Weise genießen will, der in Ruhe gelassen werden will von Ansprüchen. In den Augen seiner Bewunderin bringt ihn diese Frau um sein Wesen, sie zerstört ihn. Sie versteht vor allem nicht, was er von dieser Frau sexuell will. Denn sie kann Sexualität nur über Idealisierung des Partners erleben. Bei ihm ist das umgekehrt. Das kommt ihr unwürdig und niedrig vor. Es schaudert ihr davor. Sie könnte mit einem Mann, der nicht ihren ideellen Ansprüchen genügt, nicht ins Bett gehen. Aber das zeigt ihm schon, wie unerotisch sie ist. Für sie ist das aber erst die wahre Erotik.

Der Mann führt lange Zeit ein Doppelleben, läßt sich auf das glänzende Bild ein, das seine Bewunderin von ihm aufbaut, und das er teilweise auch noch ausfüllen kann. Aber dann gibt es diesen anderen Bereich (den alltäglich niedrigen Bereich mit der anderen Frau), den er lange vor seiner Bewunderin geheimhält, vielleicht weil er sich die Werte der Bewunderin aus Eitelkeit und weil sie in der Welt bestätigt werden, auch zu eigen gemacht hat. Aber Liebe, Spontaneität kann die Bewunderin nie von ihm bekommen. Sie kennt ihn nicht. Sie liebt das Bild, das sie sich von ihm gemacht hat, um durch die Beziehung zu einem so wunderbaren Mann ihre eigenen Bedürfnisse nach Besonderheit stellvertretend erfüllt zu bekommen. Die Frauen machen Jagd auf den berühmten Mann, weil er der berühmte Mann ist.

Eine selbstverschuldete Niederlage / Kurzgeschichte

Eine Frau lernt auf einer Gesellschaft einen Mann kennen, der sie fasziniert. Sie hat Grund zu der Annahme, daß das gegenseitig ist. Sie läßt ein paar Tage vergehen und hofft, daß er sich meldet. Dann ruft sie an. Um dem Anruf etwas Besonderes und Intimes zu geben, kommt sie auf die Idee, ihn raten zu lassen, wer sie ist. Er muß sie ja erkennen, da sie einen ausländischen Akzent hat. Aber er erkennt sie nicht. Er entschuldigt sich dafür und bittet sie, ihm ihren Namen zu nennen (ihm scheint, daß dies eine Bekannte aus weiterer Vergangenheit ist, an die er – ein Mann der viel herumkommt, viele Menschen, auch Frauen, kennenlernt – sich momentan nicht erinnern kann.) (Überhaupt neigt sein Gedächtnis zum Vergessen, denn er muß den Kopf für das Neue frei haben. Er ist ein geistig arbeitender Mensch usw. Hat er nicht ein Recht zu vergessen? Warum soll er so ein unsinniges Ratespiel mitmachen?) Aber sie kann nicht von der Idee lassen, daß er sie natürlich erkennen muß. Er muß doch an sie gedacht haben. Vor vier Tagen hat er doch deutlich Interesse gezeigt. Sie ist geschockt und gekränkt, jetzt plötzlich feststellen zu müssen, daß sie nicht in seinen Gedanken anwesend ist. Das braucht sie nämlich. Sie ist eine verheiratete Frau (mäßig unglücklich und frustriert auf der Suche nach einer neuen Erfahrung. Aber das ist psychologisch nicht einfach für sie, und sie erwartet, daß der Mann ihr hilft und entgegenkommt). Sie besteht also weiter darauf, daß er ihren Namen errät. Da wird er ungehalten. Er wisse es nicht, es fiele ihm auch nicht ein. Er habe keine Lust und keine Zeit, sich auf ein unsinniges Ratespiel einzulassen. »Na, dann nicht«, antwortet sie kurz und legt auf, überschwemmt von Scham und Wut, Gefühle, die allmählich in eine Depression übergehen. Sie hat so vieles falsch gemacht in ihrem Leben, weil sie andere Menschen nicht einschätzen kann und immer von ihren eigenen Phantasien und Wünschen ausgeht. Dem Mann fällt Stunden später ein, wer die Anruferin war. Aber er hat keinen Impuls mehr, den Kontakt wiederherzustellen.

Lebendig begraben / Untergeschobene Kinder

Die Geschichte von Hanna, Waise, intelligente, phantasievolle Frau, heiratet einen intellektuell unter ihr stehenden, einfachen Mann, einen Pfarrer (im Krieg kopfverletzt). Sie führt ein unbefriedigendes Leben. Einmal begegnet ihr ein Mann, den sie liebt. Auch er ist verheiratet. Aber es ist unmöglich: Sie als Pfarrersfrau, Frau eines schwer kriegsverletzten Mannes! Sie reagiert, indem sie sich unterdrückt und aus dem Leben zurückzieht, schrittweise Derealisierung, Flucht in die Krankheit. Sie entwickelt eine Gangstörung, dann Lähmungen, kann nicht mehr gehen und wird jahrelang bettlägrig. Kann nun nicht mehr fliehen aus dem verhaßten Leben (der andere Mann, ein junger Lehrer ist längst wieder aus dem Dorf verschwunden), aber sie entzieht sich auch dem verhaßten Leben, driftet ab in eine Mumienexistenz, in ein freiwilliges Totsein, und religiösen Wahn. Sie kommt in Kliniken. Die Ärzte finden nichts Organisches. Sie treiben sie aus dem Bett. Sie widersetzt sich, bricht wieder zusammen, wenn sie zuhause ist. Leben unter dem Elbdeich, der große Garten, das alte Pfarrhaus, düster. Verschlissene Zimmer, unaufgeräumt, trostlos.

Sie spricht von der Schädlichkeit der Wassernähe XXX.

Sie wohnt neben ihrem Mann in dem Pfarrhaus, entwickelt merkwürdige Formen von Körperverneinung. Ernährt sich, wie sie behauptet, nur noch von aufgekochter Milch. (Waisenkind!) Hat eine eigene Küche. Der Mann hat eine andere Küche. Sie trägt auch im Sommer lange Wollgewänder, sackartige Kleider, die ihren ganzen Körper verhüllen. Ein weiblicher Bettelmönch. Mitglied eines Büßerordens. Die Kinder fliehen das Elternhaus. Werden Abenteurer (erotisch, Weltenbummelei). Sie macht den Mann zu ihrem Krankenpfleger und Diener, herrscht über ihn. Subtile Bestrafung. Er versteht nichts, ist hilflos, wird infantil. Seine einzige Freude sind Süßigkeiten. Er verkalkt, beide kommen in ein Hospital. Beide werden in einem Zimmer »aufgebahrt«. Die Schwestern mögen ihn, hassen sie. Er versucht immer aus seinem Bett auszusteigen und stürzt, liegt auf dem Boden. Muß angeschnallt werden. Sie rührt sich nicht. Er stirbt. Sie allein im Pflegeheim. Man zeigt ihr Bilder von ihren Kindern und Enkelkindern. Sie schiebt sie ärgerlich weg. »Alles untergeschobene Kinder«, sagt sie.

Erzählung: Der (unheimliche) Nachbar

Eine Frau Anfang sechzig, die einen fünfzigjährigen Studienrat, geschieden, als Nachbarn hat, mit dem sie Tür an Tür wohnt (in einem Hochhaus, oder einer Wohnanlage). Sie hat sich ihm vorgestellt, als sie einzog. Er hat sie zum Tee eingeladen. Sie hat gleich erkannt, daß er ein merkwürdiger Mensch ist, gehemmt und aufdringlich, ohne das richtige Gefühl für Distanz. Vermutlich hat er diffuse sexuelle Phantasien. Aber er sucht auch die Mutter, die Frau, die ihm zuhört, wenn er von sich spricht. Er will immer in allem bestätigt werden. Er selbst kann nicht zuhören. Was er über sich sagt, ist konventionell und ausdruckslos, immer irgendwie langweilig und viel zu ausführlich. Er zieht sie in Dinge hinein, die sie gar nicht wissen will. Daß er einen Nervenzusammenbruch gehabt hat, wegen einer Auseinandersetzung mit seinem Direktor. Daß er stundenlang gezittert habe, usw. Daß er schlecht schläft. Er führt sie in sein Schlafzimmer, um ihr seine »schöne Überdecke« zu zeigen. Aber die Decke ist gar nichts Besonderes, kein besonders wertvolles oder ästhetisch hervorragendes Stück. Dann will er ihr sein Teeservice zeigen. Dann hat er die Überdecke gerade gebügelt, als er sie wieder für fünf Minuten in seine Wohnung bittet (immer devot und unterwürfig, aber doch auch sehr beharrlich und penetrant). Einmal klingelt er kurz vor Elf, fragt, ob er einen Augenblick hereinkommen dürfe. Er müsse ihr etwas erzählen. Er hat von seiner geschiedenen Frau, einer Katzennärrin, vier Katzen während der Ferienzeit gegen seinen Willen in Pension bekommen. Und dann noch eine fünfte, sehr neurotische Katze aus dem Tierheim dazu. Diese Katze sei sehr unruhig gewesen und habe ihn und die anderen Katzen ganz konfus und nervös gemacht durch ihre unberechenbaren Sprünge und Bewegungen. Jedenfalls sei er in seiner Verwirrung über die Katze gestolpert. Und jetzt sei sie tot. Er habe ihren Kopf zertreten. Entweder ist das eine Lüge, mit der er verschleiert, daß er die Katze totgetreten hat. Oder er muss schon eine Absence gehabt haben. Beides macht ihn unheimlich. Sie hat ihm aber ihren Wohnungsschlüssel überlassen, damit er während der Ferien ihre Blumen gießen kann. Jetzt weiß sie nicht, wie sie den Schlüssel zurückfordern kann. Vielleicht hat er den Schlüssel längst nachmachen lassen. Er scheint ihr aufzulauern. Öffnet seine

Tür, wenn sie nach Hause kommt und versucht sie unter irgendeinem Vorwand in seine Wohnung zu locken. Oder klingelt unter einem Vorwand an ihrer Tür. Er geht dann nicht mehr. Würde bis in die Nacht bleiben. Sie muß ihn schließlich hinauskomplementieren. Wenn er da sitzt und redet, bietet sie ihm nichts an, um ihn nicht wie einen unerwünschten Gast zu behandeln. Aber er fragt selbst. Haben Sie vielleicht eine Flasche Bier für mich? Ein fader unheimlicher Mensch, mit dem sie auf ihrem Stockwerk allein wohnt, Tür an Tür. Sie fühlt sich umgeben von seinen Phantasien.

Die Außenseiter

Philosophiestudent mit Aussicht auf eine Universitätslaufbahn lernt eine 20 Jahre ältere Schauspielerin kennen (geschieden, ein Kind), die ihn fasziniert. Es entwickelt sich eine hysterisch gefärbte, sexuelle Leidenschaft. Er war ein gehemmter junger Mann, sie befreit ihn, macht ihn zum Mann. Sie heiraten, beide mit dem Sinn für das Außerordentliche, das sie stimuliert. Beide verlieren den Kontakt zu ihrer sozialen Umwelt. Seine und ihre Freunde ziehen sich zurück. Man kann mit dem jeweiligen Partner nicht umgehen, findet die Sache unverständlich, degoutant. Man spürt die fremdartige, sexuelle Symbiose als etwas Bedrohliches, von dem man sich infrage gestellt fühlt. Auch die Mutter des jungen Mannes, eine Witwe, bekämpft die Ehe der beiden. Die Schauspielerin war auf dem absteigenden Ast, als sie den jungen Mann kennenlernte. Aber das hat sie auf die Krisenjahre während der langsamen Auslösung ihrer ersten Ehe zurückgeführt, überhaupt auf diese Ehe, die sie ihrem Beruf entzogen hat durch die Forderungen ihres Mannes. Nun soll alles anders werden. Sie hofft auf einen großen neuen Aufschwung. Aber der bleibt aus. Sie kommt nicht mehr in ihren Beruf hinein, stattdessen wird sie schwanger. Einmal bekommt sie eine Chance, verkrampft sich aber unter dem Bewährungsdruck und bei plötzlich aufkommenden Selbstzweifeln, ihre Stimme versagt, sie vergißt den Text. Die Rolle wird umbesetzt und sie ist abgestempelt als unbrauchbar. Der junge Mann gibt darauf seinen Plan zu promovieren auf und sucht Arbeit. Er wird Aufseher in einer Halle mit Spielautomaten, liest Korrektur für eine Kundenzeitschrift. Sie leben allein von seinem Geld. Die Frau wird krank, depressiv. Sie hat tiefe Lebensängste und Schuldgefühle, fürchtet, den Partner wieder zu verlieren, fordert ihn auf, sie zu verlassen, da sie nichts tauge und für ihn nur eine Last sei. Die Sexualität wird fast unmöglich durch die wachsende Verkrampfung. Sie fühlt sich schuldig an dem Unglück ihres Partners, hat ihm seine Zukunft zerstört, hat ihn in ihre eigene Zukunftslosigkeit hineingezogen. Das alles häuft sie vor ihm auf, belastet ihn damit, erschwert seinen harten, ermüdenden, frustrierenden Lebenskampf. Er ist ein schlanker, blasser Intellektueller mit einem schönen, etwas mädchenhaften Mund, sehr roten Lippen, die aus seiner blassen Haut hervorleuchten, fast obszön. Immer wieder erscheint ein scheues Lächeln auf seinem Gesicht, das er dann etwas senkt, als wolle er sein Lächeln verbergen, als fände er es unangemessen.

Er trägt eine Brille mit dicken Gläsern. Ab und zu nimmt er sie ab und reibt sich sein linkes Auge, das ein wenig entzündet zu sein scheint. Er ist groß und schlank, etwas vorgebeugt, mit einer altmodischen langhaarigen Frisur, die an seine Jugend erinnert, als das modern war. Ein mißfarbenes Blond, aschblond, die Haare schon etwas schütter an den Ecken seiner hohen Stirn. Er wirkt wie ein zerrupfter, verwirrter, orientierungslos gewordener, gealterter Engel. Spricht mit leiser Stimme. Auch er zweifelt an sich selbst. Nicht an seiner Intelligenz, aber an seinem Durchsetzungsvermögen, seiner Energie, seinen sozialen Fähigkeiten. Sieht die Menschen immer aus der Distanz. Er ist anspruchslos, er will nur mit seiner Frau und dem Kind leben (der Junge aus erster Ehe ist zu seinem Vater gegangen und der hat ihn in ein Internat gegeben). Auffallend an dem ehemaligen Studenten sind nur seine mächtigen, kraftvollen Hände, die in einem Widerspruch zu seinem blassen schmalen Gesicht stehen, der Zartheit und Sensitivität, die sich darin ausdrückt. Er kann mit der Kraft seiner Hände nichts anfangen, kann ihnen nichts zu greifen geben, sie hängen tatenlos an seinen langen Armen. Er ist der deklassierte Intellektuelle, der nicht zum Volk gehört, zwischen den Klassen schwebend, ohne Halt und Hintergrund. Einmal macht er einen Besuch bei einer stadtbekannten Persönlichkeit, um sich einen Rat zu holen (einem Schriftsteller, einem Professor). Als er im Arbeitszimmer des Prominenten sitzt, weiß er nicht mehr, was er hier will und hört sich aus großer innerer Distanz dessen Worte an (»Auch ich war mal jung und in Schwierigkeiten. Ich verstehe Sie.«). Er geht mit einem diffusen Einsamkeitsgefühl fort. Im Spiegel hat er sein verbindlich lächelndes Gesicht gesehen, etwas Devotes, Gespenstisches.

Seine Frau war eine sehr aparte Erscheinung, als er sie kennenlernte. Sie war auffallend schlank. Jetzt ist sie mager, mit scharfen Zügen um den Mund, sieht älter aus, als sie ist. Einmal macht sie einen Bittgang bei ihrem ersten Mann und wird abgefunden mit einem kleinen Scheck. Einmal läuft sie weg. Aus ihrer ausweglos erscheinenden Existenz (der engen Wohnung, die sie auch nicht mehr bezahlen können). Es ist eine Vorstufe des Selbstmordes, an den sie oft als die einzige Lösung denken muß, wenn sie sieht, wie ihr Mann vergeblich darum kämpft, Boden unter die Füße zu bekommen und die Familie durchzubringen. Er trägt nicht zueinander passende Kleidungsstücke, Jeanshose und eine Stoffjacke, unter dem Hemd ein rotes Unterhemd, das am Kragen sichtbar ist. Schon seine Erscheinung stempelt ihn zu einer Randexistenz. Einmal sieht ihn ein Straßenpassant an sich vorbeigehen und hört, wie er für sich aber vernehmlich murmelt »Ich brauche eine Million, eine Million, eine Million.« Mehr und mehr nimmt er Zuflucht zur Introversion. Er spricht leise. Sein Gesicht wird überfroren von einem ironischen Lächeln, das Lächeln eines Menschen, der auf ohnmächtige Weise den Wahnsinn des Lebens durchschaut. Obwohl er noch keine Dreißig ist, ist er schon alt, denn er steht außerhalb des Lebens der anderen, außerhalb der Hoffnungen. Vielleicht wird er ein Verbrechen planen, einen Bankeinbruch, einen Überfall.

Das Kind dieses Paares, ein kleiner Junge, ist schwer verhaltensgestört. Er hat eine wunde Stirn, weil er immer mit der Stirn gegen die Lichtschalter schlägt: Licht an, Licht aus. Es ist ein richtiger Zwang, von dem er sich minutenlang nicht lösen kann.

Er wird überfüttert mit Süßigkeiten, ein süchtiger Cola-Trinker.

Die Frau kämpft um das Bild, das sie von sich hat. Sie geht in Antiquitätenläden und kauft einen hübschen Gegenstand, ein schönes Glas, eine Vase, einen Nähkasten, bloß um eine kultivierte Dame spielen (sein) zu können und sich eine Viertelstunde lang mit der Antiquitätenhändlerin unterhalten zu können. Sie spielt diese Rolle sehr gut und erspielt sich vorübergehend eine bessere Identität. Kurz danach bricht das zusammen. Sie kann die Telefonrechnung, die Miete nicht bezahlen, kann nicht einmal etwas zum Essen kaufen.

Trotzdem bringt sie es fertig, immer elegant auszusehen. Sie ist eine Dame.

Die jüngere Freundin war früher mit einem Beutel Gefrierkost zu ihr in die nächste Stadt gefahren und sie hatten bis zum Morgen geredet, waren dann ins Bett gesunken! Beide hatten sie versucht, sich zu bestätigen und über das Leben einig zu werden. Die jüngere Freundin hatte sich später als die Tüchtigere erwiesen.

Herbstfeuer

Er ist ein Mann von Ende Fünfzig. Beruflich erfolgreich, verheiratet, hat mehrere, fast schon erwachsene Kinder. Er hat eine Geliebte, mehr als zehn Jahre jünger als er (Ende oder 2. Hälfte Vierzig). Bisher hat er sein Leben vor Augen gehabt, wie es sein wird bis zum Schluß. Dann lernt er ein 19jähriges Mädchen kennen. Sie tanzt bei einer Vernissage in einer Gymnastikgruppe, die in roten und orangenen Trikots ein flackerndes Feuer darstellt. Er ist fasziniert von ihr, ihre Blicke treffen sich, als sie an ihm vorbei tanzt. Es ist ein plötzliches Erkennen, das er wieder verdeckt. Später reden sie miteinander. Er sieht sie wieder, sie schlafen miteinander. Er nimmt sie auf eine Reise mit. Die Affäre nimmt jetzt eine andere Bedeutung an. Sie stehen beide in Flammen. Er sieht in ihren Augen eine entsetzte Sehnsucht, eine wilde rückhaltlose Hingabe, und das reißt ihn aus seiner Routine, seiner Lethargie. Sie errät alle seine Wünsche. Und sie ist es, die ihm sagt, daß sie mit ihm leben will. Indem sie es ausspricht, bringt sie seine Phantasie in Bewegung. Er will noch einmal leben, phantastisch, hingerissen. Er will alles tun, was er früher einmal versäumt hat, mit einer anderen Frau.

Dieses Mädchen hat keinen Vater gehabt. Mehrere Liebesverhältnisse mit anderen Männern sind schon vorausgegangen. Nun kulminiert alles. Sie will seine Phantasie beherrschen, will sich ganz in ihn einnisten. »Ich will, daß du zu mir kommst.« Bei jedem Telefongespräch, bei jeder Begegnung phantasiert sie davon. Inzwischen ist es eine offene Leidenschaft. Er geht fast jeden Tag zu ihr. Manchmal schleicht er sich nachts aus dem Haus und trifft sich mit ihr, zum Beispiel in der frühen Morgendämmerung in einem Park. Dann bleibt er plötzlich bei ihr. Gibt seine Familie, seine Freunde und sozialen Beziehungen auf und zieht mit ihr zuerst in ein Hotel, dann in eine kleine Wohnung. Er lebt dort wie in einem Versteck. Er läßt sich längere Zeit beurlauben. Er wird auffällig. Lieblingsbeschäftigungen in der ersten Zeit: Er macht mit ihr Einkäufe, kauft ihr erotische Kleider. Zu Hause probiert sie sie vor seinen Augen an. Das ist jedesmal der Auftakt zu einer leidenschaftlichen Umarmung. Er beginnt, sich überall mit ihr zu zeigen, narzißhaft stolz auf seine junge Frau. Er sieht das Kopfschütteln seiner Altersgenossen und fühlt sich erhaben über die anderen Männer in ihren alten Ehen.

Nach einigen Wochen aber versuchen Freunde und Verwandte oder Kollegen, ihn zur Vernunft zu bringen. Das Ganze war in ihren Augen eine verständliche, ein bißchen verrückte Leidenschaft, aber ein Mann seines Alters, seiner Erfahrung und sozialen Stellung kann doch darin nicht untergehen. Er hat doch auch eine Verantwortung gegenüber seiner Familie, aber auch gegenüber einem so jungen Menschen. Heimlich trifft er sich zu einer Aussprache mit seiner Frau. Aber sie überbrücken die Kluft nicht. Die Frau verhält sich distanziert, erzählt ihm, daß seine Kinder, die zum Teil auch schon verheiratet sind, den Kopf über ihn schütteln. Die Frostigkeit seiner Frau verrät, wie tief er sie gekränkt und befremdet hat. Er ist für sie nicht mehr der Mensch, mit dem sie über fünfundzwanzig Jahre zusammen gelebt hat. Sie findet, daß er sein Gesicht verloren hat. Aber diese Szene müßte auch ambivalent sein. Er sieht sich ja selbst mit Befremden, er kann diese Zurückweisung schwer ertragen. Einen Moment lang, als die Auseinandersetzung sich festgefahren hat, kommen sie im Gespräch auf andere Dinge und auf einmal sind sie sich unbewußt einig wie Menschen mit verwandten Erfahrungen, gleichem Geschmack und ähnlichem Alter es sein können. Dem kontrastiert eine andere Szene, in der er seine neue Freundin, das junge Mädchen, zusammen mit deren Altersgenossen erlebt (sie haben sie besucht). Er kommt sich dabei völlig fremd und unpassend vor. Sie sitzen alle im Kreis auf dem Fußboden. Er gehört nicht dazu, wird von den jungen Leuten mehr oder weniger übergangen, beiseite gestellt. Sie hat das wohl bemerkt und ist nachher besonders zärtlich zu ihm. Sie hat Angst, daß er sich entfernt. Sie will immer und überall mit ihm zusammen sein. Aber das will er nicht. Er geht wieder seinem Beruf nach, kann sie nicht überall gebrauchen. Inzwischen überwiegt das Unpassende, Erklärungsbedürftige dieser Liebesbeziehung oft seinen narzißhaften Stolz, mit dem er sich zunächst auch öffentlich zu ihr bekannt hat. Er hat auch Bedürfnisse, auf die sich seine junge Freundin schwer einstellen kann. Sie will am liebsten ununterbrochen mit ihm in Kontakt sein. Er möchte manchmal für sich sein und zum Beispiel lesen. Wenn er das ungeduldig geltend macht, sieht er, wie sie erschrickt und zurückweicht, aber er weiß, sie paßt sich nur an, hat ihn nicht wirklich verstanden.

Dann kommt es zu einer vorübergehenden Trennung. Er muß verreisen, und sie fährt zu ihrer kranken Großmutter, die eigentlich in ein Altersheim müßte. Sie ist bei dieser Großmutter aufgewachsen, weil ihr Vater tot und ihre Mutter berufstätig war (oder andere Männergeschichten hatte, bei denen das Mädchen gestört hätte). Die Tage und vor allem die Nächte bei der Großmutter werden zum Alptraum. Die Großmutter hat kaum noch ein Gedächtnis und ist tief desorientiert und unruhig. Manchmal erkennt sie ihre Enkelin nicht wieder. Mitten in der Nacht steht sie auf und will Frühstück machen, läßt sich nicht davon überzeugen, daß es erst in fünf Stunden Morgen ist. Vielleicht wird sie in der Dunkelheit von einer unbewußten Angst heimgesucht und will einen bekannten Vorgang wie das Decken des Frühstückstisches dagegensetzen. Das junge Mädchen ist dem Geschehen nicht gewachsen, kann aber ihren Freund nicht erreichen unter der angegebenen Adresse und Telefonnummer. Er ist bei seiner früheren Geliebten, die ihn aufgenommen hat, wenn auch zögernd. Aber sie ist auch einsam. Er erzählt ihr alles und dabei gewinnt er Distanz. Als er das junge Mädchen wiedertrifft, gesteht sie ihm, daß sie schwanger ist. Er redet auf sie ein, sie solle das Kind abtreiben. Sie will nicht. Sie hat die Hoffnung gehabt, daß er sie jetzt mit dem Kind ganz annimmt und sich zu ihr bekennt. An seinem Drängen erkennt sie ihre Einsamkeit. Sie läuft weg. Er bekommt Angst, sucht sie. Sie bleibt tagelang verschwunden. Er ist zunächst in einer Panik. Schließlich gibt er eine Vermißtenanzeige auf, fährt wieder zu seiner alten Geliebten, die ihn vorübergehend aufnimmt. Er nimmt wieder Kontakt mit seiner Frau auf und bereitet seine Rückkehr vor. Später trifft er das junge Mädchen auf der Straße. Es kommt zu einem Gespräch. Sie sagt, er brauche sich keine Sorgen mehr zu machen, sie habe eine Fehlgeburt gehabt. Man trennt sich, um sich nie mehr zu sehen.

Es muß deutlich werden, daß das Mädchen die schlimmste Krise seines Lebens hinter sich hat und davon gezeichnet ist. Er ist froh zu entkommen. Das Engagement, von dem er zunächst geträumt hat (alles riskieren, um noch einmal neu anzufangen), hat ihn überfordert. Jetzt siegen sein Realismus, sein Alter, sein Relativismus. Auch die alte Geliebte, die er wieder aufsucht, hat eine Position der Resignation erreicht. Sie hat ihre Verzichts- und Enttäuschungserfahrung schon hinter sich, als sie in der Geschichte auftaucht (als der Mann sie unerwartet besucht, ist sie gerade dabei, Pakete für die Kinder ihrer Freundinnen zu packen, ihre Patenkinder). Sie reagiert ambivalent auf ihn, mit innerer Reserve, aber doch auch irritiert. Sie läßt sich seine Geschichte mit dem jungen Mädchen erzählen und findet sie traurig und schlimm, aber vorhersehbar. Es ist ja auf andere Weise auch ihre Geschichte gewesen. Instinktiv könnte sie sich auf die Seite des Mädchens schlagen. Aber es ist ja auch eine Rivalin. Es ist gerecht, daß es auch diesmal nicht klappt, was in ihrer Beziehung zu dem Mann auch nicht geklappt hat. So telefoniert sie mit der Ehefrau, sie wirkt heimlich an seiner Rückkehr in die Ehe mit.

Die Ehefrau hat einerseits immer die Position bezogen, daß er eine riesige Dummheit begangen hat, ist aber auch verletzt. Sie geht auf den neuen, durch die (alte) Geliebte vermittelten Kontakt mit Vorsicht wieder ein, weil sie begreift, wie irritiert er ist. Vielleicht mußten sie alle diese Erfahrung machen, könnte sie denken. Aber natürlich ist nichts mehr so wie vorher.

Der Lokomotivführer

Vor dem ersten Weltkrieg verkaufen kinderreiche arme Häusler ihren ältesten Sohn an ein kinderloses Bauernehepaar, das eine Arbeitskraft braucht. Es wird ein Vertrag aufgesetzt über Unterkunft, Ernährung und Bekleidung des Jungen durch die Bauern. Dann bezahlen die Bauern 300 Mark an die Familie und der Junge geht zu den Bauern. Er ist ein unterernährtes Kind, das von der Bauersfrau gemästet wird. Beim Essen wird ihm häufig schlecht, weil sein Schrumpfmagen an so schwere Kost nicht gewöhnt ist. Der Junge arbeitet auf den Feldern. In seiner Freizeit geht er immer zum Bahnhof und beobachtet die vorbeifahrenden Züge. Er ist fasziniert von den Lokomotiven. Er fällt einem Lokomotivführer auf, der ihn einmal mitfahren läßt. Bis zur nächsten Station. Der Junge läuft die ganze Strecke zu Fuß zurück, begeistert von seiner Fahrt auf der Lokomotive.

Er wird vertraut mit verschiedenen Lokomotivführern; einer sorgt dafür, daß er eine Stelle in der Schlosserei der Bahn bekommt. Später wird er selbst Lokomotivführer. Er fährt Züge im ersten Weltkrieg und auch noch mit 70 Jahren im 2. Weltkrieg durch Rußland. Er wird sehr alt. Die Welt verändert sich. Die Dampflokomotiven haben längst ausgedient. Das Neue fasziniert ihn nicht mehr. Flugzeuge sind für ihn in einer anderen Welt. Er ist nie geflogen. Seine Enkel interessieren sich nicht für seine Lebensgeschichte, seine Erinnerungen. Er ist einsam mit seinem Traum von der Dampflokomotive. Aber sein Friseur, der manchmal kommt, um den gebrechlichen alten Mann zu rasieren, hört ihm zu.

Die Befreiung (Die Ankündigung)

Ein Mann, der seiner Frau das Studium bezahlt. Er selbst ist nicht so intelligent wie sie, was er anerkennt. Er hat für sich die Rolle des uneigennützigen Freundes ausgesucht. Er ist und bleibt ein mittlerer Angestellter, der es nicht weiterbringt. Immer wird er von anderen, jüngeren Männern überholt. Männer, die inzwischen besser zu seiner Frau passen würden, die längst Studienrätin ist (er ist Kassierer in einer Bankfiliale, einer Sparkasse.) Er hat ihr zu Anfang gesagt: »Wenn du mich mal nicht mehr brauchst, bring ich mich um.« Sie hat ihm, und auch wohl sich selbst, vorgespielt, daß sie ihn braucht, daß er der Mann ist, ohne den sie sich nicht im Leben zurechtfinden würde. Sie hatte eine gewisse Kindlichkeit und praktische Hilflosigkeit kultiviert. Nun sind sie 25 Jahre verheiratet und tun immer noch so, als ob sie beide ein symbiotisches Paar wären. Aber alles das ist nur noch Ritual. Zur silbernen Hochzeit machen sie eine Reise. Sie sind wenig verreist, sie können nicht mit fremden Situationen umgehen, haben oft einen Urlaub schnell wieder abgebrochen, weil sie sich zuhause sicherer fühlen. Sie hat nicht immer die Kraft zu ihrer ehelichen Rolle, spielt schlecht. Irgendeine Kleinigkeit am Abend des Hochzeitstages führt zur Verstimmung. Sie nimmt eine Schlaftablette. Er gibt sie ihr, mit Wasser, fürsorglich wie immer. Als sie am hellen Morgen spät aufwacht, baumelt er im Fensterkreuz. Er hat sich erhängt.

Die Betrüger

Lo's Geschichte. Sie lernt nach einem esoterischen Meeting bei den Pyramiden auf der Weiterreise nach Jerusalem dort den Glashändler O. kennen, einen Beduinen aus dem Sinai, der im Hyatt-Hotel mundgeblasenes Glas verkauft. Sie wird dessen Geliebte. Sie ist kurz vor Sechzig, er dreißig Jahre alt. Sie ist als Schauspielerin, als Künstlerin gescheitert und die Phantasie der großen Liebe (nach zahllosen gescheiterten Verhältnissen und Amouren zum Teil auch aus Karrieregründen) ist der letzte Fluchtweg in die Illusion und verschmilzt mit esoterischen Weltuntergangs- und Weltrettungsphantasien. Sie hat für ihre narzißtischen Phantasien alles Geld ausgegeben (kleine Erbschaft, Filmhonorar, anschließende Talkshowhonorare und Abstand von 50.000 für Räumung ihrer Wohnung) und hat außerdem Schulden gemacht. Die Beziehung zu ihrem letzten Geliebten, einem verheirateten Mann u. Intellektuellen, der sich nicht dazu bewegen ließ, ihre Spinnereien und ihren Größenwahn zu bestätigen, ist in zunehmendem Streit auseinander gegangen. Auch sonst hat sie sich überall durch ihr penetrantes, wahnhaftes Verhalten isoliert. Sie hat einen fast schizophrenen Text auf eigene Kosten veröffentlicht und dazu noch einen Video-Film gedreht, in der verrückten Vorstellung, das begründe ihren »Welterfolg«. Aber sie hat überhaupt kein Echo darauf gehabt usw. Sie hat einen Hungerstreik gemacht, um wieder eine kleine Wohnung zu bekommen. Ihre Auftritte in der Öffentlichkeit waren grell, bizarr, geschmacklos und lächerlich – eine Meisterin der unbewußten Selbstdemontage.

Und nun diese »Liebesgeschichte« in Jerusalem. O. will Geld aus dieser Frau herausschlagen. Zuerst hat er sie vielleicht falsch eingeschätzt, hat geglaubt, sie sei ein Filmstar, wie sie ihm erzählt hat. Dann wird er gemerkt haben, daß sie eine Phantastin ohne Geld ist. Sein Einsatz ist, daß er sie mit Hilfe von Freunden in einer täuschend inszenierten Trauzeremonie »heiratet«. Sie weiß zwar auch, daß das keine amtliche Trauung ist, aber das verdrängt sie. Jetzt sieht sie darin eine heilige Verbindung und idealisiert den Glasverkäufer zu einem Freiheitskämpfer, Volksführer, Schamanen, Retter der Menschheit und behauptet, mit ihm in einem imaginären Gespräch zu stehen.

An dieser Mythenbildung hat er einen Anteil, denn er erzählt ihr, sie müsse ihn freikaufen (von seiner Familie, die ihn verheiraten wolle und ihn als Ernährer nicht freigeben will, und von der israelischen Regierung, die ihn, eine verdächtige Person, nicht ausreisen lassen wolle). Sie greift das alles begierig auf und versucht das Geld (50 000 DM) zu beschaffen. (Siehe die Aufrufe, den Hungerstreik auf der Domplatte.) Sie ist inzwischen durch die zwei Hungerstreiks, ihre Armut und ihr unstetes Leben zu einer hexenhaften Erscheinung geworden, mager und faltig, aber fanatisch, mit blauen blitzenden, grellen Augen, wütend geschminktem Mund, über und über mit billigem orientalischem Schmuck behangen. Niemand reagiert auf ihre Spendenaufrufe. Aber am letzten Tag spricht sie ein Mann um die Fünfzig an: Johannes, ein Oberstudienrat, ehemaliger 68er mit drei gescheiterten Ehen (die Frauen sind ihm weggelaufen), der die Wahnidee entwickelt hat, sich selbst durch die mystische Teilhabe an dieser großen Liebe zu retten. Er will das Geld aufbringen. Sie und er sind Geschwister, eine im Himmel vorbestimmte Verbindung. Aber für sie ist das doch nur eine Ergänzung ihrer heiligen leidenschaftlichen Beziehung zu dem Gottprinzen Omar.

Zuerst reist sie mit Johannes auf dessen Kosten nach Rom, um den Filmregisseur F. aufzusuchen und eine neue Filmrolle an Land zu ziehen. Der ist aber in einem Bad an der Adria (Rimini), dreht auch keinen Film. Die beiden bleiben einige Tage in Rom. Er kauft ihr neue Kleider, sich selbst einen Seidenanzug (totale Verkleidung für einen vergammelten 68er), um bei dem Filmregisseur auftreten zu können. Sie wohnen im selben Hotelzimmer (?), berühren sich aber nicht. Er onaniert nur neben ihr in seinem wahnsinnigen Masochismus der passiven Teilnahme am Glück der anderen. (Der ganze Trip ist für ihn eine Aktion halb bewußter Selbstbestrafung, bei ihr ein Selbsterhöhungstrip zur Krönung ihres gescheiterten Lebens, für O. ein Versuch, die beiden auszubeuten und sich mit dem Geld davonzumachen.) Johannes will Omar kennenlernen, sich mit ihm verbrüdern und dann das Geld beschaffen: Stifterfigur der großen Liebe und Leidenschaft, die ihm versagt geblieben ist. Omar, der praktische Psychologe, spielt mit. Ohne sich besonders anstrengen zu müssen, denn die beiden Verrückten sind die Regisseure des Selbstbetrugs und nicht davon abzubringen. Omar verschwindet mit dem Geld. Was findet nun in den beiden anderen statt? Drei völlig verschiedene Perspektiven. Zwei Wahnsinnige und ein schäbiges Realitätsprinzip, vertreten durch den kleinen Gauner O., der auf die billigste, unglaubhafteste Weise an das Geld kommt, weil die beiden anderen verrückt sind und sich selbst betrügen. Wie gehen sie mit der Erfahrung um, daß Omar mit dem Geld verschwindet? Sie wird einen neuen Mythos erfinden. Man hat O. entführt, vielleicht getötet. Aber Johannes? Er kann keinen Sinn entdecken, es sein denn, sie wendete sich ihm zu. Aber das wird sie nicht, um ihren Mythos aufrechtzuhalten.

Beobachtungen, Impressionen

Autobahnfahrt im Frühling, erste Hälfte Mai, bei schönem Wetter.

Blaßblauer Himmel, darin vereinzelte stillstehende Wolken, als gehörten sie zu einem Bild. Sie müssen sich verändern. Aber er sieht es nicht. Mückenleichen sprenkeln die Frontscheibe, geplatzte Insekten, mit kleinen Blutspritzern, entleerte Hüllen. Der Horizont diesig, ein sehr helles Licht. Grelle gelbe Blumen an den Böschungen der Autobahn. Rebfelder, flach und sanft gewölbt. Das helle Grau der alten Autobahndecke, der teerverschmierten dunklen Gußnaht. Abgefahrene weiße Markierungen, unterbrochene Linie, Balken, die auf ihn zufliegen. Die Rebfelder, braun, sienafarben, lehmig, tonig, darauf das Gittermuster der Rebstöcke, der Drähte, blaue Kunststoffnetze am Boden, die später im Jahr hochgezogen werden, um die reifenden Trauben vor Vögeln zu schützen. Ein Dorf in einer Senke, davor eine Pappelgalerie, das helle Laub, die noch sehr kleinen Blätter. Rote Dächer, der Kirchturm. Gebüsche an der Autobahn, blühende Wilde Kirsche an den Waldrändern. Dann Kiefern, vor allem Fichten. Schierling überzieht das junge Gras der Wiesen mit seinen filigranen Baldachinen, weißes Netzwerk, zart durchsichtig, schwebend, ein knallgelbes, grelles Feld von blühendem Raps am Waldrand. Ein Feld, das geeggt wird, der Trecker rot mit Schutzdach, der Fahrer, ein Mann im blauen Overall sitzt auf der Egge. Die geriefelten Felder. Blühende Apfelbäume, alte dicke Stämme, darunter Gras, Schierling, Löwenzahn.

Erinnerung: Er ist an einem Morgen ganz früh aus einem Haus, in dem er Übernachtungsgast ist, gegangen und durch den Apfelgarten gewandert. Die Hausfrau, eine Frau, die eine unverwirklichte Beziehung zu ihm hat, ist ihm nachgegangen. Er hat sie kommen sehen, ratlos, mit Herzklopfen durch das taunasse Gras des frühen Morgens. Wo ist ihr Mann? Noch da, schon fortgefahren? Sie sprechen sich an. Moment der ungesprochenen Geständnisse. In den Wiesen blühen Margeriten.

Eine Nebenstrecke der Eisenbahn. Ein grauer Triebwagen, oder dunkelrot mit einem zweiten Wagen, erscheint hinter einer Bodenwelle, fährt parallel zur Autobahn, verschwindet hinter einer Baumreihe, hinter einem Hügel, nur das Dach ist noch zu sehen, dann wieder die Fensterreihe, dann scheint der Zug in der Versenkung zu verschwinden, auch zurückzubleiben. Holunderbüsche blühen am Bahndamm.

Das Gras glänzt im Sonnenlicht weißlich, wässrig, wie mit Fett bestrichen.

Ein Rudel äsender Rehe am Waldrand, ruhig mit den Köpfen am Boden, nur eins blickt auf.

Feld mit Vogelscheuchen.

Ein Bachlauf, ein lichter Auwald, hell-grünes Laub. Die Bachränder beflaggt mit ausgewaschenen weißlichen Plastiktüten.

Überlandleitung. Schöne, elegant strukturierte Masten, die schwingenden Stromkabel, sehr leicht in dem hellen Licht.

Er ist müde, seine Frau fährt, er möchte schlafen, dreht den Liegesitz in eine fast waagerechte Stellung zurück und schließt die Augen. Die Geräusche der Fahrt, die Beschleunigungswechsel, Verschiebungen nach links und rechts beim Fahrbahnwechseln und beim Überholen. Er hört den brummenden Motor und das Singen der Reifen eines Lastzuges, der überholt wird. Er schläft nicht richtig, manchmal öffnet er die Augen, sieht dann flach über die Motorhaube hinweg die Straße mit den Fahrzeugen, die Landschaft, den Himmel mit den stillstehenden weißen Wolken. Er döst, wacht nach einer halben Stunde auf. Die Landschaft hat sich verändert. Sie fahren auf einen Parkplatz, um etwas zu essen, sich zu bewegen. Er geht pinkeln, rekelt sich.

Ein Händler will ihnen Wein verkaufen. Er sei Winzer, habe zufällig ein paar Flaschen im Auto. Er weist ihn ab, sieht dann, wie der Mann und ein anderer von Auto zu Auto gehen und überall abgewiesen werden.

Bald werden sie zuhause sein.

Das Schlafen während der Fahrt war ein Vertrauensbeweis. Sonst hat er immer aufgepaßt, wenn seine Frau fährt.

Eine Großstadtstraße (Alteburgerstraße) in der Sonne. Auf dem Bürgersteig angetrocknete Flüssigkeitsspuren, dunkel, wie Urin, der von den Hauswänden weggelaufen ist, zungenartige dunkle Flecken, sich manchmal verzweigend. Scheinen schon sehr alt zu sein, eingezogen in den Stein, nicht mehr verblassend. Er wundert sich darüber.

Das Hinfallen der Brille in Italien. Blickt durch das zersprungene Glas und glaubt zuerst, es hingen ihm ein paar Haarsträhnen vor dem Auge und will sie wegwischen, dann erst bemerkt er, daß das Glas kaputt und vielfach gesprungen ist.

Besuch beim Optiker, das Aussuchen einer neuen Brille, die Augenprüfung.

Die Tanzenden / Die Mutter

Die Mutter war ein uneheliches Kind (es wird vermutet, der Vater sei ein jüdischer Journalist gewesen – aber die Mutter war blond und sah sehr deutsch aus). Bis zu ihrem zehnten Lebensjahr galt sie als die jüngere Schwester ihrer Mutter, wegen der in der Familie herrschenden ländlichen Prüderie. Sie hat es dann auch erst selbst erfahren, daß sie ein uneheliches Kind ihrer Mutter war.

Die Großmutter war eine konservative, aber sinnliche Frau. Bekam mehrere Töchter (die Mutter war die Älteste)! Der Großvater leitete die Krankenpflege im psychiatrischen Landeskrankenhaus und war vermutlich in der NS-Zeit beteiligt an der Tötung Geisteskranker (Erbkranker). Auch darüber wurde nie gesprochen.

Die Mutter, als uneheliches Kind besonders auf Anpassung bedacht und den Großeltern ergeben, vergötterte ihre Mutter. Sie war eine hervorragende Schülerin und musikalisch begabt. Es wurde viel Musik gemacht. Auch die Männer aus der Elterngeneration der Großeltern der Erzählerin hatten schöne volle, wohlklingende Stimmen und sangen in Chören. Es gab Liederabende mit Löwe-Balladen. Die Mutter bekam keinen Klavierunterricht. Sie hat davon phantasiert, sie könne sich ans Klavier setzen und auf dem Klavier herumspielen und würde dann auf Grund einer Eingebung plötzlich Klavierspielen können. Es würde ihr sozusagen geschenkt werden. Stattdessen bekommt sie ein Kochbuch geschenkt und erlebt das als eine Kränkung und Ernüchterung. Ihr bleibt nur das übliche Frauenschicksal. Sie ist die Schönste der Geschwister und zieht früh die Männer an. Der Großvater soll sich an ihr sexuell vergangen haben.

Sie erlebt das Begehren der Männer als einen ihr überlegenen Willen, als eine Autorität, der sie nichts entgegenzusetzen hat. Sie hat nur gelernt sich anzupassen, zu gehorchen, zu Gefallen zu sein. Sie war eine gespaltene Person (man konnte sie für eine Heuchlerin, eine unehrliche Person halten), denn sie war prüde und normbewußt, ganz und gar angepaßt und konventionell und urteilte so auch über Menschen. Aber zugleich war sie sexuell haltlos, betrog ihren Mann, den sie eigentlich liebte, mit dessen Bruder, obwohl der mit ihrer jüngeren Schwester verlobt war.

Die jüngere Schwester (Tante der Erzählerin) hat die Mutter mit ihrem Verlobten im Bett entdeckt und die Verlobung aufgelöst.

Erzählungen der Mutter und des Onkels über den Tod des geliebten Vaters haben die Frau seit ihrer Kindheit irritiert und beunruhigt. Es war für sie, als sei der Vater entrückt worden, verschwunden ins Unkontrollierbare, als sei er überhaupt nur ein Traumbild gewesen.

Und es gibt auch eine traumähnliche Erinnerung. Bei einer großen Familienhochzeit, sie war etwa vier Jahre alt, hat der Vater sie auf den Arm genommen, um so mit ihr zwischen den anderen Gästen (auch die Mutter, der Onkel, die ganzen Familienmitglieder waren da und natürlich noch andere Gäste) auf der großen Tanzfläche des Hotelsaals zu tanzen. Sie hat auch daran diffuse, teils auch genaue Erinnerungen. Es war ein überwältigendes, beglückendes Erlebnis. Sie war stolz auf den Armen des geliebten Vaters durch den Saal zu schweben mitten unter den Tanzenden bei, wie sie fand, wunderbarer Musik. Sie hatte ein rotes Samtkleid an, das allgemein bewundert worden war. Die eigenen Erinnerungen haben sich aber mit Erzählungen, die in der ganzen Familie (der Generation ihrer Eltern) immer wieder aufgetischt wurden, untrennbar vermischt. Alles ist halb fiktiv u. imaginär. Danach hat der Vater sie schließlich auf dem Tanzboden abgesetzt und sie hat sich vor Glück und Müdigkeit, denn es war schon spät, auf der Tanzfläche schlafen gelegt (mit dem Daumen im Mund). Die ganze Gesellschaft hat um das kleine schlafende Mädchen herumgetanzt. Es war der Höhepunkt des Festes. Dann wurde sie ins Auto getragen. Und so sieht sie eigentlich immer noch diese ganze Generation ihrer Eltern: – freundliche, schöne Menschen, die um sie herumtanzen. Nur daß manches nicht stimmt.

Von dem plötzlichen geheimnisvollen Tod ihres Vaters geht ein Schatten aus, der die ganze Erinnerung verdunkelt. Was ist damals wirklich passiert? Sie neigte dazu, die politische Mordthese zu glauben, weil das dem Vater einen Nimbus gab. Die Mutter war eine schöne, strenge Frau, die aber Männergeschichten hatte. Sie war (später) die Geliebte des Onkels, der ein Frauenheld, aber ein kultivierter, angesehener Mann war, viel erfolgreicher als sein Bruder. Er hatte viel Charme. Ein gewinnender, spontaner Mensch. Nach den Erzählungen, die in der Familie umgehen, ist die Mutter bei der Reise ins belgische Lazarett, bei der sie der Onkel begleitet hat, die Geliebte des Onkels geworden (und blieb es bis zu dessen Selbstmord ein Jahr nach dem Krieg).

Aber auch das ist nicht wahrscheinlich.

Wenn die Mutter dort (auf der Fahrt zum Sterbebett des Vaters) die Geliebte des Onkels werden konnte, dann ist eigentlich eher etwas anderes wahrscheinlich: Sie war schon seit einiger Zeit die Geliebte des Onkels. Der Vater hat sich deshalb so an seine Tochter geklammert (auch bei der Hochzeitsszene als der Onkel mit der Mutter tanzte). Der Vater, der von seinem erfolgreichen, jüngeren Bruder gedemütigt wurde durch den Betrug und sozial (kulturell schon seit je), hat Selbstmord gemacht. Der Onkel hat deshalb immer Schuldgefühle gehabt. Und das war auf der Ebene des Unbewußten auch der Grund für seinen späteren Selbstmord. Denn als ihn seine Frau, die er immer betrogen hat (es war die jüngere Schwester der Mutter), plötzlich verließ und sich vor ihm versteckt hielt, hat er sich in einem Hotelzimmer erschossen. Das war ein spiegelbildlicher Selbstmord. (Vertrauensbruch auch da.) Das ist die Version, zu der die Romanheldin in einem schubweisen Erinnerungs- und Erkenntnisprozess allmählich vordringt.

Sie ist viel zwingender, als die Erzählungen der Mutter und des Onkels, die aus dem Bedürfnis der Verschleierung entstanden waren (denn sie haben sich schuldig gefühlt). Allerdings bringt auch diese Version keine Gewißheit. Sie bleibt eine Hypothese. Wäre sie wirklich wahr, würde das ihr Erwachen aus ihren unbewußten Zwängen bedeuten, so aber sinkt sie wieder in den Lebenstraum zurück: Sie ist das kleine Mädchen mit dem roten Kleid, das vom Vater schwebend getragen worden ist und dann auf der Tanzfläche in einem Wachtraumschlaf gesunken ist, umgeben von freundlich lächelnden Phantomen, die Elterngeneration mit ihren versunkenen Dramen, an die sie immer noch gefesselt bleibt wie an einen Traum, aus dem sie nicht erwachen kann. Das Bild des Tanzes um das schlafende Kind stellt sich zum Schluß wieder her und die Welt wird wieder zum undurchdringlichen Traum.

Sie selbst ist nicht so schön geworden wie ihre Mutter, nicht so kalt und konventionell an der Oberfläche. Auch die Mutter war eine leidenschaftliche, triebhafte Frau. Aber da sie nicht in der Familie aufgewachsen war, sondern bei ihren Großeltern, hat sie sich in der Familie immer als Fremde gefühlt, und hat sich (auf ihren guten Ruf bedacht) immer darum bemüht, ihre Kinder zu respektablen Bürgern zu erziehen und ganz besonders ihre Tochter. Die aber hat revoltiert, tut es durch ihr Leben immer noch, obwohl die Mutter längst tot ist. Den Selbstmord des Onkels hat die Mutter nur acht Jahre überlebt. (?)

Als die Nachricht kam, daß der Onkel sich erschossen hatte (oder andere Selbstmordart, vielleicht mit dem Auto), hat sie stumm die Hände vors Gesicht geschlagen und wie versteinert da gesessen.

Die Tochter erinnert sich, wie sie mit der Mutter in einem Bett geschlafen hat, bei einer Familienfeier, bei der viele Verwandte in einem Haus wohnten und die Lager knapp waren, sie denkt daran, wie die Mutter, als sie glaubte, die kleine Tochter schliefe, nachts aus dem Bett und dem Zimmer geschlüpft ist, vermutlich in das Bett des Onkels.

Aber dieser Onkel hat auch stets um die Tochter geworben. Sie war auch verliebt in den Onkel, hat mit der Mutter um den Onkel rivalisiert.

Ihre zwanghaften sexuellen Abenteuer und Verliebtheiten sind durch ihre Beziehungen zum Vater und zu dem Onkel vorgeprägt und durch ihre Revolte gegen die Mutter. Sie will immer zur Wahrheit vordringen, aber ganz gelingt ihr das nicht. Nur für einen vorübergehenden Erkenntnismoment, als ihr alles klar zu sein scheint und sie alles erschrocken versteht. Sie hat das Verhängnis erblickt. Und keinen dieser Menschen kann sie verurteilen. Es ist das verworrene Spiel des Lebens, in das sie blickt – ein Tanz von Phantomen um eine Träumende herum. Auch jetzt noch, da alle längst tot sind.

Das Problemzentrum der Geschichte ist die Mutter. Sie ist so etwas wie die Spinne im Netz. An ihr scheitern die beiden Männer und bringen sich beide um. Durch sie wird auch die Ehe des Onkels mit ihrer jüngeren Schwester zerstört. Aber alles das geschieht absichtslos wie ein Schicksal, das sich erfüllt. Als sie bei der Nachricht vom Selbstmord des Onkels, ihres Geliebten, die Hände vor ihr Gesicht schlägt und lange wie versteinert da sitzt (die Erzählerin, ihre Tochter war bei dieser Szene anwesend), da hat sie ihren Blick vor ihrem eigenen Anblick verhüllt. Sie hat sich als das Zentrum einer sich fortsetzenden Katastrophe begriffen. Sie war der Strudel, der alles in den Abgrund zieht: beide Männer und die Schwester (die allerdings überlebt).

Die Tochter hat diesen Strudel als ein existentielles Schwindelgefühl erfahren. Alles dreht sich ihr im Kreise. Alle Menschen bleiben Geheimnisse. Sie bekommt keinen Boden unter die Füße. Die Generation der tanzenden Eltern, die um das im Traumschlaf liegende Mädchen herumtanzt, bewegt sich weiter in einem Tanz der Phantome. Die Welt dreht sich vor ihren Augen. Alle Konturen lösen sich auf in diesem existentiellen Schwindel. Alles scheint sich zu vermischen, die beiden Männer, die Frau und alle anderen. Auch die Menschen, die in ihr Leben treten, Jahrzehnte danach. Die Mutter hat die Tochter gegen diese Auflösungstendenzen (die sie – die schöne kühle Frau – in sich trägt und mit denen sie die Männer zu Fall gebracht hat) zu erziehen versucht. Sie sollte eine kultivierte Dame werden und ein behütetes, sozial anerkanntes Leben führen. Aber die Tochter wurde das Gegenteil dieser Erwartung. Sie spielt die katastrophalen Liebesgeschichten der Mutter zwanghaft mit ihren eigenen Männergeschichten nach. Sie ist nun die Frau zwischen den beiden Männertypen, dem Vater und dem Onkel, die am Horizont ihrer Kindheit stehen. Es bleiben immer dieselben imaginären Akteure. Sie versucht das zu gewinnen, was ihre Mutter unbewußt zerstört hat. Das Verhängnis setzt sich fort. Der Strudel dreht sich weiter. Er ist noch nebelhafter und undurchsichtiger, noch phantasmagorischer geworden.

Wichtig auch die verschiedenen Zeitebenen: Das Hochzeitsfest mit der Tanzenden spielt kurz vor dem Krieg. Der Selbstmord des Vaters im Sommer 1944. Der Selbstmord des Onkels in der Nachkriegszeit, vielleicht 1947. Der Tod der Mutter in der Zeit der 68er Revolution. Die Gegenwartsebene, von der aus die verschiedenen Schichten der Vergangenheit durchdrungen werden, ist das Ende der achtziger Jahre (die deutsche Revolution).

Das Ganze ist eine an Faulkner erinnernde Geschichte. Die Verhängnisse und Mythen, die weiterwirkende Schuld aus der Vergangenheit. Vgl. »The sound and the fury.«
Ähnlich auch, was die Erzähltechnik angeht: Claude Simon.

Auch an die eigene Familie denken. Die Aachener und Honnefer Tanten und Onkel.

(XXX)

Man kann die verborgene Wahrheit noch verschärfen: Die Mutter u.d. Onkel haben den Vater umgebracht. Deshalb hat der Onkel später Selbstmord gemacht. Die Erzählerin hat den Onkel (den Mörder des Vaters) geliebt, ohne zu wissen, was geschehen ist.

Das zentrale Geheimnis ist die Gestalt der Mutter: die leidenschaftliche, kalte, auf Form und bürgerliche Respektabilität erpichte Frau, an der zwei Männer gescheitert sind.

Sie selbst allmählich verbittert.

Den Kampf gegen die Mutter hat sie verloren, denn die Mutter hat beide Männer als Mädchen vorbehaltlos geliebt, sich aber der Dressur der Mutter widersetzt.

Nur der Zwang (Wiederholungszwang) ihrer Sexualität (Suche nach dem älteren Mann) belastet sie.

Die Tochter ein weiblicher Hamlet.

Beobachtungen, Impressionen

Am Eingang eines Kaufhauses steht eine alte Frau, die Schleuderware verkauft und die Kunden durch ein Mikro anspricht. Als er vorbeikommt, lacht sie meckernd, vielleicht über einen eigenen Witz. Es ist ein durch den Lautsprecher verstärktes hexenhaftes Lachen, das ihn erschrocken hinblicken läßt. Es handelt sich um eine mollige, spießbürgerliche, vielleicht sogar mütterliche Frau. Das böse Lachen zeigt einen verborgenen und ganz unvermuteten Aspekt der Person.

Flug Aarhus – Kopenhagen. Sonniges Licht über den Wolken, blauer ungetrübter Himmel. Die weiße wattige Wolkenlandschaft. Manchmal reißt die Wolkendecke auf. In den Schluchten und Durchblicken das Meer, eine geriffelte, glänzende, metallische Fläche. Die Wellenberge sind völlig unbewegt, aus dieser Höhe ist nicht die geringste Bewegung erkennbar, das Meer ist eine dünne, gestanzte, schimmernde Metallhaut, absolut ruhig. Die Wolken zum Teil geformt wie Blumenkohl, zum Teil aufgelöst, wie weißer gasförmiger Dunst. Über dem Meer die Schatten der Wolken, dann wieder die sonnenbeschienene, metallisch schimmernde Fläche. Dann Land, beschneit, die Flächen weiß, die Waldstücke besenartig schwarz über dem weißen Boden, Straßen sind schneefrei, schwarze schmale Bänder oder Striche. Der Schnee wird dünner. Schwarze schattenhafte Verwischungen in den weißen Flächen, dann körniger Eindruck, der Schnee von Schwarz durchsetzt, schließlich nur noch Schnee in Mulden und Senken, an kleinen Hängen, sonst der ganze Boden schwarz. Ein kleiner See, noch zugefroren, Eis mit dünner Schneehaut. Der Meeresstrand ist ein Schneestreifen an den Dünen entlang. Die Wasserbewegung – ein Flimmern in der Metallhaut, weißes Aufschäumen der Wellen, vor allem der Brandung, aber immer noch wie weißliche Späne unbewegt. Das Flugzeug geht tiefer, Anflug auf Kopenhagen. Wieder geschlossene Wolkendecke. Das Flugzeug begleitet von seinem Schatten auf den Wolken, der aus der Tiefe näherzukommen scheint und größer wird. Wolkenberge, Dunstschleier, Reste von blauem Himmel, der riesenhafte Schatten des Flugzeugs auf einer Wolke, plötzlich alles weiß, neblig, vorbeifliegende Weiße, oben heller, jetzt grau, lichtlos, auf einmal Fetzen des Bodens, schon ziemlich nah, Bäume, Straßen, Schuppen, Weiden, die Landung beginnt.

Die Verzweiflung

Die Wut des alten Mannes (Erzählung)

Ein 85jähriger Mann, immer noch groß und kräftig, aber eben doch ein Greis, der nicht mehr lange zu leben hat, reich, mit einer jüngeren Frau (50jährig) lebend, die eigentlich nur seine Haushälterin ist, wird eines Tages bei einem kaum erkennbaren Anlaß von einer furchtbaren Wut überfallen, die ihn bis zu seinem Tod nicht mehr verlassen wird. Eine lebenslange Freundin, jetzt auch eine alte 70jährige Frau, hat einmal seinen Wunsch zurückgewiesen, mit ihr zu schlafen. Die Freundschaft ist danach wie immer weitergegangen. Die Freundin war Künstlerin, er ihr Mäzen, er hat Ausstellungen für sie organisiert, hat sie aber auch manchmal in München zum Essen ausgeführt, sich mit ihr bei Gesellschaften gezeigt, ihr und ihrem damaligen Liebhaber sein italienisches Ferienhaus (in der Toskana) zur Verfügung gestellt, aber er hat es wohl nicht verkraftet, von ihr als Mann zurückgewiesen worden zu sein. Es war eine furchtbare Kränkung, die er nicht verwunden hat, die er aber damals gar nicht so bewußt erlebt hat. Er hat es scheinbar akzeptiert und wie immer den freundschaftlichen Umgang weitergeführt. Nun will er sie nicht mehr sehen, nun zerreißt er ihre Fotos, die Fotos von gemeinsamen Unternehmungen und andere Andenken. Er schafft ihre Bilder aus seiner Wohnung. Sie soll für ihn gestorben sein. Sie erfährt das durch seine Frau, mit der sie auch befreundet war, denn es gab ja keinen Grund zur Eifersucht. Der Mann ist verzweifelt über das Versäumte. Er ist aus dem Leben, das er gewollt hätte, »unverdientermaßen«, wie er denkt, verstoßen worden. Und nun ist alles vorbei. Die Wut darüber ist sein Aufbäumen gegen den nahen Tod und das Ende von allem, das er nicht denken will, aber unter dessen Schatten er geraten ist. Nichts läßt sich noch ändern am Gesamtsinn des Lebens, nichts mehr korrigieren.

6. Das Alter

Köln, 11. März 2001

Liebe Ruth,

es wird höchste Zeit, daß ich Dir danke für Deinen freundschaftlichen Brief. Es hat so lange gedauert, weil ich noch ständig im Lande unterwegs bin, um Leseeinladungen zu folgen. Überall treffe ich große Auditorien, aber sehr bald entsteht durch die Lesung (den Text), dann noch mehr durch das anschließende Gespräch, die Atmosphäre eines intimen Austausches über das Leben, das offenbar viele Menschen auf ähnliche Weise erfahren. Was ich dargestellt habe, ist kurz gesagt die Situation von Menschen, die keine prägenden Traditionen, Moralsysteme oder gar religiöse Sinndeutungen haben, Menschen, die das Leben als eine begrenzte, zufällig zugestandene Chance begreifen und jeweils aus ihren verschiedenen Lebensgeschichten und individuellen Möglichkeiten versuchen, etwas daraus zu machen, ein mehr oder minder eigenes Projekt. Es ist eine Welt ohne Transzendenz. Jenseits oder über das Leben hinaus gibt es nichts. Insofern ist ein gewisser Materialismus die selbstverständliche Basis des Verhaltens, aber ich finde nicht, daß meine Personen Konsumidioten sind, sondern Personen, die anspruchsvolle Berufe gewissenhaft ausüben und darüber hinaus auch noch Interessen kultureller Art haben, natürlich eher im Sinne von Konvention. Immerhin, man kann sich auch über Virginia Woolfe unterhalten usw. Normale Menschen von heute also, denen ich gerecht werden möchte, auch indem ich sie in ihren Schwächen und Schematismen zeige.

Zwischen uns, Ruth, könnte sich eine Diskussion anspinnen, wieso religiös gestützte, asketische Lebensformen eine höhere Dignität haben als eine dingliche und sinnliche Zuwendung zur materiellen Welt. Aber ich finde eben nicht, daß Leonhard, oder Paul und Marlene überhaupt gute Beispiele für eine grundsätzliche Kritik wären, die von einem Welt- und Lebensbild abgeleitet ist, das für sie obsolet wäre. Anja ist für mich eine Person, die in einem existentiellen Nebel gelebt hat, bis sie Leonhard heiratet und an der Erfahrung des Falschen ihr Gefühl erwacht, allerdings in überbordender Heftigkeit und Totalität, mit der sie die anderen drei überfordert; sie wollen nicht den Boden unter den Füßen verlieren. Auch das klage ich nicht an. Ich versuche es vielmehr aus verschiedenen persönlichen Perspektiven sichtbar zu machen. Aber die Personen, die ja die Zukunft nicht kennen, handeln im Dunkel, in der Undurchsichtigkeit des Augenblicks. Keiner hat eine allgemein gültige Wahrheit, alle handeln in den Perspektiven ihrer Wünsche und ihrer Empfindlichkeiten.

Im Augenblick bin ich zu Hause und kuriere eine Leistenbruchoperation aus. Morgen beginnen schon wieder die öffentlichen Verpflichtungen. Ich habe eingewilligt in diese Tour de force, weil es definitiv die letzte sein soll. Daneben schreibe ich aber noch ein Buch mit dem Titel »Der verstörte Eros. Zur Literatur des Begehrens«, anhand ausgewählter literarischer Beispiele vom 18. Jahrhundert bis heute. Es soll im Herbst erscheinen.

Liebe Ruth, ich hoffe, es geht Dir gut und wir sehen uns in diesem Jahr einmal wieder.

Freundschaftliche Grüße auch von Maria –
Dieter

Dieter Wellershoff
Mainzer Straße 45
50678 Köln
22. November 2001

Frau Irma Drerup
Stauffenbergstr. 31
53359 Rheinbach

Sehr geehrte Frau Drerup,

haben Sie herzlichen Dank für Ihren spontanen Brief, durch den ich Sie als kluge Leserin und Anwältin meiner Bücher kennengelernt habe. Für einen Schriftsteller ist es die wünschenswerteste Form der Verbreitung seiner Bücher, wenn Leser andere Menschen zur Lektüre anregen, so wie Sie es in Ihrem Literaturkreis tun.

Es stört mich übrigens nicht, wenn Teilnehmer Ihres Literaturkreises bei der Lektüre von »Blick auf einen fernen Berg« sich mit dem Sterbenden gegen den Autor solidarisiert haben. Es ist sogar verständlich und zunächst einmal richtig, daß das Gefühl dem Sterbenden gilt und es Lesern deshalb schwerer fällt, den Gedanken zuzulassen, daß der Überlebende bei aller Nähe auch die Trennung von dem Sterbenden vollziehen muß, um nicht mit zu sterben. Oder um es anders auszudrücken, daß man der unentrinnbaren Tatsache des Todes, der ja jeden Menschen einholen wird, ein grundsätzliches Bekenntnis zum Leben entgegensetzen muß. Es ist der Tod, der die Kostbarkeit des Lebens sichtbar macht. Vielleicht empfinden das viele Menschen als widersinnig und skandalös. Ich habe es ja auch als nahezu unzumutbar empfunden, den Sterbenden allein zu lassen und hinter mir die Tür des Sterbezimmers zu schließen. Ich habe auch große Hemmungen und Sperren gehabt, das Buch zu schreiben. Ich konnte es nur, weil ich es für notwendig hielt, eine so fundamentale Erfahrung nicht wortlos dem allmählichen Vergessen zu überlassen. Aber ich konnte es nur schreiben, indem ich alles, auch meine eigenen Reaktionen, sichtbar machte und durchleuchtete, so schmerzhaft und schwer es oft für mich war. Ich glaube aber Ihrem Brief entnehmen zu können, daß Wahrheit und Erfahrungssubstanz des Buches von den Leserinnen erkannt wurden.

Lassen Sie mich noch eine Anmerkung zu Ihrem Gedanken machen, der Roman »Der Liebeswunsch« sei »Die Sirene« in groß und breit. Das verstehe ich nicht, oder nur in dem Sinne, daß auch in dem Roman Sehnsucht und Illusion dargestellt sind. Aber in meinem Verständnis ist »Die Sirene« eine Geschichte über Imagination und Sucht, wie ja auch der antike Mythos über den unwiderstehlichen Gesang der Sirenen. Auch Elsheimer erlebt die lockenden Anrufe der Unbekannten als einen unwiderstehlichen Sog, weil sein Leben in die Stagnation geraten ist und die Anruferin an sein versunkenes Selbst und seine verdrängten Träume appelliert. Sie macht sich zur Anwältin seiner verborgenen und verstummten Träume, deshalb kann er ihr nicht widerstehen und wird in eine leere Illusion hineingezogen. Er kann sich nur retten, indem er auch sich selbst Gewalt antut. Sein Sieg am Ende ist ein trauriger Pyrrhussieg, die negative Selbsterkenntnis eines ausgebrannten Menschen, und doch seine Rettung vor totaler Regression.

Im Roman gibt es Anjas erotische Passion und ihr Scheitern. Aber sie ist nur eine von vier gleichberechtigten Figuren, zwischen denen sich ein komplettes Beziehungsdrama abspielt, das für mich charakteristisch für eine Gesellschaft ist, die den Menschen ständig sagt: verwirklicht euch, werdet glücklich, aber dafür keine verbindlichen Muster und keine institutionelle Moral anbieten kann. Alle handeln im Dunkel ihrer partikularen Perspektiven. Alle müssen sie versuchen, aus ihren persönlichen Begrenztheiten, Subjektivitäten, Erfahrungen und Vorgeschichten heraus, als ganz verschiedene, zufällige Personen miteinander umzugehen. Und daraus entstehen die wechselseitigen Fehleinschätzungen, die Widersprüche und das Scheitern.

Leonhard, traumatisiert durch die Tatsache, daß Marlene von ihm zu seinem Freund Paul übergewechselt ist, will diese Verletzung heilen, indem er Anja, die, wie er meint, hilfsbedürftige Studentin, heiratet und nach seinen Werten zu formen versucht.

Anja hat sich aus tiefer Desorientiertheit auf eine für sie vollkommen falsche Ehe, in der sie sich verdinglicht fühlt, eingelassen wie auf einen rettenden Fingerzeig des Schicksals. Aber die Ehe ist für sie ein Gefängnis. Und aus der verschärften Erfahrung, daß ihr Leben falsch und perspektivlos ist, entsteht ihr Wunsch nach einer leidenschaftlichen Beziehung zu Paul, Marlenes Mann. Sie erkennt aber nicht, will es nicht erkennen, daß sie für Paul nur eine momentane Affäre, ein Seitensprung ist. Denn er will seine Ehe mit Marlene aus vielen Gründen nicht aufs Spiel setzen. Seine Seitensprünge sind vielleicht eine Reaktion auf Marlenes Dominanz.

Er rettet sich (ähnlich wie Anja vor der Fremdbestimmung durch Leonhard) vor der Dominanz Marlenes, die ihrerseits den grundsätzlichen Irrtum begeht, daß sie das Leben ordnen und manipulieren kann, indem sie die Ehe von Anja und Leonhard unterstützt, um ihre eigenen Schuldgefühle zum Schweigen zu bringen und das Bild einer endlich erreichten freundschaftlichen Harmonie zu erzeugen. Die Personen verstehen durchaus nicht, was sie da wechselseitig anrichten und wie ihre Ordnungsversuche und Anjas und Pauls Ausbruchversuche allmählich, dann reißend, auf eine Katastrophe zusteuern. Die Kulmination der Widersprüche ist freilich nur für Anja am Ende tödlich, während sie die anderen nur auseinandersprengt und zu jeweils eigenen Konsequenzen oder neuen Illusionen nötigt.

Ich glaube, das ist das Thema und die Dramaturgie des Romans, der wie unter einem Vergrößerungsglas die verhängnisvolle Entwicklung der blind handelnden Akteure darstellt. Es ist im Grunde ein Alltagsdrama unserer Gesellschaft, in dem sich offenbar viele Menschen wiedererkannt haben. Ich denke, der Roman steht auf eigenem Grund. Aber es ist legitim, daß Sie »Die Sirene« mehr berührt hat. Es gibt da keine objektive, verbindliche Perspektive. Jeder liest seinen Text, wenn die Bücher genügend komplex sind. Und natürlich berühren sich im subjektiven Raum der Leidenschaften die Motive der in den verschiedenen Büchern dargestellten Personen. Ich glaube sogar sagen zu können – und komme Ihnen da wohl entgegen –, daß alle meine Bücher, übrigens nicht nur die fiktionalen, miteinander in Verbindung stehen.

Mit freundlichen Grüßen
Dieter Wellershoff

P. S.: »Die Sirene« und »Zikadengeschrei«, beide unabhängig voneinander geschrieben, stehen in enger Beziehung. »Die Sirene« handelt vom Hören, »Zikadengeschrei« vom Sehen. Das eine ist eine Wintergeschichte, verschneit, neblig, dunkel, das andere eine Sommergeschichte in einem harten, hellen Licht. Aber dieser Gegensatz ist nicht konzipiert. Er hat sich von selbst ergeben.

Wenn Sie Interessen an einer zusammenfassenden Darstellung meiner Konzepte und literarischen Vorstellung haben, dann empfehle ich das Bändchen der edition suhrkamp mit meinen Frankfurter Poetikvorlesungen unter dem Titel »Das Schimmern der Schlangenhaut«. Untertitel: »Existenzielle und formale Aspekte des literarischen Textes«.

Dieter Wellershoff
Mainzer Straße 45 / 50678 Köln 31. Dezember 2001

Liebe Frau Drerup,

ich will im heute zu Ende gehenden Jahr doch auf Ihren Brief vom 14. Dezember antworten, in dem Sie mich gefragt haben: »Warum muß Anja sterben?« Darauf kann ich zunächst antworten, daß es in dem Fall, den ich vor Augen hatte, eben so war. Und auch noch in einem zweiten Fall in meiner Bekanntschaft hat es sich so ereignet: Eine Frau, die eine kalte dominante Mutter hatte und einen unglücklichen Vater, der nach der Scheidung in den Kongo ging und dort ermordet wurde, hatte selbst eine unglückliche Ehe mit einem nicht zu ihr passenden Mann und anschließend eine leidenschaftliche Beziehung mit einem älteren verheirateten Mann, der sich trotz ihres Drängens nicht scheiden lassen wollte. Sie versank dann in eine agierende Depression und obwohl sie aus ihrer Ehe ein Kind hatte, hinterließ sie eines Tages einen Zettel mit dem hastig geschriebenen Satz »Ich kann nicht mehr« und sprang von einer Autobahnbrücke. Sie war eine Belgierin, kam aber oft zu uns nach Köln, wenn sie Hilfe und Schutz brauchte. Aber wir haben ihr schließlich auch nicht helfen können. Obwohl ich der Auffassung bin, daß es in den meisten Lebenssituationen mehrere mögliche Zukünfte gibt, kann ich nicht daran vorbei blicken, daß sich in den beiden Fällen, die sich in meinem Lebensumkreis abgespielt haben, die Situation so zwanghaft zuspitzte, daß schließlich der Sprung in den Tod als der einzige Ausweg erschien.

Offensichtlich ist es so, daß Menschen, die emotional alles auf eine Karte setzen, ein enormes Risiko eingehen. Sie manövrieren sich in eine selbstgebaute Falle, in der es schließlich nur noch »so oder garnicht« heißt. Alle anderen Möglichkeiten, die das Leben vielleicht noch zu bieten hätte, kommen nicht mehr in Betracht. Das ist ein katastrophaler Rückfall in kindlichen Eigensinn und eine dramatische Form von Realitätsblindheit. Sie fragen mich »Warum stürzen alle die wertvollen Energien – Sehnsucht, Radikalität, Liebesverlangen, Leidenschaftlichkeit – aus dem Fenster?« Die Antwort lautet: Weil Anja, so verletzt und liebesbedürftig wie sie war, nicht ertragen konnte und nicht sehen wollte, daß sie für Paul nur eine Affäre war. Aber hatte sie denn einen Anspruch darauf, daß er sie liebt, weil es für sie die wunderbare Erlösung von ihrem falschen Leben gewesen wäre und jedes Zusammensein mit ihm ihr Gefühl vertiefte, endlich im wahren Leben angekommen zu sein? Hatte sie einen Anspruch darauf, daß er es genauso erlebte wie sie?

Nun, er wird, mitgerissen von ihrer Leidenschaftlichkeit, ihre Gefühle entsprechend beantwortet haben. Aber er hat keine ahnungslose Frau verführt. Er hat sie auch nicht getäuscht. Anja kannte seine Lebensumstände. Er hatte eine Frau mit zwei Kindern verlassen und sich für Marlene entschieden, was in mehreren Hinsichten keine schlechte Wahl war. Und er hatte Marlene seinem Freund weggenommen. Das zu wiederholen war doch grotesk und würde ihn in den Augen der meisten Menschen als eine zwanghafte, haltlose Person erscheinen lassen. Schon allein das konnte ein Zusammenleben mit Anja so belasten, daß es zum Scheitern verurteilt war: Nicht zuletzt auch, weil sie eine Person war, die selbst Halt brauchte und sich in den voraussehbaren Krisen verzweifelt an ihn klammem oder zerbrechen würde.

Das alles war ihm mehr oder minder deutlich bewußt und ließ ihn vorsichtig sein. Und sie wußte es auch. Allein die Offensichtlichkeit, mit der er sich bemühte, ihr Verhältnis geheimzuhalten, hätte sie nachdenklich machen müssen. Aber als dann klar wurde, daß Marlene alles wußte und auch Leonhard bald alles wissen würde, glaubte Anja mit der Gewalt des lange unterdrückten Wunschtraumes, daß nun der Wendepunkt erreicht sei und sich ihre Vision einer leidenschaftlichen symbiotischen Liebe erfüllen werde. Spätestens da verlor sie den Kontakt zur Realität und eben auch zu Paul. Sie sah ihn nicht mehr als einen anderen Menschen mit seinen persönlichen Problemen und Bedingtheiten, sondern sah nur noch sich selbst und ihre Wünsche. Wie ein Kind glaubte sie an die kontrafaktische Allmacht des Wünschens und erwartete von Paul, daß er zusammen mit ihr seinem bisherigen Leben den Rücken zukehre. Wie selbstverständlich unterstellte sie, daß sie beide das höchste Recht hätten, nur noch an sich zu denken. Weil Liebe eine Schicksalsmacht sei, gegen die kein Argument und kein anderes Wertsystem zählt.

Tatsächlich sind Menschen, die wie Anja in unbefriedigenden, als fremd oder nichtig empfundenen alltäglichen Umständen leben, Kandidaten für die Illusion der selbstgenügsamen großen Liebe, die einen für alle Enttäuschungen, alles Unglück entschädigt, indem sie alles andere belanglos macht. Liebe wird als neue, überwältigende Sinnschöpfung erlebt, die auf alles andere ausstrahlt und alles verwandelt und neben der nichts anderes von Bedeutung ist. Wer liebt und geliebt wird, ist zunächst einmal gerettet.

Doch wenn Liebe egomanisch ist, ist sie von Scheitern bedroht. Sie erschöpft sich an den Widerständen und Widersprüchen, die sie zu leugnen versuchte. Der Glückstraum welkt und wird zur Enttäuschung und nicht selten entzweien sich die Partner, indem sie sich gegenseitig die Schuld am Sterben ihrer Liebe geben. Dann ist am Ende der herbeigewünschte, wirkliche Tod die letzte Bekundung und die letzte Zuflucht des absoluten Gefühls, das einen Kompromiß mit der widerständigen und enttäuschenden Realität verweigert hat. Erwachsene Liebe schließt dagegen die Erkenntnis der Realität des anderen in sich ein. Doch vielleicht kann das nur gelingen, wenn die Widersprüche nicht zu groß sind. Man muß also auch Glück haben, um das Glück zu finden.

Mußte Anja also sterben? Nein, nicht zwangsläufig, doch so wie die Dinge sich entwickelt haben, lag es wohl nah. Die beiden Beispiele, von denen ich ausging, belegen das. Hätte ich also eine ganz andere Geschichte schreiben sollen? Ich glaube, Sie wünschen sich das. Es ist ein verständlicher Wunsch. Er ist uns eingeschrieben als ein Grundimpuls des Lebens. Und ich glaube auch, daß ich den »Liebeswunsch« Anjas durch die Geschichte ihres Scheiterns nicht grundsätzlich in Frage gestellt, sondern dargestellt habe, wie und unter welchen Umständen er zu einer tödlichen Falle werden kann, dank der ungeheuren Energie, die in ihm steckt.

Zum bevorstehenden neuen Jahr 2002 – für mich schon eine erstaunliche Zahl, von der ich nicht unbedingt erwarten konnte, daß ich sie auf einem Kalender sehen würde – wünsche ich Ihnen alles Gute, alles Wünschenswerte

Ihr Dieter Wellershoff

Dieter Wellershoff
Mainzer Str. 45
50678
1. März 2007

Lieber Günter Grass,

ich habe Ihnen durch meinen Verlag mein eben erschienenes Buch »Der lange Weg zum Anfang« schicken lassen, das ein Mosaik aus zeitgeschichtlichen und lebensgeschichtlichen Texten der letzten Jahre ist. In dem Text über »Die Nachkriegszeit« habe ich zum Schluß auch etwas über Sie geschrieben, nachdem ich mehrfach in den Medien und bei anderen öffentlichen Auftritten als Generationsgenosse (Jahrgang 1925) zu ihren Erfahrungen und Stellungnahmen befragt worden bin. Der Buchtext stellt eine Zusammenfassung dessen da, was ich bei diesen Gelegenheiten gesagt habe. Ich erhielt darauf zustimmende und bestätigende Antworten. Man fand, daß mein Kommentar trotz der darin enthaltenen kritischen Anmerkung dem historischen und psychologischen Verstehen diene. Das war auch meine Absicht. Ich hoffe sehr, dass Sie es auch so sehen können. Jeder, der wie wir, durch dieses Zeitalter der Kriege und der machtgestützten Ideologien hindurchgegangen ist, wurde davon gezeichnet. Aber es überlebt zu haben und so die Chance zu erhalten, etwas aus dem geschenkten Leben zu machen, ist ein umso größeres Glück.

Es war faszinierend für mich, in Ihrer Autobiographie zu lesen, von welchen vorgegebenen Umständen und Erfahrungen sie geprägt worden sind. Ähnliches können Sie auch aus meinem neuen Buch erfahren, »Der Ernstfall«, mein Buch über meine Erfahrungen als Soldat, schicke ich noch hinterher. Zuletzt, bei einer Lesung in Lübeck, sagten Sie: »Die Dinosaurier schreiben weiter.« So haben wir es gehalten. Ich hoffe, es geht Ihnen gut!

Mit freundlichen Grüßen
Dieter Wellershoff

Dieter Wellershoff 13.10.2010

Liebe T. D.,

dass ich Ihnen erst jetzt auf Ihren Brief vom 10.9. und die beigefügten Manuskripte antworte, hat viele Gründe: Wir waren in Urlaub. – Ich hatte einen Herzinfarkt. Danach einen Anriss der Achillessehne, der mich eine Zeitlang an Krücken humpeln ließ und alles, was ich tun musste, mühsamer und langsamer machte. – Trotzdem absolvierte ich eine Reihe öffentlicher Auftritte. Es gab alltägliche Missgeschicke wie einen Wassereinbruch in unserer Wohnung. Außerdem Verlagstermine, Interviews und Schreibverpflichtungen und einen fälligen Enkelbesuch, und, und, und …

Ich beende jetzt diesen Überblick über das private Stolperfeld. Denn obwohl ich nichts erfunden habe, kommt mir diese Aufzählung von Kalamitäten wie ein Vorwand vor, hinter dem sich ein anderer Grund für die Verzögerung meiner Antwort versteckt, nämlich ein Gefühl der Ratlosigkeit angesichts des Bewusstseins, dass aufmunternde Worte gegenüber einer Depression nicht viel auszurichten vermögen. Doch da Sie mir Ihre Bedrängnisse und Ihre seelische Verletztheit geschildert haben, fühle ich mich verpflichtet, Ihnen ein paar Worte dazu zu sagen.

Das Fundamentale zuerst: Es ist verständlich, aber hoch problematisch und enttäuschungsanfällig zu erwarten, die Welt solle eine Art Paradiesgarten zur Erfüllung unserer Wünsche sein. Sie ist vielmehr ein unüberschaubares, von Zufällen durchwirktes und von Gegensätzen durchkreuztes Terrain und stellt eine lebenslange komplexe Herausforderung dar, die uns nötigt, Erfahrungen zu machen und uns und andere Menschen in wechselnden Situationen kennen zu lernen. Die persönliche Autonomie, unser Erwachsenwerden, unsere Lebenskompetenz vertieft und verstärkt sich dabei mit der wachsenden Fähigkeit zur Selbstdistanz. Die Fähigkeit zu träumen und zu phantasieren muss dabei nicht verloren gehen. Aber sie sollte vom Bewusstsein der Relativität und Perspektivität aller menschlichen Strebungen und Sinngebungsversuche unterlegt sein.

Diese doppelte Perspektive ist auch die Sichtweise der Literatur, wenn sie menschliche Krisen, Irrtümer und Illusionen darstellt, ohne in unkritische Verklärungen und Happy-ends zu münden. Immer häufiger bricht ein offener Schluss die Erzählung auf der Höhe des entfalteten und ungelösten Problems ab, um das Bewusstsein der Leser für die abgründige Mehrdeutigkeit des Lebens zu öffnen.

In der monotonen Wahrnehmung einer Depression ist diese Vielfalt erloschen. Alles bekommt einen einzigen Sinn, der sich automatisch vervielfacht, bis er allgegenwärtig und unentrinnbar erscheint. Der depressive Kurzschluss, dass Sie als Türkin mit kaum verhohlener Deutlichkeit von immer mehr Menschen abgelehnt werden, hat vermutlich seinen Ursprung in einer tief liegenden, alten Grundangst vor Ablehnung und Isolation, die sich unter dem Eindruck der gegenwärtigen Diskussion über Immigration und Fremdenfeindlichkeit zum schreckhaften Schema Ihrer sozialen Wahrnehmung verfestigt hat. Sie sind zwar als Person und als kulturelle und soziale Existenz überhaupt nicht als Aggressionsziel geeignet, doch das hat Sie nicht beruhigt, sondern Ihre Ängste verschärft. Überall glauben Sie nun Anzeichen versteckter Aggression wahrzunehmen. Ich will nicht behaupten, dass das alles Täuschungen sind. Denn die sich verschärfenden, kontroversen Diskussionen zum Problemkomplex der teilweise misslungenen Integration der Immigranten in die deutsche Gesellschaft haben natürlich mehr oder minder flache Ausläufer ins allgemeine Gerede, und sei es auch nur in Form einer vorwitzigen Neugier, wie Sie als mit einem Deutschen verheiratete Türkin zu dem Thema stehen. Dass sie durch Ihre Ehe und Ihre kulturelle Prägung optimal eingebunden in die deutsche Gesellschaft sind, macht Sie nicht gerade zur richtigen Adressatin für neugierige, investigative Fragen.

Aber vielleicht sind es auch nur Gelegenheitsfloskeln wie ein Gespräch über das Wetter. Es empfiehlt sich eigentlich, das Meiste, was so geredet wird, in die Kategorie des belanglosen Geschwätzes einzureihen. Aber so aufgestört wie Sie gegenwärtig sind, können Sie das leider nicht. Und dadurch entsteht eine problematische Rückkoppelung. Ihre Gesprächspartner spüren Ihre Gespanntheit und Verletzbarkeit, werden befangen und verkrampfen sich. Das spüren Sie wiederum sofort und sehen darin ein weiteres Zeichen für einen verschwiegenen Vorbehalt gegen Ihre Person. Und der andere, der auch das merkt, schweigt in seiner Verlegenheit oder sagt erneut etwas Falsches. Und so läuft alles im Sinne einer sich selbst erfüllenden Prophezeiung auf ein sich vertiefendes Befremden hinaus.

Liebe Frau D., ich wünsche Ihnen, Sie könnten Distanz zu Ihren Ängsten gewinnen und die Welt gelegentlich als eine Komödie sehen.

Vielleicht sehen wir uns bald einmal. Grüßen Sie bitte Ihren Mann. Viele Grüße auch von meiner Frau

Ihr Dieter Wellershoff

Dieter Wellershoff

Professor Dr. Manfred Durzak
Unterer Mühlenberg 1/ 24329 Grebin / Holstein
Fax 04383-999756

Lieber Manfred,

es ist mir ein Bedürfnis, Dir noch einmal zu sagen, dass ich mit Deinen Nachworten zu den Bänden 7 und 8 der Werkausgabe sehr glücklich bin. Sie sind kenntnisreich und einfühlsam, und in einer differenzierten, klaren Sprache geschrieben, gliedern und beherrschen die Stoffmengen von Bd. 8 in überzeugender Weise und schließen bruchlos, aber mit einem Blick für die weiteren Entwicklungen an Deine vorzüglichen Nachworte zu den sechs ersten Bänden der Ausgabe an. Zusammen mit ihnen bilden sie einen vielfältig aufgefächerten Horizont, der dem Leser der Ausgabe ein komplexes Bild des inneren Zusammenhangs meines literarischen Werkes vor Augen führt.

Doch es gibt noch eine Irritation, über die ich mich mit Dir verständigen möchte.

Ich frage mich, ob es sinnvoll und nötig ist, mein literarisches Lebenswerk – das mit dem Abschluss der Gesamtausgabe in die Obhut oder ins lautlose Verschwinden der Literaturgeschichte übergeben wird – mit der Pauschalität einer im Literaturgerede herumgereichten, inzwischen allerdings verstummten Behauptung zu belasten, meine essayistische Intelligenz stünde meiner literarischen Intuition und Ausdruckskraft im Wege. Textlich ist dieses Geraune nie begründet worden, wurde aber auf verschiedene Weise an mir exekutiert. Inhaltlich stellt es das Echo einer lange vergangenen Situation dar.

Ich hatte mir, da ich den Unterhalt für meine fünfköpfige Familie verdienen musste, als Rundfunkautor, Benn-Herausgeber und Verlagslektor schon einen Namen gemacht, als ich anfing, Romane zu schreiben und mich schrittweise aus meinen öffentlichen Rollen zurückzog. Ein solcher Existenzwechsel wird immer mir großer Skepsis und oft mit Missgunst betrachtet. Viele, die es vielleicht selbst gerne versucht hätten oder dabei gescheitert sind, möchten nicht, dass es gelingt.

Ich will das hier nicht ausbreiten. Aber dieses Beharren auf der Vorstellung, dass es einen unüberbrückbaren, prinzipiellen Gegensatz zwischen analytischem, argumentierendem Denken und intuitiver Phantasie geben müsse, ist mir fremd. Ich finde, dass diese beiden Vermögen zusammengehören und sich gegenseitig steigern und befruchten, selbst dann noch, wenn sie sich künstlich in verschiedene Textformen aufspalten lassen. Nichts gegen die Vielfalt und die Unterschiedlichkeit menschlicher Fähigkeiten. Aber warum freut man sich nicht, wenn sie in enger Verbindung auftreten und sich gegenseitig fördern?

Ich hab es immer als einen großen Reiz empfunden, die Medienbühne und die Perspektive zu wechseln, mal weiträumig konzipierte Essays, mal kurze Statements zu aktuellen Themen, mal Romane, Erzählungen, Novellen oder auch autobiografische Bücher zu schreiben. In einem begrenzten Zeitraum waren auch Gedichte meine bevorzugte Ausdrucksform. Und in einigen Zwischenphasen schrieb ich Hörspiele und auch Drehbücher nach eigenen Stoffen, übrigens immer mit demselben Einsatz, auch bei funktionellen Texten. Deshalb habe ich bei jeder dieser unterschiedlichen Schreiberfahrungen auch für alle anderen Literaturformen etwas gelernt. Schreiben bedeutete für mich immer Selbsterfahrung und Wahrnehmung der Welt. Aber die größte Herausforderung war es für mich immer, wenn ich über Menschen schrieb, über ihre Glückssuche, ihre Selbsttäuschungen und auch über ihr Scheitern in der verwirrenden Komplexität der heutigen Welt. Darüber zu schreiben war immer auch ein Abschreiten eigener Möglichkeiten auf heißem Terrain. Ich glaube, ich irre mich nicht in der Annahme, dass ich deshalb immer mehr Leser gefunden habe.

Dieter Wellershoff   50678 Köln – Mainzerstr. 45 – 28.5.2013

Lieber Herr Riess,

ich habe auf Seite 3 meines Textes zum Thema »Freundschaft« die 4 letzten Zeilen verändert, um dem Textschluss eine Doppeldeutigkeit zu geben. Das war in der ersten Fassung noch nicht so recht gelungen. Der Einfachheit halber schicke ich Ihnen noch einmal die kompletten drei Seiten des ganzen Textes. (Die aus verschiedenen Kopien entstandenen unterschiedlichen Schriftgrößen des Manuskriptes sollen selbstverständlich in der Buchfassung nicht erhalten bleiben.)

Ich bin neugierig auf die anderen Texte zum Thema Freundschaft. Überhaupt bin ich dieses Jahr besonders gespannt auf den Bücherherbst. Denn im Programm von Kiepenheuer & Witsch ist ein Buch von mir angekündigt, das man vermutlich nicht von mir erwartet. Angesichts meines Lebensalters könnte es mein letztes Buch sein. Ich lege die entsprechenden Seiten der Verlagszeitschrift in Kopien bei.

Ich danke Ihnen für die Übersendung Ihres Gedichtes, durch dessen Titelfrage »Wer, wenn nicht wir?« ich mich angesprochen fühlte, obwohl ich in meinem Selbstgefühl, spätestens seit meiner Kriegserfahrung, ein überzeugter Einzelgänger bin. Ich habe allerdings auch ein inhaltliches Problem: Ich kann den religiösen Glaubensvorstellungen des Gedichtes nicht folgen. Weder bei der Pharaonenphantasie eines Gottes, der im regelmäßigen Sonnenaufgang und Sonnenuntergang seine Macht als Weltenlenker demonstriert, noch im Glauben an die Auferstehung der Toten am Ende der Zeit zum dann beginnenden ewigen Leben.

Ewigkeit bedeutet für mich nicht absolute Seinserfüllung, sondern ewiger Stillstand. In der Ewigkeit gibt es keine Zukunft. Alles ist wie es ist. Nichts steht mehr bevor. Nichts verändert sich. Es gibt keine weiteren Erfahrungen mehr. Symbolisch repräsentieren könnte man die Ewigkeit allenfalls in einer musikalischen Endlosschleife, die nie endet. Nicht einmal Scheitern ist möglich als Erfahrung von Wirklichkeit.

Angesichts des lauernden, formlosen Schreckens im Begriff der Ewigkeit wird die Gewissheit des Grenzen setzenden Todes als sinnstiftende Macht kenntlich. Weil unser Leben zeitlich begrenzt, von Zufällen durchsetzt und vom Scheitern bedroht ist, können wir es als Herausforderung wahrnehmen, etwas Eigenes daraus zu machen. Und das beginnt damit, dass wir unsere Lage erkennen. Das habe ich versucht, als ich meinen einzigen Gedichtband, der den Titel »Zwischenreich« trägt und ein Spektrum irritierender Erfahrungen ist, als Schlusswort unter dem Titel »Vorausgeschauter Rückblick« mit der folgenden kurzen Standortbestimmung abschloss:

»Ich werde gestorben sein« –
eine schwierige grammatische Form
neben einfachen Sätzen wie
»er ist gestorben«, »er ist tot.«
Als könnte ich auf mich zurückblicken
von dort, wo ich nie hingelange,
richtet mir die Sprache eine
unmögliche Zukunft ein:
Ich: Jemand der weiß,
dass er jemand ist,
der jemand sein wird,
der gewesen ist,
der war.

Dieter Wellershoff 4. Juli 2013
50678 Köln / Mainzer Str. 45

Lieber Herr Riess,

ich danke Ihnen für Ihren freundlichen Brief, der mich von der Sorge befreit hat, Sie durch meine ablehnende Reaktion auf Ihr schönes, kunstvolles Gedicht verletzt zu haben. Da Sie meinen Roman »Der Himmel ist kein Ort« kannten, und nicht nur kannten, sondern zu meiner Freude mit viel Verständnis wahrgenommen haben, weiß ich, dass Sie auf meine Distanzierung von der im Gedicht imaginierten Übereinstimmung im Glauben an Gott und das ewige Leben vorbereitet waren. Stattdessen lese ich jetzt mit großem Interesse Ihr Buch, dessen Titel »Auf der Suche nach dem eigenen Ort« auch den Impuls und die Tendenz meines eigenen Denkens und Schreibens benennt. Besonders faszinierend ist es für mich, in den verschiedenen Interpretationsansätzen Ihres Buches zu erleben, wie viel Differenziertheit und Bewegung psychologische und anthropologische Betrachtungsweisen in die traditionellen religiösen Glaubenstexte bringen können. Der launenhafte, machtbesessene Gott der Bibel, vor allem des Alten Testamentes, der unverkennbar ein Abbild bronzezeitlicher Gewaltherrscher ist und mit seiner Strafmoral einen unüberbrückbaren Gegensatz zur Liebesbotschaft der Bergpredigt darstellt, existiert allerdings weiterhin im Bewußtsein zahlloser Menschen als eine ihnen zugewandte ansprechbare Person, deren Allmacht sie, gleichzeitig mit unzähligen anderen Betern, für sich gewinnen wollen. Als ich einen Pfarrer fragte, ob die Beter glauben, von Gott persönlich gehört und verstanden zu werden, sagte er: »Ja, das hoffen und das glauben die Beter.« Womit er wahrscheinlich Recht hatte. Aber richtig verstanden verläuft das Beten umgekehrt. Die Beter imaginieren einen göttlichen Zuhörer. Und je nach dem Grad ihrer Inbrunst hilft ihnen das auch, jedenfalls emotional. Es ist ein selbsttherapeutischer Prozess, der allerdings nur funktioniert, wenn man an ihn glaubt. Genauso machtvoll kann die plötzliche Wahrheitserfahrung eines fundamentalen Zweifels sein. Alles muss plötzlich neu gedacht werden. Dazu muss man neuen, festen Boden unter den Füßen spüren. Der Jesus der Bergpredigt erblickte in der menschlichen Nächstenliebe ein neues, von den ererbten Sündenlasten und Drohszenarien befreites Leben wie einen neuen Kontinent. Er spricht im Gefühl vollkommener Gewissheit und Klarheit von seiner Vision eines neuen menschlichen Lebens. Wie total ist dann sein Sturz, als er am Kreuz hängt und sich von Gott verlassen fühlt.

Lieber Herr Riess, ich lege Ihnen noch einige Texte aus dem thematischen Umfeld bei. In meinem Verständnis bedeutet Literatur illusionslose Erschließung und Einübung der krisenhaften, vom Tod begrenzten menschlichen Existenz. Mein Gefühl, nur zufällig zu leben, das ich aus dem Krieg mitgebracht habe – nicht als Schrecken, sondern als kostbares, motivierendes Glück – hat gewiss einen bedeutenden Anteil daran.

P-S.: Ich bin mit dem Titel »Ende einer Freundschaft« einverstanden.

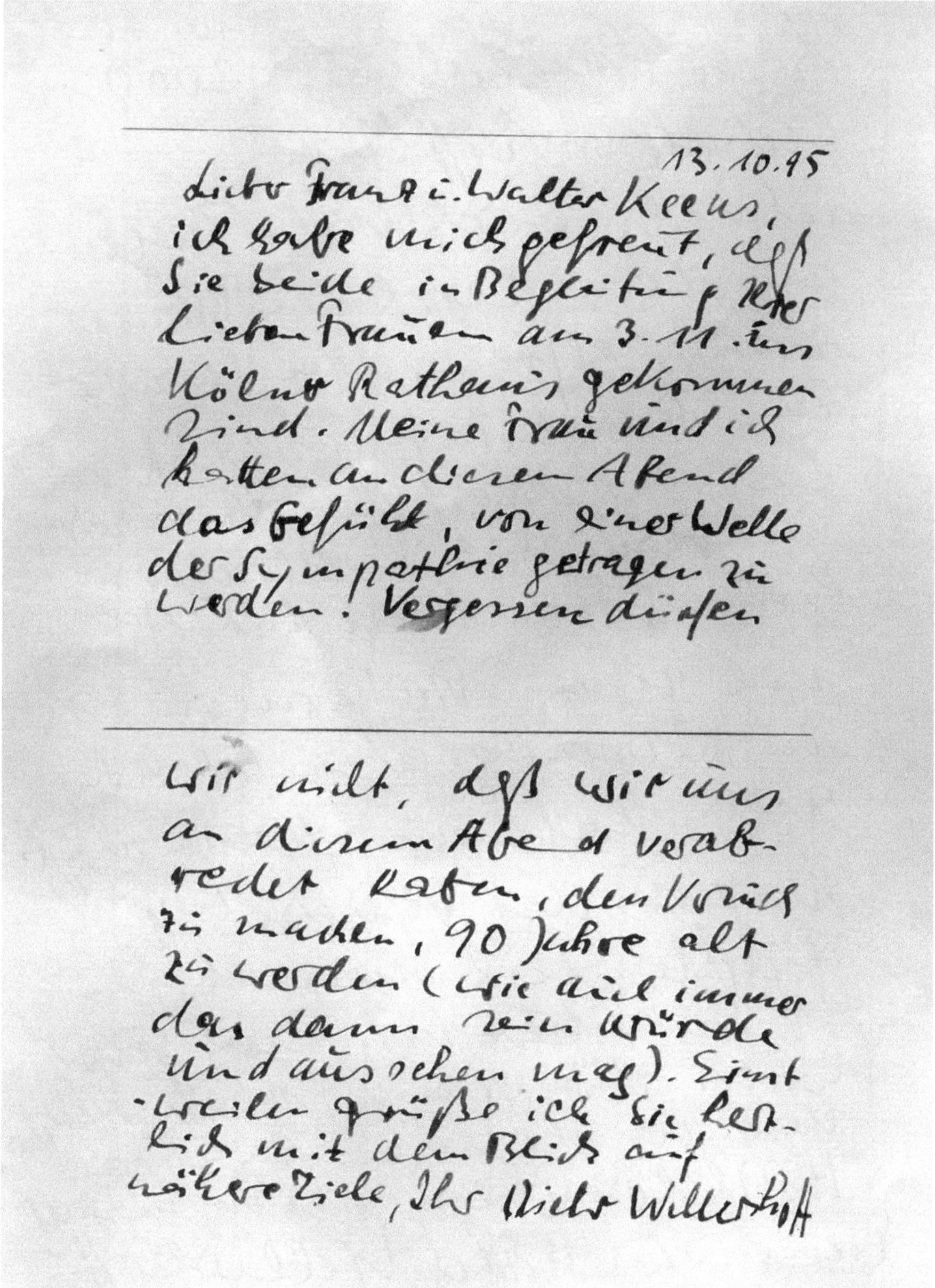

13.10.95

Liebe Frau u. Walter Keens,
ich habe mich gefreut, daß
Sie beide in Begleitung der
lieben Frauen am 3.11. zum
Kölner Rathaus gekommen
sind. Meine Frau und ich
hatten an diesem Abend
das Gefühl, von einer Welle
der Sympathie getragen zu
werden! Vergessen dürfen

wir nicht, daß wir uns
an diesem Abend verab-
redet haben, den Versuch
zu machen, 90 Jahre alt
zu werden (wie auch immer
das dann sein würde
und aussehen mag). Einst-
weilen grüße ich Sie herz-
lich mit dem Blick auf
nähere Ziele, Ihr Dieter Wellershoff

Liebe Frau Eichner, 10.11.2000
lieber Herr Lüßler,
ich habe mich viele Tage
an dem herrlichen Blumen-
strauß erfreut, den Sie mir
zum Geburtstag geschickt
haben. Morgen sehen wir
uns vermutlich im Literatur-
haus. Seit der Messe hat sich
viel getan. Der Roman ist
in Schwung geraten. Ich hin-
gegen habe einen Hexenschuß:
der Preis des Glücks? Der
größte Teil meiner Lese-
reise steht mir noch bevor.
Es ist schön, wenn auf [illegible]
mir die Menschen zuhören.
Herzliche Grüße auch von meiner
Frau, Ihr Dieter Wellershoff

Der Ernstfall

Inszenierung eines Traumpaares

(1991)

Erst am Schneidetisch sah ich, was ich angerichtet hatte. Vorher hatte ich es nicht sehen wollen, weil es mir mein Konzept verdarb. Ich war eben versessen darauf gewesen, diesen Film zu machen. Früher habe ich viele Filme gedreht. Keine abendfüllenden Sachen, aber eine Reihe von Halbstundenfilmen, die Beachtung fanden. Doch seit meiner Anstellung als Redakteurin bin ich nicht mehr dazu gekommen. So war ich froh, als mir einfiel, unsere neue Sendereihe über die »Ehe heute« mit einem Vorspannfilm einzuleiten, eine Art Seifenoper, die eine Hochzeit im romantischen Stil zeigte, mit allem, was dazu gehörte: die Braut natürlich im weißen Kleid und der Bräutigam im Frack, dazu ein offener Landauer mit zwei Schimmeln bespannt und auf dem Bock ein alter Kutscher mit weißen Handschuhen und Zylinder, der wie die Tradition selber aussah.

»Sie wollen also voll in die Traumkiste greifen«, sagte Emmerich. Er hatte vor, die Sendereihe zum Renommierprodukt seiner Abteilung zu machen und sammelte Begründungen für die Programmkonferenz. Ich hielt dafür eine knappe These bereit: Man brauche am Anfang das ideale Gegenbild zu allem, was in einer Sendereihe über die »Ehe heute« an Konflikten, Krisen und Katastrophen notwendig zur Sprache käme.

»Die drei Ks.«, lächelte Emmerich. Ich wusste nicht sofort, was er meinte. Er wiederholte: »Konflikte, Krisen, Katastrophen.«

»Und jetzt auch noch Kids«, sagte Hans, mein Redaktionsleiter, der bisher geschwiegen hatte. Es ist ein alter Trick von ihm, sich zunächst aus einer Besprechung herauszuhalten und dann mit einer ironischen Bemerkung dazwischenzufunken. Da er schon mehrfach Projekte auf diese Weise gekippt hatte, wußte ich: Dies war ein heikler Moment. Hans, der Emmerichs Gewohnheit kannte, Leute gegeneinander auszuspielen, hatte mich deutlich herausgefordert, indem er mir Kitsch vorwarf, in der Sprache unseres Jobs ein ähnlich schwerer Vorwurf wie Langeweile. Ich hätte darauf losgehen können, wie auf ein rotes Tuch. Aber ich wußte, es wäre ein Fehler gewesen. Und so konterte ich sanft, indem ich den Tonfall nachsichtiger Geduld wählte, mit dem man einem begriffsstutzigen Menschen alles zum zweiten Mal erklärt: »Du kannst es Kitsch nennen. Es wäre aber dumm, es so zu inszenieren. Das würde ja die Spannung aus der Serie nehmen. Ich will gerade keine Parodie, keine Karikatur, sondern ein schönes, ungetrübtes Glücksbild. Nur zum Schluß soll es einen kleinen Knacks bekommen.«

»Was für einen Knacks?« fragte Emmerich.

»Nach altem Brauch«, sagte ich, »wirft die Braut ihren Hochzeitsstrauß in die Menge. Früher haben sich die Unverheirateten um den Strauß gerissen, weil er baldige Heirat bedeutete. Das drehen wir nun um. Keiner will den Strauß haben. Wer ihn fängt, wirft ihn sofort weiter. Schließlich fällt er auf die Straße und die Kutsche rollt darüber hinweg.«

»Sehr gut«, sagte Emmerich. »Gefällt mir ausgezeichnet. Das ist anschaulich und gibt uns eine fabelhafte Gesprächseröffnung.«

Dann zeigte sich, daß er ein erfahrener Chef ist, denn er hielt Hans mit einer Frage zurück und ersparte uns so die Verlegenheit eines gemeinsamen Abgangs.

In letzter Zeit verkraftete Hans es immer schlechter, wenn ich Erfolg hatte. Ich denke, das hing damit zusammen, daß er sich selbst nicht akzeptierte. Seit Jahren lebte er in einer kaputten Ehe. So etwas ist ein echter Wettbewerbsnachteil. Emmerich sah ihn inzwischen auch schon als Problemfall an. Hans merkte wohl, daß mir das zugute kam, und versuchte mich vor Emmerich zu ducken. Das war wieder einmal gründlich schiefgegangen.

Ich kam wie berauscht aus dieser Besprechung heraus. Jetzt war es eine Prestigefrage für mich, den Film zu drehen, und zwar genauso, wie ich vorgeschlagen hatte: mit Kollegen und Mitarbeitern aus der Redaktion. Möglicherweise würde Hans in den nächsten Tagen noch versuchen, Stimmung gegen das Projekt zu machen. Dann wollte ich schon den entscheidenden Schritt weiter sein.

Zusammen mit Christiane, meiner Sekretärin, trommelte ich noch am Nachmittag die Redaktion zusammen, und weil ich an diesem Tag anscheinend unaufhaltsam war, gelang es mir auf Anhieb, die meisten für mein Projekt zu gewinnen. Ich kam nur einen Moment in Verlegenheit, als man mich nach dem Brautpaar fragte. Mit unseren beiden Volontären, an die ich dabei dachte, hatte ich in meiner Eile noch nicht sprechen können. Jetzt blieb mir nichts übrig, als sie einfach zu überrumpeln. Und so sagte ich in einem Ton, der für die Animation von Gesellschaftsspielen auf einem Vergnügungsdampfer geeignet gewesen wäre: »Selbstverständlich seid ihr alle hübsch. Aber ich sehe nur ein Traumpaar unter uns: unsere beiden Jüngsten, Holger und Anne.« Es wurde gelacht und geklatscht, vielleicht, weil man die beiden oft zusammen sah. Anne, die mitten zwischen den anderen saß, schien erschrocken zu sein und schüttelte verlegen den Kopf. Holger dagegen, der an der Tür stand, lächelte und hob beide Hände wie ein Star, der den Beifall abwehrt, den er durchaus für berechtigt hält.

Er war ein hübscher Bursche, groß, sportlich, aber ein verwöhnter Typ, der sich unverschämt sicher war, bei allen gut anzukommen. Die Frauen in der Redaktion ließen sich von ihm ausnutzen. Auch Anne hatte ihm manchmal lästige Arbeiten abgenommen. Sie stellte in dieser Verbindung das poetische Element dar, obwohl sie auf den ersten Blick unscheinbar wirkte mit ihrem verhältnismäßig kleinen Gesicht, den großen Augen und dem meistens etwas strähnigen braunen Haar. Für mich war es ihr empfindsamer, feingezeichneter Mund, der ihrem Gesicht seinen besonderen Ausdruck gab. Wenn sie lächelte, begann das in den Mundwinkeln. Es wäre nicht falsch zu sagen: ihr Lächeln blühte auf. Man glaubte zu sehen, wie ihre Lippen voller wurden, wenn sie sich voneinander lösten. Manchmal aber lagen sie weich aufeinander wie bei einem träumenden Kind.

Ich hatte sie schon beobachtet, bevor ich sie mir für meinen Film ausspähte. Ihre Zartheit war mir aufgefallen und ein Zug von Labilität, der im Widerspruch zu ihrem Verhalten stand. Sie war der Typ einer älteren Schwester, die früh gelernt hat, Pflichten zu übernehmen und sich durch Leistung beliebt zu machen. In der Redaktion wurde sie allgemein geschätzt wegen ihrer Verläßlichkeit. Als sie mir am Morgen nach unserer Besprechung im Gang vor meinem Zimmer entgegenkam, wußte ich allerdings nicht genau, mit wem ich es jetzt zu tun bekam.

»Kann ich dich einen Augenblick sprechen?« fragte sie. »Es ist wegen des Films.«

Wir gingen in mein Zimmer, ich entschlossen, sie nicht aus der Pflicht zu lassen.

»Nun, was hast du auf dem Herzen?« fragte ich.

Sie starrte einen Moment auf den Boden, bevor sie leise sagte: »Ich kann es leider nicht machen. Nicht mit Holger zusammen.«

Damit hatte ich nicht gerechnet. Denn die beiden arbeiteten häufig zusammen und ich hatte nie von Problemen gehört.

»Hör mal«, sagte ich, »Holger ist ein liebenswürdiger, netter Mensch. Alle Kollegen mögen ihn. Du kannst ihn nicht einfach zurückweisen ohne einen schwerwiegenden Grund.«

»Ich möchte nicht darüber sprechen«, sagte sie.

Ich schwieg eine Weile, bevor ich sagte: »Hast du einen anderen Vorschlag?«

Sie überlegte und nannte einen verheirateten Kollegen aus der Redaktion, einen respektablen Menschen, aber undenkbar in der Rolle eines Traumbräutigams.

»Darüber brauchen wir nicht erst zu reden«, sagte ich. Dann faßte ich sie mit beiden Händen an den Schultern, um ihr ins Gesicht zu sehen, und ich wußte, daß ich jetzt die Mutter war, die ihrer ältesten, immer gehorsamen Tochter das unwiderstehliche Wort sagte: »Du wirst mich doch nicht enttäuschen.« Sie senkte den Kopf in einem letzten störrischen Widerstand. Ich rüttelte sie sanft und spürte die Biegsamkeit und das leichte Gewicht ihres Körpers. Da schien nichts zu sein, was sich wehren konnte, aber auch nichts, was sich zwingen ließ.

»Nimm es nicht so wichtig«, sagte ich. »Es ist doch nur ein Spiel.«

Jetzt schaute sie mich an. Schielte sie ein wenig? Es war ein unbestimmter, verschwommener Blick, den ich nicht deuten konnte und der uns beide in diesem Stehen verflocht, ohne daß sie etwas sagte. Nur ihr Mund öffnete sich langsam und zeigte die feuchten, glänzenden Zähne. Und plötzlich, wie ein heranfliegender Schatten, wie jähe Wut, überkam mich das Verlangen, sie an mich zu ziehen und fordernd und strafend diesen Mund zu küssen. Nur weil ich sie sofort losließ, überstand ich diesen Augenblick.

»Wir wollen nicht mehr lange reden«, stieß ich hervor. »Aber ich bitte dich, diese Rolle zu übernehmen, damit ich diesen Film machen kann. Es ist von großer Bedeutung für mich.«

»Ist gut«, sagte sie leise. »Ich mache es.«

Und nun küßte ich sie doch auf beide Wangen, und »danke« murmelnd, »danke« schob ich sie aus dem Zimmer. Als ich allein war, hörte ich, wie laut mein Atem war.

Am nächsten Tag schickte ich Christiane mit Holger und Anne zu einem Verleih mit Hochzeitskleidung. Sie brachten einige Polaroids von der Anprobe mit, die ich mir flüchtig anschaute, um zu überprüfen, ob die Garderobe meiner Vorstellung entsprach. Holger sah glänzend aus, Anne wie verhüllt von einer weißen Schaumwolke. Ihr kleines Gesicht wirkte durch die Unschärfe der Bilder ganz ausdruckslos. Ich steckte die Polaroids ein, um sie Lutz Hoffmann, meinem Kameramann, zu zeigen, mit dem ich am Nachmittag den Drehort besichtigte: ein schönes neugotisches Kirchenportal, von dem es genügend freien Raum für die Kutsche gab. Wir legten die wichtigsten Einstellungen fest. Lutz wollte von einem Pritschenwagen herunter filmen und auch aus der Kutsche heraus, sozusagen mit dem Blick des Brautpaares, auf die Hochzeitsgäste. Beim Brautpaar wollten wir von Halbnah auf Groß heranfahren, wenn es sich in der Kutsche den Hochzeitskuß gab und von den Gästen mit Fontänen von Reis überschüttet wurde. Dann folgte die Schlußszene mit dem Strauß, den niemand haben wollte.

Mit Anne sprach ich nicht mehr unter vier Augen, und ich glaubte zu spüren, daß sie es auch nicht wollte. Alles, was ich ihr noch zu sagen hatte, teilte ich ihr durch Christiane mit. Holger traf ich am Abend vor dem Drehtag in der Kantine. Er kam gerade herein, als ich gehen wollte, und so blieben wir einen Augenblick beieinander stehen.

»Nun, wie sieht es aus?« sagte ich. »Seid ihr morgen mein Traumpaar?«

»Ich hoffe doch«, lächelte er.

»Bei dir bin ich mir sicher«, sagte ich. »Aber Anne mußt du ein wenig auftauen, damit wir auch bräutliche Hingabe ins Bild kriegen. Traust du dir das zu?«

»Ich kann's ja mal versuchen«, sagte er.

Ich wechselte das Thema und hielt ihn noch einen Augenblick fest. Als wir uns trennten, sagte ich »also bis morgen« und gab ihm einen Klaps wie ein Trainer, der einen Sportler aufs Spielfeld oder in den Ring geschickt.

Am nächsten Morgen fuhren wir bei strahlendem Frühlingswetter in einer kleinen Autokolonne vom Sender zum Drehort. Die meisten hatten die Antennen ihrer Wagen mit flatternden weißen Bändern geschmückt, und während der Fahrt hupten alle laut wie eine echte italienische Hochzeitsgesellschaft, so daß die Leute am Straßenrand stehenblieben und winkten. Als wir am Drehort ankamen, war die Stimmung so ausgelassen, daß Lutz und ich Schwierigkeiten hatten, die Sache in den Griff zu kriegen. Alles fiel heftiger aus, als ich es wollte: der Jubel der Gäste, als das Paar aus der Kirche trat, das Blumenstreuen der kleinen dreijährigen Tochter einer Mitarbeiterin, die ihren ganzen Korb auskippte und dann die Blumen wieder einsammelte und damit den Zug zum Stehen brachte, und schließlich auch das Reiswerfen, das an eine Konfettiparade in New York erinnerte. Ich stand neben Lutz auf dem Pritschenwagen, als auf dem Kirchplatz ein Reisebus hielt, aus dessen Türen Schwärme von Japanern hervorstürzten, die im Laufen ihre Kameras zückten, um diese romantische europäische Hochzeit von allen Seiten zu filmen. »Schwenk da rüber«, rief ich Lutz zu. Aber er war schon dabei, und zog dann weit auf, damit wir alles in einer Supertotale zusammen bekamen: das Kirchenportal, die Kutsche, das Brautpaar, das sich küßte, und die fotografierenden und filmenden

Japaner, die natürlich auch unsere Kamera entdeckt hatten und daraus wohl auf die Prominenz des Brautpaares schlossen. Erst als ich den ganzen Ablauf wiederholen ließ und dann noch einmal Anne und Holger beim Verlassen der Kirche, beim Einsteigen in die Kutsche und während sie sich küßten in mehreren Einstellungen ins Bild holte, ist den Japanern aufgegangen, daß wir einen Film drehten. Natürlich haben sie auch das aufgenommen.

Ich hatte das Gefühl, alles sei mir aus der Kontrolle geraten. Aber Lutz beruhigte mich, er habe alle Szenen im Kasten. So konnten wir pünktlich den Kirchplatz räumen und gemeinsam beim nächsten Italiener essen gehen. Da Holger und Anne sich noch nicht umgezogen hatten, wurden wir zunächst wieder für eine echte Hochzeitsgesellschaft gehalten und mit vielen Komplimenten in einen extra Raum geführt. Verständnislose Gesichter der beiden jungen Männer, die uns bedienten, als wir fast alle Pizza und Aqua minerale bestellten, bis wir sie aufklärten, daß wir vom Fernsehen waren und ein Film gedreht hatten. Das fanden sie anscheinend genauso interessant.

Im Schneideraum sah das Material besser aus, als ich befürchtet hatte. Den filmenden Japanern verdankten wir, daß alle Szenen völlig echt wirkten. Lutz hatte für meinen Geschmack etwas zu dramatische Bilder gemacht, mit zu vielen Naheinstellungen und weiträumigen Schwenks. Vor allem beim Brautpaar gab es viele Wechsel von der Halbtotale bis zur Großaufnahme der Gesichter und der sich küssenden Münder. Wir ließen die verschiedenen Versionen mit verlangsamter Geschwindigkeit durchlaufen, um besser entscheiden zu können, welche wir nehmen wollten. So sah ich immer wieder Annes Gesicht in der trägen Gedehntheit einer Ekstase, die mir während der Aufnahmen entgangen war. Sie schien das Bewußtsein für die Situation verloren zu haben. Ein schmelzender Ausdruck von Hingabe trat in ihr Gesicht, wenn sie und Holger sich einander zuneigten, um sich erneut zu küssen, wie ich es ihnen zugerufen hatte. Jedesmal flog ein Gesprühe von Reiskörner über die beiden hinweg. Und als sie sich schließlich lösten, um wieder den Hochzeitsgästen zuzuwinken, legte Anne ihre Stirn gegen Holgers Schulter, als ob ihr schwindelig sei. Ich ließ den Film stoppen. Neben mir sagte die Cutterin: »Die ist ja völlig weggetreten.« »Ja«, sagte ich, »phantastisch. Mehr als ich erwartet habe.« Ich war dabei, mir das Rauchen abzugewöhnen. Aber jetzt brauchte ich eine Zigarette und schnorrte sie mir bei der Cutterin. »Machen wir weiter?« fragte sie. »Ja«, sagte ich. »Ich will das noch einmal genau sehen. Stell bitte den bildweisen Ablauf ein.«

Der Film ist allgemein gut aufgenommen worden, und er hat mir im rechten Augenblick die Tür geöffnet. Als Hans bald danach schwer krank wurde – er hat Darmkrebs, wie ich erfahren habe –, wurde ich auf Emmerichs Vorschlag und mit breiter Zustimmung der Kollegen zur kommissarischen Leiterin der Redaktion ernannt. Es ist so gut wie sicher, daß ich demnächst in dieser Position bestätigt werde. Ich habe in diesem Jahr sehr viel arbeiten müssen, vor allem weil ich als Redaktionsleiterin in mehreren Kommissionen sitze. So ist mir entgangen, was mir Christiane nachträglich erzählte, als Holger zu einem anderen Sender gewechselt war. Sie sagte: »Er mußte sich vor Anne retten, die ihm ständig nachgelaufen ist wie eine Verrückte. Natürlich war er daran selbst schuld. Er hätte die Finger von ihr lassen müssen. Anne ist ja immer schon in ihn verliebt gewesen, und er hat das genau gewußt. Trotzdem, aus Eitelkeit oder Langeweile, und ohne sich irgendetwas zu denken, hat er mit dem Feuer gespielt.«

Nein, dachte ich, das wird nicht so gewesen sein, nicht so wie jetzt alle denken. Als sie allein waren, am Abend des Drehtages, nehme ich an, und sich gegenüberstanden, da hat er einen Sog gespürt, dem er nichts entgegensetzen konnte. Und sie sind beide darin untergegangen.

Anne hat übrigens auch die Redaktion verlassen, als ihr Volontariat zu Ende war. Sie arbeitet jetzt in einer anderen Abteilung, und ich habe sie nur noch von Ferne gesehen. Heute legte mir Christiane mit der Post eine gedruckte Anzeige auf den Tisch. »Horst Bredemeier und Anne Schumacher geben ihre Vermählung bekannt«. Christiane sagte, daß Horst Bredemeier ein älterer verwitweter Inspektor aus der Verwaltung sei und in jeder Hinsicht das Gegenteil von Holger, wie ich mir wohl denken könne.

Ich überlegte, was ich Anne schreiben könne, irgendwelche freundschaftlichen Worte, aber mir fielen nur die üblichen Floskeln ein.

[handschriftlich] Für Irene und Bodo mit herzlichem Dank
Dieter
24.XII.1991

Entgrenzung und das Ende der Repräsentanz

Rede zum 50jährigen Jubiläum des Nordrhein-Westfälischen Förderpreises für Kultur
(2007)

Herr Ministerpräsident,
Herr Staatssekretär,
meine Damen und Herren,

50 Jahre sind auch in der sich beschleunigenden Moderne eine ziemlich lange Zeit, aber doch, wenn man wie ich vor drei Tagen 82 geworden ist, ein überschaubarer menschlicher Erfahrungsraum. Ich habe in diesem Zeitraum alle meine Bücher geschrieben. Das letzte oder vorläufig letzte erschien in diesem Jahr. Mit seinem Titel »Der lange Weg zum Anfang« und dem Untertitel »Zeitgeschichte, Lebensgeschichte, Literatur« passt es gut in den Rahmen des heutigen Jubiläums, das ja eine Präsentation geförderter künstlerischer Anfänge ist.

Aller Anfang ist schwer. Aber Anfang ist auch Traum, überschießende Phantasie, Suche nach sich selbst. Nach dem Krieg, als nach anfänglicher Lähmung das Leben sich wieder regte und ich in Bonn zu studieren begann, kam wie in einem Rausch kultureller Innovation alles auf mich zu, wovon die Menschen meines Alters während ihrer gesamten Jugendzeit abgeschnitten waren: die internationale Literatur mit den Großwerken von Joyce, Proust und Faulkner, aber auch Autoren wie Hemingway, Camus, Beckett und Benn, daneben die moderne Kunst in ihren vielen verschiedenen Stilformen und radikalen dekonstruktiven Konzepten, die den traditionellen Kunstbegriff auflösten, um eine alle Grenzen überschreitende Kreativität freizusetzen, dazu, vertiefend und Zusammenhänge kenntlich machend, Philosophie, Soziologie, Politologie und die Psychoanalyse, insgesamt ein völlig neues Lebensverständnis und Menschenbild. All das saugte man begierig auf. Es war ein Reichtum, der einen die materielle Armut und Not vergessen ließ.

Im Trubel dieser Entdeckungen wurde der zentrale Gedanke der existenzialistischen Philosophie, dass der Mensch dank seiner Freiheit dazu bestimmt sei, sich seine eigene Notwendigkeit zu erschaffen, meine Devise. Ja, das wollte ich. Nach der Nazidiktatur, die das Leben des Einzelnen unter ihre kollektive Zwangsordnung gebeugt hatte, fühlte ich mich durch diesen Satz verstanden.

Aber was war meine eigene Notwendigkeit? Nicht das, was ich an Studienzielen und daraus sich ergebenden Berufslaufbahnen vor mir sah. Ein Gefühl der Unlust stellte sich jedesmal ein, wenn ich mir ein solches rollenhaft definiertes Lebensziel vorzustellen versuchte. Ich glaubte im Grunde nicht, dass sich die Welt nach den Katastrophen und Zerstörungen des Krieges wieder normalisieren würde. In den zwei Jahren, in denen ich als 17- bis 19jähriger Soldat in den Szenarien von Kaserne, Front, Lazarett und Gefangenencamp herum getrieben worden bin, war die Ausnahmesituation für mich zur Normalität geworden. Man kann es aber besser noch umgekehrt formulieren. Das Wissen, nur zufällig am Leben geblieben zu sein, hatte für mich »Leben« zu einem emphatischen Begriff gemacht. Ja, ich wollte leben, wollte Erfahrungen machen, mich ausdrücken, und das Medium, an das ich dabei dachte, war die Literatur. Anknüpfend an erste Versuche aus der Schülerzeit, begann ich neben dem Studium, wieder zu schreiben.

Es war ein langer Weg mit vielen Umwegen und Aufenthalten, auf den ich mich damals begab. Denn die »eigene Notwendigkeit«, von der ich träumte, war blockiert von den massiven Notwendigkeiten des realen Überlebens. Jahrelang verdiente ich den Lebensunterhalt für meine Familie durch das Schreiben von Rundfunkfeatures und Hörspielen, später dann als Lektor in einem Verlag. Beides waren anspruchsvolle Arbeiten, die mir keine Zeit und auch keine freie Energie für einen größeren Prosatext wie einen Roman ließen. Manchmal wollte ich es mir schon gesagt sein lassen. Doch dann bekam ich 1960 den Hörspielpreis der Kriegsblinden und 1962 den Förderpreis von Nordrhein-Westfalen. Das löste zwar meine Probleme nicht. Aber alles sah wieder etwas anders aus.

Im Rückblick bin ich dankbar für den Aufschub. Denn dadurch hat sich das Grundthema meiner Bücher entwickelt: die Glückssuche heutiger Menschen, die sich in der Regel nicht mehr in den traditionellen religiösen und politischen Heilsversprechungen aufgehoben fühlen, sondern versuchen, in der vom Zufall durchwirkten, widerständigen Welt miteinander oder gegeneinander und auf jeden Fall in ihrer unaufhebbaren Verschiedenheit ihr eigenes Bild eines wünschenswerten Lebens zu verwirklichen, was tendenziell ein identitätsstiftendes, aber zugleich hoch illusionsanfälliges Vorhaben ist. Ein solches Thema kann man sich nicht ausdenken wie etwas Beliebiges. Es ist eine lebensgeschichtlich entstandene Faszination, die sich weiterentwickelt und wie eine Handschrift eine wieder erkennbare Spur hinterlässt.

Dass ich heute beim 50jährigen Jubiläum der kulturellen Förderpreise aus dem Blickwinkel meiner persönlichen Erfahrungen spreche, ist deshalb vielleicht auch nicht ganz zu vermeiden. Es ist mein persönlicher Dank an die gefeierte Institution, in deren dokumentarischem Rückblick in allen kulturellen Sparten bedeutende schöpferische Persönlichkeiten zu finden sind, die als junge Menschen Empfänger von Förderpreisen waren. So sieht das Jubiläum eines erfolgreichen Unternehmens aus. Die Fachjurys, die von der Kulturpolitik eingesetzt wurden, um Kandidaten für die Förderpreise zu finden, haben durchweg gute Arbeit geleistet. Dass auch viele Namen, die in den Listen der Preisträger stehen, heute keine bekannten Namen mehr sind, gehört mit zur Melancholie dieses schwierigen Geschäftes.

Ich muss auch noch sagen, dass mein kurzes inneres Zögern, den Auftrag anzunehmen, nicht ganz unberechtigt war. Denn wenn, dem Anlass entsprechend, so viele verschiedene Künste und kreative Konzepte in eine Gesamtperspektive gebracht werden sollen, ist die Wahrscheinlichkeit groß, dass etwas Vages dabei herauskommt. Das hat mich an einige signifikante Sätze von Gottfried Benn erinnert, erfahrungsgesättigte Bekenntnisse, die wie Warnlampen vor mir aufleuchteten: »Gesamtschau, Totalität, Betreuung, Lebenseinheit, Harmonie, das lehnte ich ab.« »Gelegenheiten, das war es.« »Heute ist das Nebeneinander der Dinge zu ertragen auftragsgemäßer und seinserfüllter.«

Das könnte das Leitmotto für den Katalog sein, der mit den seit fünfzig Jahren in wachsender Breite verliehenen Förderpreisen das Fundament der staatlichen Kulturpolitik präsentiert hat. Es ist in seiner Vielfalt auch ein Dokument für das Selbstverständnis des modernen demokratischen Staates, der die Kunst fördert, ohne sie als ein Instrument ideologischer Konformitätssicherung in Dienst zu nehmen, wie es im vergangenen Jahrhundert in Deutschland zweimal geschehen ist und jüngst als restaurative Phantasie in der Äußerung von Kardinal Meisner wieder auftauchte, dass die Kunst entarte, wenn sie den Bezug zu Gott verlöre. »Helm ab zum Gebet«, kann man da nur sagen. Denn das ist ein Rekrutierungsaufruf, der unter der Androhung einer bevorstehenden kulturellen und moralischen Katastrophe beflissene Helfer für den Versuch anwirbt, erneut eine oberste, unveränderliche, der Kritik und dem Zweifel entzogene Wahrheit zu etablieren, auf die sich eine zentralperspektivisch geordnete, stabile Lebensordnung gründen und berufen könnte. Das wäre dann ein schlimmer Rückfall hinter den aufgeklärten, multiperspektivischen und prozesshaften Wahrheitsbegriff, nach dem Wahrheit aus menschlichen Erfahrungen entsteht und durch deren Austausch fortschreitend differenziert wird. Das ist auch der Wahrheitsbegriff der demokratischen Gesellschaft und des ihr zugehörigen funktional geordneten Staates, der seine Subsysteme wie Wirtschaft, Wissenschaft und die Künste weitgehend ihrer eigenen Logik überlässt und dadurch erstaunliche produktive Energien freisetzt.

Dass es problematisch ist, die Vielfalt der individuellen künstlerischen Werke und Konzepte auf einen gemeinsamen Begriff zu bringen, habe ich bereits gesagt und bin der Aufgabe bisher aus dem Weg gegangen. Doch ich möchte es wenigstens umrisshaft versuchen. Man kann zum Beispiel den grundsätzlichen Gegensatz der institutionellen Regelung menschlichen Verhaltens durch Gesetze oder Konventionen und seiner künstlerischen Darstellung auf die Formel bringen, dass Institutionen im Sinne einer rationalen, zweckmäßigen Verhaltenssteuerung bemüht sind, störende Komplexitäten und Irritationen auszuschalten, um die Situation einfach und vorhersehbar zu machen, die Kunst dagegen Überraschungen und Systembrüche ins Spiel bringt, um die Wahrnehmung der verdrängten Komplexität der Welt wieder zu erneuern. Diese Gegenläufigkeit entspricht der exzentrischen menschlichen Position. Dass wir uns als leibliche Wesen immer im Hier und Jetzt konkreter Situationen befinden, doch zugleich dank unseres Bewusstseins, unserer Phantasie von einem viel größeren Horizont von Möglichkeiten umgeben sind, mit denen wir uns auseinandersetzen müssen. Ich habe das am Beispiel der Literatur entwickelt und sie als die imaginäre Probebühne für alle verborgenen oder verleugneten Möglichkeiten des Lebens bezeichnet, Unglück, Verbrechen, Wahn und jede Art von Absonderlichkeit mit eingeschlossen. Das ist eine Spannweite, die von der subtilen Darstellung changierender Personen und verborgener ungelöster Konflikte bis zu der mehr oder minder schematischen Täuschungsdramaturgie der üblichen Kriminalromane reicht, die durch das ungeklärte Verbrechen einen krisenhaften Zustand von Mehrdeutigkeit erzeugt, bis zum Schluss durch rationale Informationssynthese das Tatgeschehen rekonstruiert und der Täter gefasst ist und die gestressten Kriminalbeamten mit einem Satz wie »Gehen wir essen« in die vorübergehend wieder hergestellte, zivile Normalität zurückkehren können. War es ein Fernsehkrimi, dann kann der Zuschauer jetzt zufrieden den Apparat ausschalten oder, was vermutlich wahrscheinlicher ist, sich dem anschließendem Programm überlassen und das soeben Gesehene sofort vergessen.

Als Antwort auf die Flüchtigkeit glatt gebügelter Probleme, ursprünglich vor allem auf das Happy-end des Trivialromans, hat die Literatur die Dramaturgie des offenen Schlusses entwickelt, nach der eine Erzählung oder ein Roman beendet wird, wenn die dargestellen Probleme ungelöst, aber auf dem Höhepunkt ihrer Entfaltung sind. Dadurch wird der Leser mit dem vollen Gewicht der sich stellenden Fragen belastet und genötigt, auf sie eine eigene Antwort zu suchen. Dass das so geschieht, setzt allerdings voraus, dass der Abbruch des Textes nicht einfach die übliche Spannungserzeugung durch Informationsentzug ist, sondern der Ausdruck einer wirklichen Unfähigkeit des Autors, angesichts der sichtbar gewordenen Komplexität der geschilderten Situation eine überzeugende Antwort zu finden.

Das erinnert mich an mein Hörspiel »Der Minotaurus« aus dem Jahr 1959. Es besteht aus den sich zuspitzenden Monologen eines Mannes und einer Frau, die gemeinsam eine illegale Schwangerschaftsunterbrechung geplant haben, aber als der Termin plötzlich verschoben wird, sich nicht mehr einig sind. Damit endet das Stück. Der NDR wollte es gerne produzieren, verlangte aber die Änderung des Schlusses: das Paar sollte sich dafür entscheiden, dass das Kind geboren wurde. Ich hatte damals ernsthafte Geldprobleme und war auf das Honorar angewiesen. Doch ich konnte mich nicht dazu überwinden, die gewünschte Korrektur vorzunehmen, denn beim Schreiben der Monologe hatte ich mich in die Berechtigung beider Perspektiven hineingedacht. Das konnte ich nun nicht mehr hintergehen, um dem Publikum die geforderte Standardlösung des Problems zu liefern. Ich sagte also ab.

Später ist das Stück dann doch unverändert gesendet worden, und ich erhielt dafür den Hörspielpreis. In meiner Dankrede unter dem Titel »Das Problem des letzten Satzes« sprach ich über die grundsätzliche Schwierigkeit, angesichts der widersprüchlichen Komplexität des Lebens normative Sätze zu formulieren. Zunächst einmal kam es darauf an, die Situation und die handlungsleitenden Motive der Menschen zu verstehen. Ungeschmälerte Wahrnehmung der Wirklichkeit und nicht abstrakte moralische Generalisierungen waren nach meinem Verständnis die eigentliche Aufgabe der Literatur.

Drückte sich darin vielleicht eine »Entwertung der obersten Werte« aus, wie Nietzsche die Heraufkunft des europäischen Nihilismus beschrieben hatte? Nach den beiden Weltkriegen, dem Holocaust, der Nazidiktatur und dem Stalinismus und dem Leben im atomaren Patt des Kalten Krieges lag es nahe, dass man es so sah.

Adorno prägte damals den Satz »Nach Auschwitz kann man kein Gedicht mehr schreiben«, dessen generalisierte Fassung lautete: »Es gibt kein richtiges Leben im falschen.« In Adornos Sicht waren nur noch Kunstwerke seinsgerecht, die ihre eigene Auflösung reflektierten, zum Beispiel Becketts »Endspiele« und seine sich dem endgültigen Verstummen nähernden Monologe.

Doch der künstlerische Aufbruch, der, nach einer ersten Phase in den Zwanziger Jahren, in den Fünfziger Jahren erneut begann, wirkte eher lärmend und enthusiastisch, nachdem durch die Parole »Alles ist Kunst, jeder ist Künstler« die Eintrittsbedingungen in den Bereich der Kunst radikal erleichtert worden waren. Mit Readymade, Actionpainting und Minimal Art, mit Collagen und Assemblagen, Mobiles und Videoinstallationen, Happenings und hyperrealistischen Fotomontagen wurden die Sinn- und Gestaltgarantien traditioneller Kunst spielerisch, aber auch kunstideologisch unterlaufen, als ob sich dahinter nicht nur der Kunstmarkt, sondern das Reich der Freiheit geöffnet hätte. Herbert Marcuse hat in seinem berühmten »Versuch über die Befreiung« den allerdings noch weiträumiger gemeinten Begriff der »regressiven Entsublimierung« geprägt, der in der objektiven Entgrenzung auch die Enthemmung begreift. Der Soziologe Arnold Gehlen hat den Begriff der »Entlastung« in die kunsttheoretische Diskussion eingeführt, um den Wechsel des traditionellen Tafelbildes von der Abbildung der Welt und des menschlichen Lebens zur abstrakten, gegenstandslosen Malerei verständlich zu machen, als einen Rückzug von dem nicht mehr zu erfüllenden Anspruch der sinnlich konkreten Repräsentation einer selbst immer abstrakter gewordenen Wirklichkeit. An die Stelle der Widerspiegelung traten das spielerische Machen und das Konstrukt.

Ernst Bloch, der Schöpfer einer visionären Philosophie der Hoffnung, in der die Geschichte als ein Weg in einen utopischen Gesellschaftszustand dargestellt ist, in dem der naturalisierte Mensch in einer humanisierten Natur leben wird, hat einen so relativierenden Gedanken wie Gehlen angesichts der Gegenwartskunst nicht fassen können. Da er die Höhepunkte der abendländischen Kunst wie die gotische Kathedrale, die Musik von Bach bis Beethoven und die europäische Landschaftsmalerei als »Vorschein« der utopischen Gesellschaft interpretiert hatte, musste er auch eine Interpretation für den Traditionsbruch der Moderne finden, und mit unüberhörbarem Widerwillen sagte er, das sei ein Zwischenspiel eines »kleinen Geschlechts.« Seitdem ist seine Hoffnungsphilosophie aus der Diskussion geraten und lagert als eine flugunfähig gewordene Raumfähre im Depot der Geschichte.

Dagegen habe ich den Eindruck, dass die zeitgenössische Kunst nach ihrer hektischen Startphase, wie auch die Literatur, inzwischen fest eingebettet worden ist in den großen Zusammenhang der medialen Eventkultur und den Strömen des Publikums, die bei Festivals, Messen und anderen Gelegenheiten mobilisiert werden. Die Entwicklung ist unübersehbar.

Aber mir fällt auch etwas Unüberhörbares ein, das im Jahr 1957, das ja das Gründungsjahr der kulturellen Förderpreise des Landes Nordrhein-Westfalen ist, rund um die Welt gehört wurde. Es war der regelmäßige Piepston einer im Sonnenlicht glänzenden silbernen Kugel, die auf einer erdnahen Umlaufbahn den Planeten umkreiste. Das war der russische Sputnik, mit dessen Flug der Aufbruch der Menschheit in den Weltraum begann. Dank der Gleichzeitigkeit und Parallelität der Vorgänge bietet sich die animierende Phantasie an, das Signal sei zugleich das Startzeichen für einen neuen Vorstoß in den inneren Raum der künstlerischen Imagination geworden. Zugegeben, das ist ein bloßes Gedankenspiel. Doch man kann daran den ernsthafteren Gedanken knüpfen, Wissenschaft, Technik und Kunst seien sich gegenseitig stimulierende Koevolutionen der experimentierenden Gattung Mensch, die sich unentwegt neu hervorbringen muss. Aber ehe wir jetzt abheben in die Höhen oder Tiefen des spekulativen Raums, ziehe ich es vor, meinen Vortrag zu beenden.

Das andere Amerika. Erschreckende Spiegelbilder

(2004)

Wenn zutrifft, dass Bush die Wahl zum Präsidenten der USA gewonnen hat, dann gibt es gute Gründe, Senator Kerry zu seiner Niederlage zu gratulieren. Denn er wäre als Präsident dazu verurteilt gewesen, die praktische Verantwortung für das eskalierende Schreckenschaos zu übernehmen, das sein Vorgänger durch den blind vom Zaun gebrochenen Irak-Krieg angerichtet hat. Bush hat damit den Kampf gegen den Terrorismus auf ein falsches Gleis geschoben und einem umfassenden Krieg der Kulturen den Weg frei gemacht. Das Debakel sieht von Monat zu Monat aussichtsloser aus. Und nichts verrät die Ratlosigkeit von Bush deutlicher als die Absurdität seiner Behauptung, die Welt sei durch den Krieg sicherer geworden, die er den sich häufenden Schreckensmeldungen entgegen hält. Kerry hätte sich dieser fatalen Situation nicht radikal entziehen können. Stattdessen hätte er versucht, die Europäer in einen Haltegriff zu nehmen und mit höchst problematischen Bündnispflichten zu beladen. Bush wird das nicht im gleichen Maße können. Dürfen wir uns also beglückwünschen, dass Kerry die Wahl verloren hat?

Mich befremdet dieser Gedanke, denn er schneidet tief ein in die Gefühle der Dankbarkeit und der Faszination, die ich für die Gesellschaft und die Kultur der Vereinigten Staaten empfinde, nicht anders übrigens als die meisten Deutschen. Als 1999 in Sibirien bei einer Literaturtagung mich ein sibirischer Autor meiner Generation fragte, warum die Westdeutschen sich nach dem Krieg den Amerikanern angeschlossen hätten, antwortete ich: Der amerikanische Lebensstil war für uns das attraktivere Angebot. Ich konnte das in nachklingender Begeisterung schildern. Vor allem der Jazz trieb uns die Marschmusik aus dem Leib und vermittelte uns mit dem neuen Körpergefühl die Botschaften des Individualismus, der Freiheit und der spielerischen Kooperation. Die USA zeigten sich uns als ein Land pulsierender Weltstädte, führend in Wirtschaft und Wissenschaft.

Alles das gibt es natürlich noch. Aber etwas anderes, das im provinziellen Hintergrund auch immer da war, hat wie über Nacht die mediale Bühne besetzt und ist mit der Präsidentschaft von Bush zur beherrschenden politischen Kraft geworden: ein religiöser Fundamentalismus, der in seiner dumpfen Selbstgerechtigkeit dem antinormativen Christentum der Bergpredigt völlig fremd ist und dem Fanatismus des islamischen Fundamentalismus wie eine hilflose Antwort gegenübersteht. Beides haben wir zu fürchten.

Sehen und Hören

Was geschieht eigentlich, wenn einem, wie es eine geläufige Redensart sagt, »Hören und Sehen vergeht«? Offenbar ein Verlust aller Sicherheit wie bei einer totalen Beraubung. Man stürzt in eine anhaltslose Formlosigkeit wie in ein Schwarzes Loch. Denn Augen und Ohren sind im Konzert der Sinnesorgane die Hauptpforten unserer Wahrnehmung der uns umgebenden Welt, die uns herausgefordert und geformt hat, so dass wir wurden, wer wir sind.

Der fundamentalen Lebensbedeutung dieser Organe entsprechen Energie und Aufwand ihrer wissenschaftlichen Erforschung und deren Ergebnis: die fortschreitende Verfeinerung der Diagnostik und der Chirurgie. Wer heute mit Sehschwierigkeiten zum Augenarzt geht, um sich eine neue Brille verschreiben zu lassen, wird durch einen langen Parcours mit unterschiedlichen Messgeräten geschickt, deren Resultate der Augenarzt nach einer weiteren Funktionsprüfung zu einer Diagnose zusammenfasst. Mit ihr überweist er den Patienten zum Optiker oder in eine Augenklinik, wo über die Chancen eines operativen Eingriffs zur Wiederherstellung beschädigter oder verloren gegangener Sehfähigkeiten entschieden wird. Das Auge ist ein hochsensibles Organ, dessen funktionelle Störungen und Ausfälle mehrdeutig sein können. So etwas schwebte mir vor, als ich 1966 in meinem ersten Roman, der den ironischen Titel »Ein schöner Tag« trägt, in der radikalen Distanzlosigkeit einer ununterbrochenen Präsenz geschildert habe, wie ein verstörter, total erschöpfter junger Mann in extremer Hitze mit nachlassenden Kräften einen schweren Koffer trägt und verzerrte, verschwommene Wahrnehmungen hat. Alles scheint sich aufzulösen, vor allem auch sein Ich, denn er hat Geld durchgebracht, das ihm nicht gehört, und weiß nicht, was er nun tun soll. Innerlich und äußerlich taumelt er.

»Wieder kommt er in die Hitze, die farblose Helligkeit. Die Hitze ist ein Glänzen, das die Gegenstände vermummt, das auf ihnen klebt als ein Belag, ein heller, dünn gestrichener Schleim. Er versucht wieder gleichmäßig zu gehen und den Koffer nicht dauernd von einer Hand in die andere zu wechseln, und immer wenn er sich Ziele setzt, bis dahin die linke, bis dahin die rechte Hand, sieht er am Ende der Straße, und weiter, so weit er sehen kann, ein Fließen wie von durchsichtigem, erhitztem Öl. Während in der Nähe alles starr ist, kantig und gezackt, schmelzen vor ihm die Dächer in den hellen Flüssen wie gleitendes, sich drehendes, dunkel werdendes Fett.«

Was ich hier zu schildern versucht habe, ist kein organisches Versagen, sondern eine übererregte krisenhafte Irritation, die Körper und Geist der Person zugleich betrifft. Trotz der extrem verzerrten Wahrnehmung ist es kein Fall für den Optiker oder die Augenklinik. Was der verstörte und erschöpfte junge Mann in der Außenwelt wahrnimmt, ist kein optisches Defizit, sondern ein chaotisches Spiegelbild seiner desolaten Verfassung. Obwohl das Sehen vor allem ein außenorientiertes organisches Vermögen ist und als solches in der ärztlichen Diagnostik vermessen wird, hat es Wurzeln in der seelischen Verfassung der Person. Als sinnlich konkretes Phänomen ist es in seiner Zweideutigkeit zugleich eine existentielle Metapher, changierend im fundamentalen menschlichen Fragenspektrum: Wo sind wir? Wer sind wir? Was wollen wir? Es sind die Grundfragen der Literatur.

Werfen wir noch einen Blick auf den Geschwistersinn des Sehens: das Hören, das nicht minder subjektiv ist. Ich habe 1990 ein Buch über Köln veröffentlicht, in dem es ein Kapitel über die Kölner Rheinbrücken gibt. Nach dem Krieg lagen sie alle gesprengt im Fluss, ein schrecklicher Anblick, aber nur ein besonders markantes Detailbild der durch die Bombardierungen in eine Trümmerwüste verwandelten Innenstadt. Da ich in einer kleinen Kreisstadt nördlich von Köln aufgewachsen bin, habe ich in vielen Nächten das Geräusch der einfliegenden Bombergeschwader gehört, das mit dem berüchtigten Tausendbomberangriff auf Köln begann. Als ich nach dem Krieg in Bonn studierte, war Köln immer noch in einem verheerenden Zustand. Es war schlicht unvorstellbar, dass daraus wieder einmal eine normale Stadt werden würde. Dass es nach und nach doch geschah, habe ich verspätet wahrgenommen bei einem Frühlingsspaziergang am östlichen Rheinufer, wo ich in der Nähe der wieder aufgebauten Hohenzollernbrücke zu dem berühmten Stadtpanorama mit dem Dom, dem Sheddach des neuen Museums, der wieder aufgebauten Altstadt, dem Rathausturm und dem mit vier kleinen Ecktürmen bewehrten Turm von Groß St. Martin hinüberblickte.

Ich lese Ihnen den Text vor:

»Stadt und Fluss zeigten sich im besten Licht und ließen in mir ein Gefühl von freundlicher Zustimmung entstehen, eine Art Einklang mit der vertrauten Welt. Ich schloss die Augen, um dieser Stimmung nachzugeben. Man konnte die Welt sich selbst überlassen. Alles war so selbstverständlich da und ich wusste mich darin aufgehoben.

Da auf einmal hörte ich das Geräusch: ein ununterbrochenes Rollen und Dröhnen, fast ein metallischer Klang. Es war wohl die ganze Zeit schon da gewesen, unterhalb der Schwelle meiner Aufmerksamkeit. Das friedlich-heitere Panorama der Stadt, der im Sonnenlicht glänzende Strom hatten es nicht aufkommen lassen. Doch in dem Moment, in dem ich die Augen schloss, war die sonnige Idylle ausgelöscht und das Geräusch konnte zu mir durchdringen und mich umhüllen. Es war ein dunkler, rhythmisch schwingender Klang, der wie in einem weiträumigen Gewölbe widerhallte, ein ausgedehnter Schallschirm über mir, dringlich und unbestimmt wie ein geträumtes Geräusch. Und wie man in einem Traum erwacht und immer noch weiter träumt, erkannte ich, was es war: das Dröhnen der Motoren anfliegender Bombergeschwader, dessen sonore Drohung den ganzen Himmel erfüllte. Es näherte sich einige Zeit nach dem Heulen der Sirenen und kam hinter ihnen hervor, sobald der Sirenenton verebbt war. Die Scheinwerfer suchten nach dem Dröhnen, die Flakgeschütze ballerten ihm entgegen, aber es breitete sich immer mehr aus. Das mussten Hunderte von Flugzeugen sein, die unaufhaltsam ihrem Zielgebiet entgegen flogen. Ich stand am Kellerfenster und blickte zum Himmel hoch, wo nichts zu sehen war außer dem Lichtschein explodierender Flakgranaten, denen wie kurze Paukenschläge der Schall folgte. »Die fliegen nach Köln«, sagte jemand hinter mir. Und in Köln am Rheinufer saß ich und brauchte nur die Augen zu öffnen, um zu begreifen, dass das unheimliche Geräusch das Dröhnen der ein- und ausfahrenden Züge auf der Hohenzollernbrücke war, die mit ihren schweren Stahlblechen, Hohlkörpern und vergitterten Bögen wie ein riesiges Klanginstrument wirkte. Im selben Moment flachte der Klang ab und zog sich in das Bild zurück, zu dem er gehörte: Ein langer Intercityzug rollte auf den Bahnhof zu, aus dem ihm ein anderer Zug entgegenkam. Die Reisenden, die im Hauptbahnhof aussteigen wollten, standen jetzt mit ihren Gepäckstücken im Gang neben den Abteilen oder im Vorraum der Großraumwagen und blickten auf den Strom und die näherkommende Rheinpromenade. Was für ein schöner Tag, mochten sie denken. Was für ein reizendes Bild. Gleich würden sie in die große, neu eingedeckte Glashalle des Hauptbahnhofs einfahren und ganz selbstverständlich am Ziel ihrer Reise und vielleicht sogar zu Hause sein. Wahrscheinlich habe nur ich an meinem abseitigen Platz vernommen, wovon die Brücke gesungen hat.«

Ende einer Freundschaft

(2013)

Er hieß Hans Egon, ein Name, den ich noch nie gehört hatte und mir so vorkam, als habe man die Vornamen von zwei verschiedenen Menschen zu einem zusammengefügt. Doch ich kam nie auf den Gedanken, ihn einfach »Hans« zu nennen. »Winnetou« hätte zu ihm gepasst.

»Du darfst nicht mehr mit Hans E. spielen«, sagte meine Mutter. »Seine Schwester hat eine ansteckende Krankheit. Sag ihm, dass er nicht mehr kommen soll.«

»Aber er ist doch mein Freund«, sagte ich.

»Ja, ich weiß. Es tut mir leid. Aber seine Schwester hat Tuberkulose. Das ist eine schlimme, ansteckende Krankheit. Daran kann man sterben.«

»Ich spiel trotzdem mit ihm«, sagte ich.

»Bitte, tu's nicht«, sagte meine Mutter. »Wir können ja in einem halben Jahr wieder darüber reden. Bitte, hör auf mich!«

Am nächsten Tag klingelte er an der Haustür.

»Kommst du mit ins Tannenwäldchen?« fragte er.

»Ich habe keine Lust«, sagte ich.

»Wir können auch Kahnfahren. Ich hab Geld.«

»Nein«, sagte ich. »Ich darf nicht mehr mit dir spielen, weil deine Schwester Tuberkulose hat.«

Er sah mich erstaunt an.

»Sie ist schon wieder gesund«, sagte er. »Komm, wir gehen Kahnfahren. »

»Nein; ich darf nicht«, sagte ich verzweifelt, »ich darf nicht mit dir spielen. Und du darfst auch nicht mehr kommen. Erst in einem halben Jahr wieder. »

»Dann geh ich«, sagte er. »Ich bin im Tannenwäldchen. Du kannst ja nachkommen.«

Er verließ unser Grundstück. Aber auf der anderen Seite des Gartentors drehte er sich wieder um.

»Hier darf ich stehenbleiben«, sagte er.

Er grinste ein wenig, und ich sah wieder, dass er eine Ähnlichkeit mit einem Chinesen hatte. Plötzlich ging ich drohend auf ihn zu.

»Verschwinde!« schrie ich. »Hau sofort ab!«

Er drehte sich achselzuckend um und ging trödelig weiter, kickte ein Steinchen vor sich her. Auf einmal fing er an zu laufen, drehte sich nicht mehr um.

Ich ging ins Haus zurück und schloss mich in mein Zimmer ein. Ich hasste meine Mutter. Und ich hasste mich selbst.

Ein neuer Anfang

Ich traf Hans Egon wieder auf dem Platz bei der alten Maschinenfabrik, ganz in der Nähe seiner Wohnung. Er und ein anderer Junge schlugen mit Stöcken in die Kastanienbäume und sammelten die heruntergefallenen Kastanien auf. Die Kastanien wurden für die Wildfütterung gebraucht. Man konnte ein bisschen Geld damit verdienen. Hans E. sah mich, als ich kam, kümmerte sich aber nicht um mich, und ich suchte mir einen Stock und schlug auch in die Bäume. Als ich beide Hosentaschen voller Kastanien hatte, ging ich zu Hans E. und fragte: »Wieviel hast du schon?«, und er ließ mich in seinen Sack blicken, der halb voll war. Ich tat meine Kastanien dazu, und dann sammelten wir weiter, und meine kippte ich immer in seinen Sack.

Dann gingen wir zu ihm nach Hause, um den Sack dort abzustellen. Seine Schwester war auch da. Sie sah nicht krank aus. Sie war sogar größer und dicker geworden im Sanatorium und hatte richtige Brüste bekommen. Sie sagte »Tach«, als sie mich sah. Aber die Mutter von Hans E. sagte nichts zu mir. Und schließlich kam sie und sagte zu ihm: »Du musst noch Kaninchenfutter holen.« Hans E. maulte ein wenig, weil er keine Lust hatte, aber ich sagte, dass ich ihm helfen würde, und wir zogen zusammen los.

Am nächsten Tag kam er dann wieder zu uns. Meine Mutter sagte nichts dazu. Schämte sie sich? Hatte sie ihre Meinung geändert? Ich wollte sie unbedingt danach fragen. Aber dann vergaß ich es. Und ich hatte auch den Namen der schlimmen Krankheit vergessen.

Ich weiß nicht mehr, wie alt wir damals waren. Es muss Anfang der dreißiger Jahre gewesen sein. Ich nehme an, dass wir beide im vierten Schuljahr waren. Bücher zu lesen und auszutauschen, war üblich geworden. Vielleicht war ich aber auch schon in der Sexta des örtlichen Gymnasiums, und schulisch hatten sich unsere Lebenswege getrennt. Denn Hans Egon stammte aus einer Gesellschaftsschicht, die ihre Kinder nicht aufs Gymnasium schickte, obwohl er mindestens so intelligent und zweifellos intuitiver war als die Mehrzahl meiner gymnasialen Klassenkameraden. Vielleicht hätte er trotzdem oder sogar deshalb im Gymnasium Schwierigkeiten bekommen. Lernen im Stil der damaligen Paukschule, dokumentiert durch gute Zeugnisse und jährliche Versetzungen, wie es meine Eltern selbstverständlich von mir erwarteten, wäre ihm wohl schwer gefallen. Denn er war ein Träumer und Phantast, der die Ärmlichkeit seines Zuhause imaginär überspielte, indem er zusammen mit mir, der ich ähnliche Bedürfnisse nach Grandiosität hatte, ausgerüstet mit selbst gebastelten Pfeilen und Bogen, die Waldungen und Wiesen der niederrheinischen Erftlandschaft durchstreifte in der gemeinsamen Phantasie, Indianer auf der Jagd oder auf dem Kriegspfad zu sein. Wir gestikulierten und redeten in dem deklamatorischen Stil, den wir aus unseren Indianerbüchern kannten, erfüllt von dem Gefühl einer Wiedergewinnung und imaginären Teilhabe an einem freieren, ausdrucksvolleren Leben als es die bürgerliche Welt der Erwachsenen zu bieten hatte.

Natürlich war das eine schwache Position, weil sie rein fiktiv und darstellerisch begrenzt war. Doch Hans Egon und ich stimmten überein in unseren Überzeugungen und Idealen. Unser Indianerspiel hatte das Pathos einer verschworenen Wertegemeinschaft, durch die wir uns von allen anderen Menschen als Geheimnisträger abhoben. Das motivierte uns. Das schmiedete uns zusammen. Es war ein wichtiger Entwicklungsschritt: die spielerische Erprobung der eigenen Bündnisfähigkeit in der Distanz zu den kritisch wahrgenommenen Konventionen der Gesellschaft, gefühltes, szenisch dargestelltes Selbstseinkönnen. Nicht nur, weil wir am Ende unserer gemeinsamen Traumzeit beide dazu übergingen, eine eigene Indianergeschichte in unsere Schulhefte zu schreiben, glaube ich, dass die vielleicht zwei Jahre anhaltende Phase unserer spielerischen Umdichtung der Welt eine frühe Vorstufe meines literarischen Schreibens war.

Umso befremdlicher empfinde ich den Konformismus der Zurufkommunikation heutiger Jugendlicher, die sich überall, wo sie gerade sind, aber anscheinend besonders gerne in vollbesetzten Zugabteilen, über ihre Handys Quersummen ihrer alltäglichen Existenz mitteilen. Es hört sich an wie eine Sammlung von Belegen, dass alles unverändert weitergeht.

Was soll das? Gibt es eine neue kommunikative Pflicht zur Verbreitung von Langeweile durch allseitige Beruhigung? Ich muss als unfreiwilliger Zuhörer wieder einmal darüber eingeschlafen sein. Denn als ich wach werde, sitzt auf dem Platz neben mir ein alter Mann, der anscheinend zwischendurch eingestiegen ist. Er scheint ungefähr so alt zu sein wie ich und sieht ein wenig verwahrlost aus. Ein Gesicht – nicht auffällig, doch sonderbar. Aber kein Grund, ihn länger zu betrachten. Wir lauschen beide der umständlichen Handyerzählung einer jungen Frau in der Sitzreihe vor uns. Als die endlich fertig ist, murmelt mein Nachbar: »Hugh, ich habe gesprochen.« Und da erkenne ich, dass es Hans Egon ist! Ja, er lebt noch! Natürlich hat er sich verändert. Aber ich ja auch. Was denkt er über mich? Er sagt nichts, blickt geradeaus. Nein, ich werde ihn nicht ansprechen. Soll ich ihn vielleicht fragen: »Entschuldigen Sie bitte, kennen wir uns?« Nichts spricht dafür. Mal abwarten, wer zuerst aussteigt.

Das Schweigen der alten Kirchen

(2001)

Wenn man auf der Autobahn, von Westen oder Osten kommend, auf Köln zufährt, sieht man von den Hängen der Voreifel oder des Bergischen Landes aus schon von weitem die beiden Zwillingstürme des Domes. Sie ragen als das weltweit bekannte Wahrzeichen der Stadt aus der nach den Kriegszerstörungen wieder dicht mit Gebäuden gefüllten Schale der Innenstadt hervor.

Der Dom ist der Mittelpunkt der Stadt, was im 19. Jahrhundert durch seine Fertigstellung bestätigt und durch die Entscheidung bekräftigt wurde, den Hauptbahnhof zu seinen Füßen anzulegen. Die ankommenden Reisenden haben, wenn sie aus der Vorhalle des Bahnhofs treten, das gewaltige Bauwerk dicht vor ihren Augen. Manche nehmen den Umweg durch die Kathedrale, bevor sie in die Stadt gehen, als sei das eine unumgängliche Initiation.

Schon durch seine exponierte Lage ist der Dom die herausragende touristische Attraktion der Stadt, im Gegensatz zu den romanischen Kirchen, die als einzelne Bauten und als Ensemble ebenfalls eine architektonische und historische Kostbarkeit allerersten Ranges darstellen. Im Unterschied zum Dom wurden die meisten von ihnen außerhalb der römischen Stadtmauer in den angrenzenden Arealen der sich ausdehnenden mittelalterlichen Stadt gebaut, wo es zur Zeit der Stiftsgründungen noch genügend Raum für die zugehörigen Klosteranlagen und Ländereien gab. Heute ist das alles Innenstadt. Und die alten Stiftskirchen stehen in der städtischen Umwelt aus Kaufhäusern, Bürogebäuden, Einkaufspassagen und Verkehrstraßen isoliert und zum Teil auch versteckt da als Überreste einer ganz anderen, seit langem vergangenen Zeit.

Während der Dom nach dem Zweiten Weltkrieg im wesentlichen unbeschädigt inmitten der Trümmerwüste der Stadt stand, sind die meisten romanischen Kirchen vom Bombenkrieg schwer getroffen worden. Viele von ihnen sahen aus, als müsse man sie verloren geben. Die Gewölbe waren eingestürzt, die Innenräume ausgebrannt, die Außenmauern waren zum Teil nur in Resten vorhanden. Die Kirchen teilten dieses Schicksal mit der ganzen Innenstadt, deren allmählich beginnender, dann sich immer mehr beschleunigender Wiederaufbau und Umbau einem Zeitzeugen der Zerstörung vor dem Hintergrund unauslöschlicher Erinnerungsbilder manchmal noch wie ein Augentrug erscheinen kann. Doch während das Wiedererstehen der Innenstadt trotz Stadtplanung ein komplexer und zum Teil wildwüchsiger Prozeß war, bei dem die verschiedensten Notwendigkeiten und wirtschaftlichen Energien ineinandergriffen und einen sich selbst stimulierenden Wandel in Gang brachten, der die Stadt fortschreitend und unabsehbar veränderte, war der Wiederaufbau der romanischen Kirchen ein klar umrissenes Projekt, das mit großem Aufwand an Geld, historischem Sachverstand und künstlerischer Intuition durchgeführt wurde und manchmal, zum Beispiel bei St. Maria im Kapitol, mehr Zeit in Anspruch genommen hat, als die Errichtung des ursprünglichen Baus. Eine besondere Ingenieurleistung war die Rettung und der Neuausbau des berühmten Dekagons von St. Gereon, Arbeiten, die einschließlich der Ausmalung des neuen Gewölbes und der Einsetzung neu geschaffener Glasfenster mehrere Jahrzehnte gedauert haben. Sieht man davon ab, daß die zerstörten alten Glasfenster nicht kopiert werden konnten und daß in einigen Kirchen, wie in St. Maria im Kapitol und in St. Pantaleon das eingestürzte Gewölbe durch einfachere Kassettendecken ersetzt wurden, sind die alten Bauten in ihrer Ursprungsgestalt wieder hergestellt worden. So erscheinen sie uns nun in einem diskreten Widerspruch: als machtvolle Repräsentation eines alten Baustils, doch ohne Zeit- und Verwitterungsspuren in einem makellosen, neuen Material.

Ich finde nicht, daß das den Eindruck der Bauten mindert. Es macht sie für mein Gefühl noch mehr zu abgehobenen, imaginären Erscheinungen, deren ideale Schönheit und Ausdrucksmacht ganz für sich steht an einem historisch und soziologisch ungenauen Ort. Dieser Eindruck wird vertieft durch den Umstand, daß viele Kirchen einen großen Teil ihrer alten Ausstattung verloren haben und damit auch ihre volkstümliche Narrativität. Sie sind nicht mehr gesprächig, als hätten sich ihre Bedeutungen in den stummen Stein zurückgezogen.

Trotzdem wirken sie bedeutend in einem umfassenden, fast abstrakten Sinn. Das hat nichts oder allenfalls schattenhaft mit einem kunsthistorischen Bildungswissen von der symbolischen Bedeutung mittelalterlicher Sakralbauten zu tun, die von ihren Erbauern als Sinnbild des himmlischen Jerusalems verstanden wurden. Denn das ist heute eine verblaßte Vorstellung. Zumindest die vielen, dieser Gesamtvision zugehörigen Einzelbedeutungen – der kreuzförmige Grundriß als Passionszeichen und der Schlußstein im Vierungsgewölbe als Symbol des himmlisch erhöhten Christus, die Chorumgangspfeiler als Repräsentanz der zwölf Jünger oder der Propheten, die Dreikonchenanlage des Chors als Sinnbild der Dreifaltigkeit – sind aus der Glaubenserfahrung in die kunsthistorische Ikonographie abgewandert.

Aber dabei haben die Bauten ihre numinose Mächtigkeit keineswegs verloren. Sie ist nur bildloser geworden. Heute entsteht sie aus der ungeheueren Differenz der Sakralbauten zu ihrer profanen städtischen Umwelt, in der sie fremdkörperhaft und von Grund auf andersartig wirken. Eine Aura von Einsamkeit umgibt sie, eine abweisende Feierlichkeit und Stille umfängt einen, wenn man sie außerhalb der Gottesdienstzeiten betritt. Unter einem Andachtsbild brennen einige Opferlichter, und in den Bänken sitzen reglos ein oder zwei Beter. Vielleicht sind es auch nur Menschen, die vorübergehend Zuflucht in der stille suchen. Man bewegt sich langsam durch ein Seitenschiff zum Altarraum, der laut Warntafel durch eine Alarmanlage gegen das unerlaubte Betreten geschützt ist. Aber man hätte es wohl ohnehin nicht gewagt.

Wie völlig anders das alltägliche Leben in den mittelalterlichen Kirchen war, entnehme ich einer Beschreibung aus dem Buch »Die Gegenwart des Mittelalters« von Hartmut Boockmann. Dort heißt es:

»Die das tägliche Leben fernhaltende Feierlichkeit, welche den einen wie den anderen modernen Kirchenraum kennzeichnet, ist das Gegenteil dessen, was seine mittelalterliche Wirklichkeit war. In ihm wurde auch Gottesdienst gehalten, gewiß, doch war der Gottesdienst nur eine seiner Bestimmungen. Er war viel mehr als nur ein Gottesdienst-Raum. Er war zugleich ein öffentlicher Ort, ja der öffentliche Ort schlechthin, und er war überdies der Platz von vielerlei außerhalb des Gottesdienstes liegenden Angelegenheiten. Die Kirchen waren Gerichtsstätten, sie waren der Ort von Handelsgeschäften – daher leitet sich die neuere Bedeutung des Wortes Messe ab –, und sie waren Versammlungsplätze noch von anderer Art. Vielleicht hat der Straßburger Prediger Johann Geiler von Kaysersberg ja übertrieben, wenn er beklagte, daß sich im dortigen Münster die Prostituierten ihren Kunden anzubieten pflegten: daß seine Klagen nicht abwegig gewesen sein können, wissen wir aus vielen Quellen.

Doch unterschied die mittelalterlichen von den heutigen Kirchenräumen nicht nur, was dort außerhalb des Gottesdienstes stattfand. Auch die Gottesdienste gaben den mittelalterlichen Kirchen eine andere Gestalt. In den großen Stadtkirchen gab es mehrere Altäre, in den größten konnten es über fünfzig sein, und an jedem dieser Altäre las wenigstens ein Geistlicher die Messe zum Gedächtnis an diejenigen, die diesen Altar gestiftet hatten: an vermögende Stadtbürger, an Adlige des Umlandes, an die Angehörigen der städtischen Korporationen. So waren die Gottesdienste etwas anderes als heute.«

»Vieles von dem, was heute in einem Kirchenraum oder auf einem Begräbnisplatz blasphemisch oder pietätlos erscheinen würde, verstand sich im Mittelalter von selbst. Heutige, vermeintlich mittelalterliche Kirchen sind mittelalterlich nicht selten nur dergestalt, daß sie mittelalterliche Architekturgeschichte dokumentieren. In ihrer Abwendung von der Welt sind sie so unmittelalterlich wie man nur denken kann.«

Ja, so ist es. Daß es wunderbare Kirchenkonzerte gibt, zu denen viele Menschen kommen, die sonst nicht in die Kirche gehen, ändert nichts an diesem Sachverhalt. Draußen in den Einkaufsstraßen der Innenstadt mit ihren Musikanten, Pantomimen und fliegenden Händlern ist mehr alltägliches Mittelalter zu finden als in den schweigenden Kirchen.

Ich erinnere mich an ein mit Einkaufstüten beladenes Paar, das vor mir an einem Tag des Sommerschlußverkaufs offenbar auf weiterer Schnäppchenjagd an St. Aposteln vorbeieilte. Sie bewegten sich in ihrer Wirklichkeit, die aus Schaufensterauslagen und preiswerten Angeboten bestand. Plötzlich wandte der Mann den Kopf zur Seite und blickte flüchtig auf den Chor von St. Aposteln, einen absoluten Höhepunkt des romanischen Kirchenbaus. »Was ist denn das Schönes?« sagte der Mann, ohne daß die Frau eine Antwort gab. So gingen sie gemeinsam weiter, benommen von den Erregungen ihrer eigenen Welt.

Die beiden kamen wahrscheinlich von auswärts. Doch glaube ich, daß für die Masse der Einheimischen, die ihre Einkäufe machen oder in einem der meist überfüllten Cafés Kaffee trinken, die am Weg liegenden Sakralbauten auch zum Seitenblick geworden sind. Nur eine Minderheit scheint noch hineinzugehen, und die Mehrheit dieser Minderheit tut es aus kunsthistorischem Interesse. Und die Gruppen, die ich dabei beobachten konnte, machten den Eindruck, als absolvierten sie geduldig ein verordnetes Bildungsprogramm. Jedes Mal war ich froh, wenn sie gegangen waren und der Raum wieder in seiner wortlosen Erhabenheit zu sprechen begann von der Angst der Menschen vor dem Tod, ihrem Leiden an Ungerechtigkeit und Unglück und ihrem Wunsch, ihre Sterblichkeit zu überwinden und himmlisch verklärt zu werden, der sich in diesen mächtigen Kirchenbauten Schutzräume und sinnbildliche Bekräftigungen geschaffen hatte. Draußen im Gewühl des städtischen Alltags herrscht inzwischen seit langem die entgegengesetzte Moral:

»Nimm dir, was du kriegen kannst, und genieße dein Leben, denn irgendwann, vielleicht bald, ist die Party für immer zu Ende.« Dazwischen kann es im Grunde keine Vermittlung geben. Es sind einander ausschließende Konzeptionen.

Das Festhalten am Bild des »hilligen Köln«, das auf alten Stichen als ein Wald von Kirchtürmen erscheint, hat nach dem kulturellen Riß der Nazidiktatur und des Krieges eine tief begründete Legitimität gehabt. Doch das konnte nicht verhindern, daß die wiederaufgebauten Kirchen heute zwar als Sehenswürdigkeiten größtes Ansehen genießen, aber als Kirchen mehr und mehr ein inselhaftes Dasein führen. Das hängt unter anderem auch damit zusammen, daß die Innenstadt, in der man auch heute noch zu Fuß alle fünf bis sieben Minuten eine andere Kirche erreichen kann, sich im Vergleich zu früher radikal entvölkert hat. Einige Kirchen haben keine Pfarrgemeinde mehr und in anderen sind die Kirchenbänke allenfalls an hohen Fest- und Feiertagen oder bei Konzertveranstaltungen gefüllt. Aber die Bauten stehen da, als das grundsätzlich und beharrlich Andere, und ihr Schweigen, das nicht stumm ist, nur wortlos, ist für jeden, der eintritt, um langsam vom Westwerk durch die via sacra der Säulenstellungen des Langhauses zum Chorumgang zu gehen oder sich für einige Zeit in eine Bank zu setzen, ein offener Raum der persönlichen Meditation. Ist nicht auch diese Andacht eine Form von Frömmigkeit, auch oder sogar weil sie sich nicht theologisch buchstabieren läßt?

Mir scheint, daß der von vielen Reizen und wechselnden Leistungsforderungen umstellte, in einer hochtourigen Gegenwart lebende Mensch unserer Zeit solche Rückzüge in Selbstvergessenheit und Stille braucht. Und dabei will er nicht gleich wieder seelsorgerisch an die Hand genommen werden. Es genügt ihm, eine Weile in der steinernen Stille einer Krypta oder eines leeren Kirchenschiffs mit sich allein zu sein, um zu erleben, wie er sich allmählich innerlich ordnet und beruhigt und wieder zu sich selbst findet.

Dieses Bedürfniss nach Abstand, das viele heutige Menschen kennen und das manche von ihnen gelegentlich veranlaßt, in eine Kirche zu treten, bleibt in der Regel inhaltlich leer. Sie kommen als Einzelne außerhalb der Gottesdienstzeiten und öffnen sich der Mächtigkeit des Raumes gewissermaßen im Vertrauen auf sein ruhiges Für-sich-sein. Es ist ein Durchgangsort für sie, der gerade durch seine Fremdheit an verborgene Erfahrungen rühren mag. Könnte es also nicht sein, daß im Einklang mit diesen Bedürfnissen der Pendelschlag der Geschichte, gleichzeitig mit dem stetigen Anwachsen des Weltlärms, die Stille der Kirchen vertieft hat?

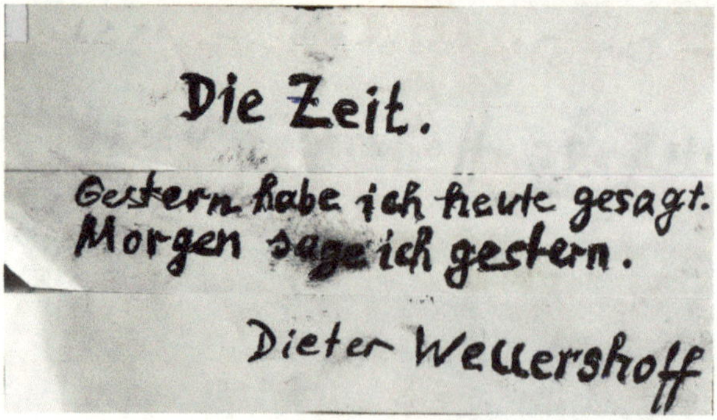

Die Zeit.

Gestern habe ich heute gesagt.
Morgen sage ich gestern.

Dieter Wellershoff

Dieter Wellershoff
Der Himmel ist kein Ort
Roman

7. Coda

Das Selbstseinkönnen. Eine Wegbeschreibung

Kindheit, Jugend, Krieg (2013)

Dieter Wellershoff wurde am 3.11.1925 als erstes Kind des Architekten Walter Wellershoff (*5.8.1896) und seiner Frau Kläre Weber (*3.4.1897) in Neuss am Rhein geboren. Die Eltern stammten beide aus Solingen im Bergischen Land, waren protestantischer Herkunft, aber nicht gläubig. Ein Kernsatz ihres Weltbildes lautete »Das ist von der Natur so eingerichtet.« Walter Wellershoff, der im 1. Weltkrieg Marineoffizier gewesen war, hatte ein Studium an einer Baugewerksschule abgeschlossen und wurde 1929 zum Kreisbaumeister des Landkreises Neuss-Grevenbroich ernannt. Dort bezog die Familie, zu der inzwischen ein zweiter Sohn Hans Walter gehörte, 1930 ein vom Vater entworfenes Haus. Dieter Wellershoff kam 1931 auf eine evangelische Zwergschule und anschließend auf das noch im Aufbau befindliche Realgymnasium. Seine Lieblingsfächer waren Deutsch und Geschichte, mit einer besonderen Vorliebe für die Zeit der Ottonen- und der Stauferkaiser. Das berühmte Standbild des Bamberger Reiters war für ihn das Idealbild einer deutschen Herrschergestalt, weshalb ihm Hitler immer fremd blieb.

Wellershoff hatte ein gutes Verhältnis zu seinem Vater, der ihn manchmal bei seinen Fahrten zu den Baustellen des Landkreises im Auto mitnahm. Sie machten auch Besichtigungsfahrten ins Neandertal, zum Wuppertaler Zoo, zum Autorennen auf dem Nürburgring und zum Kölner Dom. Im Unterschied zum Vater, der Fachliteratur las, war die Mutter eine faszinierte Romanleserin. Ihre Leselust übertrug sich auf den Sohn und führte ihn über Indianerbücher, Abenteuerbücher und Kriegsbücher, angeregt durch einen Film über den jungen Schiller, zur Lektüre klassischer Dramen und ersten Schreibversuchen. Aber dann wurde der Krieg der dominante Phantasieraum.

Schon bevor der Krieg ausbrach, hatte der Vater eine neu geschaffene Gelegenheit ergriffen, sich als Offizier reaktivieren zu lassen, ohne seinen Beamtenstatus zu verlieren. Diese neue Regelung war für ihn eine willkommene Gelegenheit, einen peinlichen Irrtum zu revidieren. Bei seinem Amtsantritt als Baumeister hatte er sich überreden lassen, in die SA einzutreten. Man hatte ihm erklärt, die aus den Freikorps hervorgegangene SA sei die im Aufbau befindliche neue deutsche Armee und er als ehemaliger Offizier gehöre unbedingt dazu. Er hatte sich aber in dieser Rabaukentruppe fremd gefühlt. Innenpolitisch lag er damit richtig. Denn Hitler, der einen Krieg plante und sich der Reichswehr, der Rüstungsindustrie und einflussreichen konservativen Bevölkerungskreisen empfehlen wollte, hatte die Forderung der SA-Führung nach einer zweiten, sozialrevolutionären Phase der nationalen Revolution als Putschversuch gedeutet und den gesamten Führungsstab der SA samt sonstiger missliebiger Personen in einer dreitägigen Mordaktion von einem SS-Kommando umbringen lassen. Hitlers mörderische Machtausübung wurde anschließend von der Reichsregierung als Staatsnotwehr legalisiert.

Dieter Wellershoff erlebte die Neuorientierung des Vaters als überraschenden Garderobenwechsel. Statt wie gewohnt in der bei Aufmärschen getragenen braunen Uniform, erschien der Vater jetzt in hohen Schaftstiefeln und Bridgeshosen und maßgeschneiderter blaugrauer Luftwaffenuniform. Es wurde gesagt, er verreise für zwei Wochen zu einer militärischen Übung. Der Vorgang wiederholte sich, manchmal auch für längere Zeit. Als ehemaliger Offizier der Marineartillerie, die damals als die avancierteste Artillerie galt, bildete er an der Ostsee Soldaten an den neuen Flakgeschützen aus. Bei Kriegsausbruch kommandierte er eine Flakbatterie zum Schutz der Bayerwerke, dann eine Flakabteilung im Ruhrgebiet. Schließlich wurde er in den Stab der Luftverteidigung West berufen und entwarf sogenannte Scheinanlagen, die Industriewerke vortäuschten, um die feindlichen Bomberschützen zu Fehlwürfen zu veranlassen. Es war wohl keine besonders erfolgreiche Strategie. Den zunehmenden Mangel an Jagdflugzeugen konnte sie jedenfalls nicht kompensieren.

Zuhause mussten die beiden Söhne erleben, dass die Mutter immer depressiver, ängstlicher und kränker wurde. Im notdürftig ausgebauten Luftschutzkeller des Hauses, in dem auch einige Nachbarn Schutz suchten, zitterte sie vor Angst, wenn die Geschütze ballerten und die Motorengeräusche der nach Süden fliegenden Bombergeschwader über dem Ort zu hören waren. Ihr älterer Sohn verließ einige Male aus Protest den Kellerraum, um sich das Spektakel der Suchscheinwerfer und der explodierenden Granaten am Himmel anzusehen. An den Fronten stand der Krieg zur Zeit still. Die geplante Invasion Englands hatte nicht stattgefunden.

Wie die meisten seiner Klassenkameraden war Dieter Wellershoff begeistert vom deutschen Blitzkriegssieg über die französische Armee und das britische

Expeditionskorps. Er und sein Freund Franz wurden damals von der Schule mit einem Kranz zu der militärischen Beerdigung ihres Klassenlehrers geschickt, der als Reserveoffizier in Frankreich gefallen war. Beeindruckt von dem militärischen Ritual sagte Franz bei der Heimfahrt: »Hoffentlich dauert der Krieg solange, dass wir auch noch Soldaten werden«.

Der Wunsch ging in Erfüllung, aber anders als gedacht. Sie wurden beide im Frühjahr 1943 zur Wehrmacht eingezogen und nahmen an den verlustreichen Schlachten der beiden letzten Kriegsjahre teil. Beide wurden sie verwundet. Wellershoff im Oktober 1944 im Memelbrückenkopf durch einen Granatsplitter, was ihn den Winter über ins Lazarett brachte. Franz kurz vor dem Ende des Krieges im sogenannten Ruhrkessel von einem Kopfschuss durch den Helm hindurch, an dem er bald nach dem Kriegsende starb. Gefragt, ob er noch etwas gedacht habe, als er getroffen wurde, antwortete er: »Ich habe gedacht: – Ach so ist das.« Diese Antwort wurde für Wellershoff das Kennwort der Ernüchterung seiner Generation, die nach dem Krieg wegen ihrer Distanz gegenüber allen kollektiven Sinnstiftungen von dem Soziologen Helmut Schelsky als die »skeptische Generation« bezeichnet wurde.

Wellershoffs Ernüchterung vollzog sich als eine langsam sich verfestigende Einsicht, dass auch dieser Krieg, den er zunächst als die Revision der Niederlage von 1918 erlebt hatte, verloren ging. Als die Mutter bei der Nachricht vom Einmarsch der Wehrmacht in Russland in Tränen ausbrach, weil nun »alles verloren« sei, hatte er versucht die Resignation abzuwehren. Doch auch er verstand nicht, was dieser neue Feldzug sollte, der Deutschland wieder in einen Zweifrontenkrieg verstrickte. Als im Sommer erneut Sondermeldungen triumphaler deutscher Siege aus den Rundfunkgeräten schallten, stellte sich wieder eine vage Siegeshoffnung ein, die beim Einbruch des russischen Winters in das allgemeine Erschrecken umschlug, dass die Wehrmacht auf einen Winterkrieg nicht vorbereitet war und offenbar nur knapp einer Katastrophe entging. Der dann im Sommer folgende Vorstoß zur Wolga und zum Kaukasus täuschte noch einmal militärische Überlegenheit vor, endete aber mit der Einkesselung und Vernichtung einer ganzen deutschen Armee in Stalingrad. Das war die Wende des Krieges im Osten. Von nun ab häuften sich in den Wehrmachtsberichten die als taktische Frontbegradigungen verschleierten Rückzüge.

Im Frühjahr 1943 erhielt Wellershoff seine Einberufungen. Zuerst musste er zum sogenannten Reichsarbeitsdienst, anschließend zum Militär. Um sich ein Bild von der Situation zu machen, schaltete er in der letzten Nacht, die er zuhause verbrachte, BBC-London ein und hörte mit dem Ohr dicht an dem leise gestellten Radio eine deutsche Stimme, die ihm mitteilte, dass das berühmte deutsche Afrikakorps geschlossen in amerikanische Gefangenschaft gegangen sei.

Nichts anderes außer dieser Nachricht hätte ihm so schlagartig klarmachen können, dass der Krieg für Deutschland verloren war. Es war ein kalter Hauch, aber auch eine plötzliche Klarheit. Er spürte sich mit nichts verbunden, außer mit dem Wunsch, das katastrophale Ende zu überleben.

Nach den drei ersten Wochen seiner vierteljährigen Arbeitsdienstzeit sah Wellershoff seine Mutter zum letzten Mal. Es war Besuchstag und sie war von der Bahnstation den steilen Weg zum Barackenlager hochgekommen und begegnete der Abteilung, die gerade einen kurzen Ausmarsch machte. Sie war am Wegrand stehen geblieben und suchte ihn in den Reihen. Als sie ihn plötzlich erblickte, stieß sie einen unterdrückten Schrei aus, als ob sie etwas Erschreckendes an ihm wahrgenommen hätte. Hatte sie ihn vielleicht als Toten gesehen: Ihr uniformiertes, fremd gewordenes Kind, das in der Kolonne an ihr vorbeimarschierte?

Eine halbe Stunde später, als die Kolonne in das Lager zurückkam, stand sie reglos zwischen den anderen wartenden Frauen. Die meisten hatten kleine Geschenke mitgebracht. Sie wohl auch. Aber das wurde bald vergessen. Als sie sich anderthalb Stunden später verabschiedeten, hatte sie gesagt, dass sie überlege, wegen der Luftangriffe mit Hans Walter nach Oberschlesien zu fahren, wo der Bruder des Vaters zwei landwirtschaftliche Staatsdomänen verwaltete. Er hatte fragen wollen, was mit dem Haus geschehen solle, ließ es aber bleiben.

Der Besuch der Mutter geriet in Vergessenheit als (XXX) die Abteilung zu einem Katastropheneinsatz ausrücken musste. Ein britisches Bombenflugzeug hatte mit einem Lufttorpedo die Staumauer der Möhnetalsperre gesprengt. Weite Landstriche und ganze Ortschaften waren vom Wasser und Schlamm überflutet worden. Wellershoff arbeitete in einer Kolonne, die Abflussgräben schaufelte, als er ohne irgendeine Erklärung, nur mit der Adresse seiner Tante in Bad Honnef, einige Tage Urlaub bekam. Dort angekommen sah er sich plötzlich dem Vater gegenüber, der ihm mitteilte, dass die Mutter gestorben sei. Sie hatte während der Bahnfahrt nach Oberschlesien so schwere Gallenkoliken bekommen, dass sie aus dem Zug in ein Krankenhaus geschafft und von einem alten, nicht mehr ganz zuständigen Arzt operiert wurde und starb. Der Zusammenhang der Familie war zerrissen. Der neunjährige Bruder Hans Walter wurde in einem Internat mit lauter Kindern aus vom Krieg zerstörten Familien untergebracht. Erst nach dem Krieg sahen sich die Brüder wieder.

Nach dem Abschluss des Arbeitsdienstes wurde Wellershoff zur Panzerdivision Hermann Göring einberufen, bei der er sich beworben hatte, um der Werbung der Waffen-SS zu entgehen. Er hatte nämlich gehört, dass sich Himmler und Göring die Soldaten gegenseitig nicht streitig machten. Die Division Hermann Göring rekrutierte sich vor allem aus Oberschülern und – weil Göring der Reichsjägermeister war – aus Schülern von Forstakademien, war also sozial eine ziemlich homogene Truppe. Der Jahrgang 1925 wurde in Holland ausgebildet. Für den 17jährigen Dieter Wellershoff war es der erste Auslandsaufenthalt. Er kam nach Alkmaar und Bergen am See, begeistert vom Land und der idyllischen Harmonie der kleinen Städte, die allerdings nachts, wenn die deutschen Soldaten in den stockdunklen Straßen ihre Patrouillengänge machten, unheimlich still waren wie ein Hinterhalt. Der Krieg hielt den Atem an, konnte aber plötzlich wieder ausbrechen. Es konnte aber auch etwas Neues geschehen. Wie eines Tages, als drei aus Berlin angereiste Offiziere aufmerksam musternd an den angetretenen Rekruten des Ausbildungsjahrgangs vorbeigingen und Einzelne herauswinkten, bis es etwas mehr als hundert Leute waren. Man stand herum. Niemand erklärte etwas. Zur listenmäßigen Erfassung wurden die Wehrpässe eingesammelt. Ein Gerücht ging durch die Reihen: Wir kommen nach Berlin zum Begleitregiment. Aber es war kein Gerücht.

Das Begleitregiment einer Panzerdivision hatte die Aufgabe, angreifende eigene Panzer zu begleiten und gegen die Angriffe feindlicher Infanterie abzusichern. Aber wir wurden nie zusammen mit Panzern ausgebildet, als gäbe es keine mehr. Panzer, die neu aus den Fabriken kamen, wurden wahrscheinlich alle den traditionellen Panzerdivisionen des Heeres zugewiesen. Also hatte der Begriff »Begleitregiment« eine andere Bedeutung bekommen. Er bezeichnete die persönliche Leibgarde eines Potentaten. Wie Hitler die nach ihm benannte »Leibstandarte« hatte, und Himmler seine Totenkopfbrigade, hatte Göring sein Begleitregiment, das auf dem Ärmelstreifen seinen Namen trug. Weil wir seine Renommiertruppe waren, wurden wir wahrscheinlich, obwohl es an allen Fronten brannte, bei verlustreichen Kriegseinsätzen verschont und mussten stattdessen öffentliche Gebäude bewachen und Menschen und ihre restliche Habe aus brennenden Häusern retten. Das Tag und Nacht sich fortsetzende Bombardement Berlins war inzwischen voll im Gange. Wenn wir außerhalb der Stadt in der brandenburgischen Landschaft unsere inzwischen schon rituell gewordenen infanteristischen Übungen machten, konnten wir das dominante Treiben der amerikanischen Bomber und britischen Begleitjäger über der Kulisse der wehrlosen Hauptstadt sehen. Endlich, im Juli 1944, wurden wir alarmiert und in Güterwagen nach Ostpreußen transportiert. Weit auseinandergezogen besetzten wir einen eilig ausgehobenen Laufgraben an der Grenze nach Litauen und sahen die kümmerlichen Reste der zerschlagenen Heeresgruppe Mitte, lauter verwundete, erschöpfte, demotivierte Soldaten an uns vorbeiziehen. In den Pripjetsümpfen waren drei deutsche Armeen eingekesselt und vernichtet worden, ein Desaster von der dreifachen Größe wie die Niederlage von Stalingrad. Das waren Verluste, die nie wieder ausgeglichen werden konnten. In internen kritischen Heeresberichten wurde von der »unheimlichen Leere der Front« gesprochen. Inzwischen gab es Waldstellungen, die nur noch aus einzelnen Stützpunkten bestanden.

In dieser krisenhaften Situation wurde das aus Berlin eingetroffene Begleitregiment auf einer abgesicherten Waldlichtung zusammengezogen und von Göring, der offenbar unter Drogen stand, mit einer unsäglichen plumpen Rede aus Kraftworten begrüßt. Er brüllte etwas vom »Gesindel der russischen Infanterie«, dem wir »in den Arsch treten« sollten. Danach wurde er plötzlich ernst und sagte: »Aber eins müsst ihr euch merken, Kameraden: Wenn das Schicksal gegen uns sein sollte und der Russe in diese Provinz hereinkommt, dann darf das nur möglich sein, wenn von euch keiner mehr am Leben ist.«

Das war immerhin eine klare Ankündigung, was uns erwartete: Man würde uns bedenkenlos verheizen. Und so geschah es auch. Nach sechs Wochen in wechselnden Stellungen hatte die Kompanie über 40 Mann verloren, wurde mit Rekruten des Jahrgangs 1926 wieder auf Sollstärke aufgefüllt und zwei Tage später, ohne dass die beiden Jahrgänge miteinander vertraut werden konnten, in eine Großoffensive geschickt, die im Feuer der russischen Artillerien und der Raketenwerfer zusammenbrach. Wellershoff wurde von einem Granatsplitter getroffen, gelangte über viele Stationen zu einem überfüllten Lazarettzug, der in tagelanger stockender Fahrt durch Polen nach einem noch aufnahmefähigen Lazarett suchte und schließlich in Oberschlesien ans Ziel kam. Einige Tage später wurde Wellershoff dort operiert und, weil der Druck der russischen Offensive wieder zunahm, nach einigen weiteren Tagen als bedingt transportfähig befunden und nach Bad Reichenhall in Oberbayern transportiert.

Dort, in dem zwar mit Verwundeten und Flüchtlingen aus München überfüllten, aber unzerstörten Kurort vor dem Hintergrund der Berchtesgadener Alpen fühlte er sich in einem paradiesähnlichen Ausnahmezustand. Es gab gutes Essen, wunderbare Betten, freundliche Krankenschwestern. Als er mit Hilfe eines Krückstocks das Lazarett verlassen konnte, übernahm Wellershoff die Aufgabe, mit einer evakuierten Mädchenschule aus dem Ruhrgebiet eine Weihnachtsfeier für das Lazarett in der sogenannten »Knabenschule« vorzubereiten. Darauf folgten andere Aufgaben, auch kleinere Dienstreisen für das Lazarett, die aber vom Arzt wieder verboten wurden, weil die Operationswunde eiterte. Schließlich zeigte sich etwas Fremdartiges in der Wunde, das sich mühelos herausziehen ließ. Es war eine verklebte Drainage, die bei der Operation vergessen worden war. Als Nächstes stand der Besuch des »Heldenklau« bevor, wie der Oberarzt genannt wurde, der die Lazarette nach frontverwendungsfähigen Patienten durchsuchte.

Wegen seiner Verdienste für das Lazarett hätte Wellershoff zu diesem Termin eine Dienstreise bekommen können. So betont lässig wie der Arzt seine Musterung durchführte, hätte es sogar schon genügt, ein wenig zu humpeln, um das Kriegsende im Lazarett erwarten zu dürfen. Aber ein absurder Impuls und flüchtig herbeigezogene Scheinbegründungen wie der Gedanke, in der Nähe der Heimat oder gar des väterlichen Befehlsstandes in einem Versteck auf das Eintreffen der Amerikaner warten zu können, ließen ihn bei der Gehprüfung demonstrativ um den Tisch herumlaufen, sozusagen direkt auf die schlimmste Möglichkeit zu.

So gelangte er, frontverwendungsfähig geschrieben, in die letzte deutsche Front in den Oderwäldern östlich von Berlin und erlebte, teils zu Fuß, teils in einer Gruppe von Radfahrern eine fünf Tage und Nächte fortgesetzte Flucht durch das Chaos einer untergehenden Welt, die ihn am Ende bei Schwerin in amerikanische Gefangenschaft führte. Es war eine Erfahrung, die alle voraufgegangenen Schrecken des Krieges in sich versammelte und als unauflösbares Erbe im Augenzeugen hinterließ.

Als Dieter Wellershoff im Juli 1945 mit einem Entlassungsschein in der Tasche in Grevenbroich am Niederrhein, nicht viel mehr als hundert Meter von seinem Elternhaus entfernt, von einem Lastwagen heruntersprang und sich von einem unverkennbar bekannten Straßenbild umgeben sah, hätte das einen Moment lang auch eine Täuschung sein können, bis sich alles wieder festsetzte und mit robuster Selbstverständlichkeit auf seinem gewohnten Platz stand. Er begriff, dass er das alles wieder annehmen musste, um zu Haus zu sein. In der Straße um die Ecke fand er das Elternhaus in einem befremdlichen Zustand vor. Eine Bombe war auf der Vorgartenmauer explodiert und die Fassade sah aus wie das zugepflasterte Gesicht eines Schwerverletzten. Im Haus wohnten fremde Leute, die zusammenrückten und ihm sein altes Zimmer freimachten. Dort blickte er wie immer in den Garten und auf die vertrauten Baumkulissen des angrenzenden Parks in dem befremdlichen Gefühl, zu Besuch in seiner eigenen Vergangenheit zu sein. Das Gefühl der Kulissenhaftigkeit der bekannten Welt stellte sich auch in den nächsten Tagen immer wieder her, als er im Ort und der Umgebung herumwanderte und alles wiedererkannte, aber unterlegt von dem befremdlichen Gefühl nicht einfach wieder da zu sein, sondern als jemand, der dank unwahrscheinlicher Zufälle das Glück hatte zu leben. Es war mit einer Fragwürdigkeit verbunden, die sich nicht abstreifen ließ.

Die ersten beiden Klassenkameraden, die er wiedersah, waren zwei Schwerstbeschädigte: Freund Franz, der wegen seines unbehandelbaren Kopfschusses nach Hause entlassen worden war. Und Theo Sandkaulen, der Primus der Klasse, der, bleich und erloschen, zuhause auf seinen Tod wartete. Er hatte beim Löschen von Brandbomben viel Phosphor eingeatmet und starb nun an galoppierender Leukämie. Sein stummes wortloses Leiden, seine graue Haut, seine Schattenhaftigkeit und innere Stille drängten diese letzte Begegnung auf einen Austausch von Formeln zurück. Zu einem zweiten Besuch kam es nicht mehr.

Sonst war noch niemand aus der gemeinsamen Vergangenheit aufgetaucht.

Wellershoff fühlte sich erleichtert, als er eine Arbeit bei einem Dachdecker bekam. Allerdings in einem kahlen Kellerraum, wo er mit einer Handpresse im Akkord Aluminiumbleche zu Dachpfannen falzte. Von Tag zu Tag schaffte er mehr, was er als einen Kampf gegen einen unsichtbaren Gegner empfand. Es war die Umkehrung der Zerstörung. Es war sinnvoll und er bekam etwas Geld.

Vier Wochen nach Kriegsende traf der Vater, mit dem Fahrrad aus Westfalen kommend, in Grevenbroich ein. Wie ursprünglich die Marineuniform, danach die braune Uniform, war nun auch die blaugraue Uniform verschwunden. Er trug Zivil und war wieder der Baumeister, der gekommen war, um mit verschiedenen Handwerkern über die Reparatur des Hauses zu sprechen und mit den jetzigen Bewohnern den schon vorausgeplanten Termin ihres Auszugs verbindlich festzulegen. Denn er hatte wieder geheiratet und wartete darauf, mit seiner neuen Familie in das Haus einzuziehen. Neben seiner neuen Frau, einer Kriegswitwe mit zwei kleinen Jungen, gehörten noch deren Mutter und eine jüngere Schwester dazu, beides Flüchtlinge aus Schlesien. Sie kamen in einem Lastwagen und brachten außer einigen Möbelstücken auch noch zwei ältere Frauen aus ihrem Heimatort mit. Für die musste das Speichergeschoss des Hauses erst einmal notdürftig möbliert und danach schrittweise ausgebaut werden.

Als Letzter traf Dieter Wellershoffs jüngerer Bruder Hans Walter ein. Beide lebten sie zusammen in einem Zimmer, was eine gute Gelegenheit war, auch innerlich zusammenzurücken. Trotz des für das Jugendalter großen Unterschieds von fünf Lebensjahren entwickelte sich in dieser Zeit ihres engen Zusammenlebens ein brüderlicher Freundschaftsbund, der bei allen persönlichen Unterschieden bis zum Tod des jüngeren Bruders gehalten hat. Ihre Wege trennten sich, als Dieter Wellershoff in einem Sonderlehrgang für Kriegsteilnehmer sein Abitur nachgeholt hatte und nach Bonn zog, um ein halbes Jahr Trümmerarbeit zu leisten, was die Voraussetzung für die Zulassung zum Studium an der schwer beschädigten Universität war.

Der Winter 1946-47, in dem Dieter Wellershoff in einer kleinen Gruppe von Studienanwärtern auf dem Bonner Venusberg lebte, war anhaltend kalt, ein erstarrtes Frostpanorama mit dickem, knirschenden Schnee, aus dem die Restgebäude und Trümmerhaufen einer zerbombten Kaserne hervorragten: Endbild und Resumee der Katastrophengeschichte, der sie als überlebende Soldaten unentrinnbar angehörten. Wie ein Denkmal stand am Rand des Geländes ein ausgebrannter deutscher Panzer.

Aufgabe des sogenannten Studentenbautrupps war es, brauchbare Materialien aus den Gebäuderesten zu bergen und aus Zement und zermahlenem Schutt mit einer von Hand bedienten Presse Bausteine zu formen. Sonst gab es nichts zu tun. Die Unterkunft war kasernenhaft: eine Bude mit je sechs doppelstöckigen Betten, die jeweils zu zweit eng gedrängt beieinander standen. Angelehnt an die Fußenden schmale Spinde für die persönlichen Sachen. Für jeden Bewohner des Zimmers gab es einen Hocker und für alle einen Tisch unter dem trübem Licht einer Deckenlampe. Wer allein sein wollte, musste sich auf den Strohsack seines Bettes legen. Alle fanden sich sofort zurecht in dieser Lebensordnung, denn die meisten hatten Schlimmeres erlebt.

Doch darüber sprach man nicht. Man lebte in einer Gemeinschaft, in der es peinlich und aufdringlich und irgendwie gestrig gewirkt hätte, wenn jemand angefangen hätte, vor den anderen seine Kriegserlebnisse auszubreiten oder die anderen nach den ihren auszufragen. Es war eine Gesellschaft mit einer katastrophalen, ausgeblendeten, unverarbeiteten Vergangenheit, in der alle auf eine neue persönliche Zukunft warteten. Hier war alles nur vorläufig. Das Denken und das Reden wirkten floskelhaft und dicht ummantelt von allgemeiner guter Laune. Die Zukunft, das unbekannte, eigentliche Leben, sollte im Frühjahr beginnen.

Weil Dieter Wellershoff wenig Geld hatte, beschloss er, mit seinem Arbeitskollegen Paul aus dem Studentenbautrupp, der sich als ein umgänglicher und humorvoller Mensch erwiesen hatte, ein gemeinsames Zimmer zu mieten. Es war kein großes Zimmer. Doch da Paul Medizin studierte und er Literatur und Kunstgeschichte –, brachen sie zu verschiedenen Zeiten auf und sahen sich erst abends wieder. Dann machten sie sich etwas zu essen – manchmal eine sogenannte »Sammelsuppe« aus irgendwelchen Resten und gerieten dabei in der Regel in ein sprunghaft sich fortpflanzendes Gespräch über alles Mögliche, das ebenso komplex wie ihre Suppe war. Am Wochenende fuhr Paul meistens für zwei Tage nach Hause und kam erst montags wieder. Für den Zurückbleibenden war die Zeit, die er allein verbringen konnte, wie ein tiefes Ausatmen. Der gemeinsame Jargon und die Rituale ihres alltäglichen Zusammenlebens fielen wie eine Last von ihm ab und die Stille um ihn herum gab ihm das Gefühl, einfach da zu sein und endlich sich selbst zu fühlen und kennen zu lernen. Jahrelang hatte er in Gemeinschaften gelebt, gezwungen sich anzupassen und einen ausdrücklich oder stumm eingeforderten persönlichen Beitrag zum Leben der Gruppe zu leisten. Solange es sich um Situationen handelte, in denen es ums gemeinsame Überleben ging, war das selbstverständlich für ihn gewesen. Aber der Zumutung, sich gemeinsamen Gruppengewohnheiten und Denkmustern anzupassen, wollte er nicht mehr folgen.

Das wurde ihm plötzlich klar, als Paul wieder einmal gewohnt forsch und lärmend von seiner Wochenendreise zurückkehrte und ihm mit diesem Auftritt seine selbstverständliche Erwartung signalisierte, dass es nun zwischen ihnen wie immer weiterging. Mit schneidender Schärfe hatte er gedacht: »Nein! Nicht mehr mit mir! Das will ich nicht mehr!« Doch weil er sofort begriffen hatte, dass das ein schwerwiegender, folgenreicher Gedanke war, der grundsätzliche Veränderungen erforderte, hatte er geschwiegen. Er wusste jetzt, dass er das Alleinsein brauchte wie eine Kur. Sobald er die Voraussetzungen dafür geschaffen hatte, wollte er sich freundschaftlich von Paul verabschieden. Und das würde der Anfang eines grundsätzlichen Abschieds von seiner bisherigen Existenz sein.

Damit ist diese lebensgeschichtliche Erzählung an einen Punkt gelangt, wo es angemessen erscheint, nicht länger objektivierend über eine Person mit dem Namen D.W. zu reden, sondern zur ersten Person überzugehen. Natürlich war immer schon von mir die Rede gewesen. Doch die Erzählung hatte von einem jungen Mann gehandelt, der unter dem Druck aufgezwungener Normen und Situationen gelebt hatte und wie fast alle anderen bemüht gewesen war, unter den herrschenden Umständen am Leben zu bleiben. Vorstellungen von einem anderen, erwünschten, besseren Leben blieben meistens schablonenhaft. Es waren vorbeihuschende Bilder sexueller Situationen, üppiger Mahlzeiten und warmer Betten, die in ihrer pseudohaften Konkretheit unwirklich blieben. Die materiellen Mangelsituationen, die in diesen Phantasien kompensiert wurden, waren nach dem Kriegsende noch lange nicht beseitigt, sondern erreichten jetzt erst ihren Höhepunkt, bevor die allgemeine Notlage überwunden wurde. Nach dem Ende der totalen Fremdbestimmung der Menschen durch die Naziideologie und die Zwangsordnungen der Kriegsgesellschaft war eine weitgehend entstrukturierte Primitivwirtschaft aus Mundraub, Tauschaktionen und Schwarzhandel entstanden, die gelegentlich durch amerikanische Carepakete und Fischpaste aus Schweden subventioniert wurde.

Es gab auch originelle Geschäftsideen. Ein italienischer Onkel, der Mann meiner Patentante, der von Beruf Restaurator von alter Kirchenkunst war, kam auf die Idee, vor den seriell hergestellten Bildhintergründen mit dem Motiv des berühmten Rhöndorfer Drachenfelses englische und amerikanische Besatzungssoldaten zu porträtieren und sich mit Zigaretten bezahlen zu lassen. Zum Absatz der begehrten Ware schickte er meinen damals gerade fünfzehnjährigen Bruder Hans Walter durch die Kneipen des zerstörten Köln. Er ging dort flüsternd von Tisch zu Tisch und machte regelmäßig schnelle Umsätze, weil er die geltenden Preise unterbot. Einmal verpasste er, weil er den Rest seiner Ware verkaufen wollte, den letzten Zug nach Grevenbroich. Doch eine freundliche Frau, die seine Verwirrung erkannte, besorgte ihm ein Zimmer mit einem Bett. Einschlafen konnte er nicht, denn die Stimmen und Geräusche, die er ringsum hörte, machten ihm klar, dass er sich in einem Bordell befand. Dauernd wartete er darauf, überfallen zu werden wegen der Zigaretten und wegen der Einnahmen, die er bei sich trug. Aber als sich am Morgen die Tür öffnete, war es die freundliche Frau, die ihm ein Frühstück brachte. Er hatte wohl ihre mütterlichen Gefühle mobilisiert. Denn er trug noch die kurzen Jungenshosen aus seinen Internatsjahren. Wochen später erschien er in einer olivgrünen amerikanischen Offiziershose. Nun bekam er unser gemeinsames Zimmer für sich allein, denn ich war im Aufbruch nach Bonn zum Studentenbautrupp. Beide versuchten wir einen eigenen Zugang zum Leben zu finden. Aber das wurde eng. Denn unser Vater, der wegen seiner Mitgliedschaft in der NSDAP ein halbes Jahr lang auf der Straße sitzend Mörtelreste von Trümmersteinen klopfen musste, hatte zwar seine alte Arbeit als Baurat wieder aufnehmen können, aber da er eine große neue Familie hatte und an dem bombengeschädigten Haus Erweiterungsbauten und viele Reparaturen fällig waren, blieben für meinen Bruder als väterliche Garantieleistungen nur Essen und Wohnen übrig und für mich darüber hinaus nur eine schmale monatliche Dotation, die nicht annähernd zu dem reichte, was mir wichtig war. Nach Jahren aufgezwungener Gemeinsamkeiten wünschte ich mir endlich einen eigenen Raum, in dem ich mich, geschützt gegen Ablenkungen und fremde Einmischungen, ganz auf meine eigenen Interessen und Gedanken konzentrieren konnte. Das war immer noch ein kostbares und seltenes Gut. Ich hörte damals von einem Studenten, der im Sommer auf einem Balkon gelebt hatte, mit der Genehmigung, wenn es regnete, in die Küche der Wohnungsinhaber kommen zu dürfen. Dann konnte man eigentlich gleich unter einer Brücke hausen, dachte ich.

Schließlich fand ich nach der Besichtigung eines passenden, aber wieder einmal unbezahlbaren Zimmers durch beharrliche Nachfrage ein Stockwerk höher einen Winkel unter einer Dachschräge, in dem Gerümpel abgelegt war. Der Raum war zwar in den Augen der Vermieterin als Wohnraum unzumutbar. Man stieß überall an Wände, wenn man sich unbedacht bewegte oder die Arme ausstreckte. Aber ich wollte ja hier keine Gymnastik machen, sondern ungestört und grenzenlos lesen. Das war fällig. Das brauchte ich. Deshalb zog ich ein.

Als ich die Tür zugezogen hatte, sagte ich: »Hier bin ich«, als unterschriebe ich damit einen imaginären Vertrag. Ich wollte hier meinen eigenen Weg beginnen, was zum Beispiel hieß, nicht Lehrer werden, keine standardisierten Wissenspakete erwerben. Ich dachte überhaupt nicht an ein regelrechtes Fachstudium mit beruflicher Perspektive. Studieren bedeutete für mich eine fortschreitende Erweiterung und Vertiefung der Wahrnehmung der Welt. Und vor allem anhaltende Neugier, die die Fächergrenzen überschritt und neue Einsichten aus neuen Kombinationen und Überschneidungen gewann. »Die Welt ist alles, was der Fall ist«, las ich im »Tractatus« von Ludwig Wittgenstein. Das war ein Satz von kaltblütiger Objektivität und unbegrenzter Weiträumigkeit, durch den ich mich befreit und verstanden fühlte. Ich konnte nicht einstimmen in die üblichen Klagen über den »Verlust der Mitte« und die »transzendentale Obdachlosigkeit«. Der beklagte Zerfall der universalistischen Sinnsphäre in lauter partikulare Perspektiven bedeutete doch auch die Eröffnung eines riesigen Experimentierfeldes für eine unabsehbare Vielfalt von Wirklichkeits- und Möglichkeitsexperimenten. Eben das war auch das Wesen der Literatur. In meinem Verständnis war sie eine imaginäre Probebühne zur Darstellung und Erforschung unserer Krisen, Widersprüche und Potenziale. In einem späteren Buch mit dem Titel »Die Arbeit des Lebens« (1985) habe ich die Dynamik des Lebens in deutlicher Analogie zur Dynamik des Lebens dargestellt: »Leben zu lernen war eine Arbeit, die immer weiterging. Man konnte es nicht ein für alle Mal, sondern immer nur phasenweise, in vorübergehend eingespielten Gewohnheiten und Balancen. Wenn man glaubte, eine Form für sein Leben gefunden zu haben, zeigten sich neue Herausforderungen, neue Zwänge, neue Möglichkeiten. Und manchmal war vieles, was man unterwegs vergessen hatte, plötzlich wieder da, wie die Erinnerung an einen Traum.«

Natürlich kam auch mein Leben unter der Dachschräge nach einem guten halben Jahr allmählich an ein Ende. Ich hatte diese Einsiedlerexistenz gebraucht, um mich meiner selbst zu vergewissern. Ich hatte kreuz und quer gelesen: wenige Titel aus dem germanistischen Bildungskanon, aber alles, was ich in Bibliotheken und Taschenbuchausgaben an moderner und zeitgenössischer Literatur finden konnte. Und immer auch Philosophie und Wissenschaft. Und ich hatte nach der Unterbrechung durch den Krieg auch wieder begonnen zu schreiben. Zunächst Prosaminiaturen und Gedichte oder kurze Erzählungen in einer von Camus und von Hemingway angeregten Manier. Aber auch einen Aufsatz mit dem Thema »Mimik und Maske«, der in der Kulturzeitschrift »Begegnung« erschien. Andere Texte erschienen im »Merkur«, im »Monat«, in der »Neuen Zeitung« und in der »Deutschen Studentenzeitung«, deren Redakteur ich wurde. Einmal schrieb ich ein Referat für ein Seminar über Thomas Mann in einer parodistischen Imitation von Manns preziösem Altersstil. Damit fiel ich meinem späteren Doktorvater Wilhelm Schneider auf, der mich anregte, mich mit Gottfried Benn zu beschäftigen. Mit dieser Doktorarbeit – der ersten über diesen Autor – schloss ich 1952 mein Studium ab.

Im selben Jahr heiratete ich Maria von Thadden, womit offenbar niemand in unserem gesellschaftlichen und universitären Umkreis gerechnet hatte, ich selbst auch nicht. Ich war selbst überrascht, als ich hörte, wie ich ihr den Vorschlag machte. Denn der kurze schmucklose Satz, mit dem ich das tat, war nicht das Resultat verantwortlichen, realistischen Nachdenkens, denn dann wäre er unter den damaligen Voraussetzungen vermutlich nicht gesprochen worden, so freischwebend und immateriell wie er war. Ich besaß nichts außer meinem Doktortitel, weder Geld, noch Beziehungen oder realisierbare Erbansprüche. Das einzige, was ich bisher verdient hatte, waren bescheidene Honorare für Zeitungsartikel. Die Frau dagegen, die neben mir stand, während wir auf den Rhein blickten, war als Flüchtling aus Ostpommern zwar auch nicht wohlhabend, stammte aber aus einer prominenten adeligen Familie. Eine Halbschwester von ihr war von den Nazis in Plötzensee enthauptet worden, ein Halbruder war der Gründer des evangelischen Kirchentages. Sie war in einem schlossähnlichen Gutshaus, umgeben von Bediensteten, im Kreis von sechs Geschwistern aufgewachsen, und hatte als einzige ein eigenes Reitpferd gehabt. Unterrichtet wurde sie erst im Privatunterricht, danach bis zur sogenannten Mittleren Reife in Internaten für Töchter aus protestantischen Adelsfamilien, die später, mit einem Zentrum in der damaligen Bundeshauptstadt Bonn, wie ein weit ausgeworfenes Freundinnennetz über Deutschland bis hin nach Paris und New York verteilt waren. Einige lernte ich kennen und schätzen. Maria, die studieren wollte, holte in Berlin in einem Crashkurs das Abitur nach und begann ein kunsthistorisches, archäologisches und historisches Studium, das sie während des Krieges an die Universitäten Freiburg, Leipzig, Prag und nach dem Krieg, nach einem kurzen Zwischenaufenthalt in Göttingen, zum Studiumabschluss nach Bonn führte, wo sie ein Jahr vor mir ihr Studium mit einer hoch bewerteten Doktorarbeit über die »Ikonografie der Caritasdarstellungen« ihr Studium abschloss. Inzwischen war sie mit redaktionellen Arbeiten für ein wissenschaftliches Lexikon zum Thema »Antike und Christentum« beschäftigt. Alles zusammen war das eine achtbare intellektuelle Biografie, die in mancher Hinsicht anders war als meine wildwüchsigen subjektiven Faszinationen. Doch es gab auch Überschneidungen der Vorlieben, denn sie kam aus einer Familie, in der die Literatur ein Hauptinteresse war. Das galt für beide Eltern. Besonders aber für die Mutter – Tochter eines Studienrates und ehemalige Deutschlehrerin an einem der Internate. Für sie war Literatur ein Phantasiefeld aus Spiritualität und Erotik, über das sie mit den zu Freundinnen erwählten jugendlichen Erzieherinnen, die zur Betreuung der Schwestern ins Haus kamen, schwelgerische bekennende Gespräche führte.

Das alles bildete den für mich fremdartigen familiären Hintergrund der Frau, die für mich ein romantisches, poetisches Bild geworden war, als ich sie zum ersten Mal sah. Im Frühjahr 1947, kurz vor Semesterbeginn und nach Beendigung der

Arbeit im Bautrupp, fand auf der Rheininsel Grafenwerth ein Frühlingsfest der Bonner Kunsthistoriker statt, zu dem ich eingeschriebener Neuling eingeladen war. Dort trat in wechselnden Posen und Verkleidungen eine junge Frau auf, die berühmte weibliche Gestalten aus der Kunstgeschichte darstellte. Das Publikum sollte raten, um wen oder was es sich handelte. Ich konnte kein Motiv erraten. Ich sah nur völlig gebannt die Erscheinung selbst. Der Höhepunkt der Eleganz und der Mystik war für mich die Darstellung der Ecclesia vom Portal des Straßburger Münsters. Sie stand dort ziemlich lange unerraten. Und ich dachte, sie müsse merken, wie mein Blick an ihr haftete. Dann rief jemand das Motiv und sie ging. Später sah ich sie unverkleidet, umgeben von Kollegen. Eine schöne, schlanke Frau, zu der ich mich in respektvollem Abstand hielt, denn ich war in diesem Kreis nicht bekannt. Und ich wollte nicht, dass sie mich als stumme Randfigur herumstehen sah. Ihr Bild begleitete mich in den nächsten Tagen. Wenn ich spazieren ging, konnte ich sie mir vorstellen, ein imaginäres, aber unstetes Bild auf der Leinwand des blauen Himmels, das reale Bestätigungen gebraucht hätte. Aber ich sah sie weder in den Vorlesungen, noch im Institut. Vielleicht war sie verreist oder krank, jedenfalls in anderen Lebenszusammenhängen als ich. Es war nicht so, dass ich keine Kontakte zu anderen Studentinnen fand. Vielleicht wurden es sogar mehr. Aber ich verliebte mich nicht in sie. Dann plötzlich begegnete ich ihr in der Tür zum Institut. Ich trat zur Seite, machte ihr Platz. Sie sagte »danke« und ging vorbei. Später erzählte sie mir, ich hätte sie in einer Weise angeschaut, dass sie gedacht habe: »Mit dem Mann bekomme ich noch etwas zu tun.«

Danach ergaben sich häufiger Gelegenheiten zu kurzen Kontakten und es wurde möglich, sie zu einem Film einzuladen, über dessen Regisseur ich ihr etwas erzählen konnte. Der Film lief in einem Kino der Innenstadt, nicht weit von ihrer Wohnung entfernt. Ich wohnte ziemlich weit weg am südlichen Stadtrand von Bonn: zehn Minuten entfernt von der Endstation der Straßenbahn, die ins Zentrum fuhr. Aber als ich dort ankam, in dem sicheren Gefühl viel Zeit zu haben, fuhr die Bahn nicht, weil der Rosenmontagszug durch diese Straßen zog. Mir blieb nichts anderes übrig, als die ganze Strecke zu laufen. Aber als ich beim Kino ankam, war sie schon fortgegangen.

Wenn etwas Unerwünschtes und Unerwartetes geschieht, neigt man zu der Redewendung: »Das musste ja so kommen«. Es ist der resignative Friedensschluss mit einer Niederlage, an der man nicht schuld ist und die man verkraften muss. Ich fuhr nach Grevenbroich, um Abstand zu gewinnen. Dort schrieb ich ihr einen Brief und erklärte, was geschehen war. Drückte auch mein anhaltendes Bedauern aus. Schließlich schickte ich einen weiteren Brief, in dem ich meine baldige Rückkehr nach Bonn ankündigte und die Hoffnung äußerte, sie dann zu treffen und sei es auch nur für eine Tasse Kaffee. Sie war einverstanden. So begann unsere Geschichte, die über Wochen, oder waren es Monate, dazu führte, dass ich ihr eines Tages bei einem Rheinspaziergang den Vorschlag machte zu heiraten. Ich weiß nicht mehr, wie ich es sagte, und schon gar nicht, wie sie antwortete. Sie war offensichtlich verblüfft und wollte Zeit gewinnen, um ihre Motivationen zu überprüfen. Aber sie sagte nicht nein. Ich spürte die Unwirklichkeit der Szene. Es kam mir so vor, als agierte ich in einem Film. Und ihr schien es ähnlich zu gehen. Der Film hakte. Wir kannten beide unsere Rollen nicht und blätterten in unterschiedlichen Drehbüchern. Immerhin war sie 29 Jahre alt und die Älteste von vier Schwestern. Ihr Studium hatte sie abgeschlossen. Völlig abwegig war der Gedanke zu heiraten für sie vielleicht nicht mehr. Aber das waren weder romantische, noch tragende solide Begründungen. Mir sagte sie später, sie habe gedacht: »Mit diesem Mann wird es nicht langweilig werden.« Aber den Umständen entsprechend hätte sie auch denken können: »Das läuft auf eine Katastrophe hinaus.« Stattdessen sagte sie, bevor ich nicht mein Studium abgeschlossen hätte, käme heiraten für sie nicht in Frage.

War das ein Vorwand oder ein halbes Versprechen? Ich empfand es als eine angedeutete Bereitschaft, sich von mir überzeugen zu lassen. Es war sowieso die richtige Bemerkung zur rechten Zeit, um mich zu veranlassen, mein bisheriges, ausschließlich von persönlichen Interessen gesteuertes Studieren den fachlichen akademischen Normen anzupassen. Damit begann ich nun. Zuerst schrieb ich meine Doktorarbeit über Gottfried Benn. Da es über diesen, gerade aus jahrelanger Vergessenheit wieder aufgetauchten Autor keine nennenswerten literaturwissenschaftlichen Vorarbeiten gab, hatte ich nahezu unbegrenzten Freiraum für eigene Gedanken. Mein Doktorvater, der sich wohl selbst in dem literarischen Neuland unsicher fühlte, in das er mich geschickt hatte, riet mir erst einmal einen Text über meine ersten Eindrücke zu schreiben. Das tat ich, schickte mein Elaborat aber auch an Benn und bekam nach einigen Tagen eine so einschränkungslos begeisterte Antwort von ihm, dass ich sie schon damals als den Aufschrei eines lange Zeit vergessenen Autors verstanden habe. Benns Grüße und Dank an meinen »Lehrer und Chef« waren darin eingeschlossen. Das war Rückenwind beim Schreiben.

Danach begann der Zweite Akt meiner Selbstaufrüstung: Ich holte in meinem monatelangen Lernmarathon in der Unibibliothek und in den Bibliotheken der

Institute das von mir vernachlässigte oder sogar übergangene Grund- und Normwissen meiner verschiedenen Studienfächer nach, indem ich mir über alles Gelesene kurze schriftliche Notizen machte, nicht um sie wieder zu lesen, sondern um mir das Gelesene besser einzuprägen. Beide Bewährungsprüfungen – die Dissertation und die anschließenden mündlichen Fachprüfungen – verliefen erfolgreich. Ich hatte damit aufgeschlossen zu dem Premiumabschluss der umworbenen Frau. Aber ich kam nicht sofort wieder darauf zu sprechen, weil ich zweifelte, dass ihr in unserem damaligen Gespräch eingekapseltes Versprechen noch gültig sei. Doch einige Zeit danach überraschte sie mich mit dem Vorschlag, ich sollte nach Göttingen fahren und mich ihrer Mutter vorstellen. Das kam mir seltsam vor, war aber offenbar ein Schritt in die erwünschte Richtung. Um Geld zu sparen, reiste ich nach Göttingen per Autostop – gewiss kein überzeugender Auftritt. Doch die Welt war noch vom Krieg gezeichnet und ich kam in Göttingen auch in eine Flüchtlingswohnung, wenn auch, wie sich dann zeigte, in eine schon wieder provisorisch kultivierte.

Meine künftige Schwiegermutter empfing mich zum Tee und die wuchtige Dame, die mir gegenüber saß, schaute mich mit den schönen, großen, aber starrend aufgerissenen Augen ihrer Tochter an und stellte mir konventionelle Fragen nach meinem Studium und meinen Plänen. Sie verblüffte mich dann mit der Frage, ob ich wisse, dass ich ein armes Mädchen heiraten würde, was in mir ein kurzes Erstaunen darüber auslöste, dass ich mir etwas anderes nie vorgestellt hatte. Immerhin hatte sie mir mit dieser Frage die Befürchtung genommen, dass ich wegen meiner Armut als Schwiegersohn nicht infrage käme. Unvergesslich ist mir die plötzliche Wendung des Gespräches, mit der sie mir die Möglichkeit zuspielte, mich ein wenig besser zu profilieren. Sie fragte mich nach Heidegger, von dem sie nur Zitate gelesen hatte, ohne sie recht verstanden zu haben. Konnte ich ihr dabei helfen? Sicher, das konnte ich. Es war, als habe sie mir eine Tür in einen weiten hellen Raum geöffnet, in dem ein Vortragspult auf mich wartete. Es war garnicht so lange her, dass ich bei Heidegger gelesen hatte »Der Grundgedanke ist einfach wie der jeder ernstzunehmenden Philosophie«, [so] sagte ich: »Der Mensch wird in eine fremde Zufallswelt geboren und muss in ihr sein eigenes Selbstseinkönnen entdecken.« Als ich das gesagt hatte, kam es mir auf schwindelerregende Weise abstrakt vor und ich begann über den Begriff der »Eigentlichkeit« und die allgegenwärtige Gefahr eines uneigentlichen, entfremdeten Lebens zu reden, was meine Zuhörerin mit einem ernsten Nicken quittierte, so als schaue sie über mich hinaus in eine problematische Zukunft. Schließlich fragte sie, alle Schwierigkeiten überbrückend: »Wann wollen Sie denn heiraten?« Und ich begriff, dass ich damit soeben ihre grundsätzliche Zustimmung bekommen hatte. So kamen wir in ruhigeres Fahrwasser. Sie war keine einfache Person: anspruchsvoll in ihrem Selbstbild und schwankend in ihren Gefühlen. Aber sie hat mir oft mit kleinen Geschenken ihre Sympathie gezeigt.

Eine Woche später fuhr ich mit Maria nach Grevenbroich, um ihr mein Elternhaus zu zeigen und sie meinem Vater vorzustellen. Wir unterbrachen die Reise in Köln, um von der Aussichtsplattform des Doms aus die immer noch schwer beschädigte Innenstadt zu überblicken. Der ursprüngliche Schrecken war gemildert durch erkennbare Strukturen. Wir waren zum ersten Mal als künftiges Paar unterwegs. Und so sind wir auch erwartet worden. Unser Besuch in Grevenbroich verlief auf unaufdringliche Weise familiär, so eigenartig ich es auch fand, Maria in der häuslichen Umgebung meiner Kindheit zu sehen. Unsere Mutter wäre gewiss sehr erfreut gewesen, dachte ich. Von meinem Vater ist aus späterer Zeit ein bekennender Satz seiner anhaltenden und offenbar erstaunten Bewunderung für meine »gute Wahl« überliefert.

Dass unsere Ehe trotz ausgeprägter, persönlicher Verschiedenheiten ein Erfolg wurde, ist vor allem das Ergebnis einer solidarischen Zusammenarbeit in gegenseitiger Anerkennung. Alles, was wir hatten und dazu erwarben, gehörte uns beiden. Aber es war eine traumatische Erfahrung, als die beiden ersten Kinder geboren wurden und Maria ihre Anstellung in der Redaktion des wissenschaftlichen Lexikons für »Antike und Christentum« verlor und wir die Universitätswohnung räumen mussten. Ihr katholischer Chef, Professor Klauser, der auch der Lehrer des späteren Papstes Benedikt war, vertrat die dogmatische Auffassung, als Mutter kleiner Kinder gehöre sie ganztägig nach Hause. Das stürzte uns in erhebliche Schwierigkeiten. Ich schrieb zwar inzwischen viele Rundfunkfeatures und erste Hörspiele, doch da ich ohne nennenswerten Vorschuss einen Verlagsvertrag für ein Buch über Gottfried Benn bekommen hatte, fehlte mir die Zeit für Nebenarbeiten und ich musste mir Geld leihen, um das Buch schreiben zu können. Als es erschien und gute Kritiken bekam, hatte der Verlag zu wenige Exemplare gedruckt. Stattdessen besuchte mich in unserer provisorischen Unterkunft der Verleger Josef Caspar Witsch und bot mir an Lektor zu werden. Ich sollte eine Wissenschaftliche Abteilung aufbauen, bekam bald auch noch als gewichtigen Zuschlag das Lektorat für deutsche Literatur hinzu.

Nun war ich total von Pflichten umstellt, die ich mir so nicht gewünscht hatte. Jedenfalls nicht auf Dauer. Ich hatte durch zwei literaturtheoretische Essaybände, ein Buch mit Prosa und lyrischen Texten, das Buch über Benn und die Edition seiner Werke, außerdem durch den Hörspielpreis der Kriegsblinden und eine Vorlesungsreihe über Hemingway, Camus, Benn und Beckett im Audimax der Universität München und nicht zuletzt durch meine Lektoratsarbeit einen schnell sich herumsprechenden guten Ruf erworben, auf den es ein verblüffendes Echo in Form interessanter, ernstzunehmender Angebote gab. Dazu gehörten Professuren an den Universitäten Bielefeld und Siegen, der Aufbau einer Kulturabteilung beim neu entstehenden Deutschlandfunk und das Angebot einer Anstellung mit ministerialer Aufstiegsperspektive im Gesamtdeutschen Ministerium, für das ich einen kritischen Text über Traditionshintergründe der NVA geschrieben hatte. Das waren fünf berufliche Asse, die ich plötzlich in der Hand hielt. Alle versprachen sie ein komfortables Einkommen und ein nach bürgerlichen Maßstäben angesehenes Leben für unsere inzwischen fünfköpfige Familie. Ich allerdings war in meiner Lebensgeschichte an einem völlig anderem Punkt angelangt. Ich wollte nicht nur keinen der angebotenen Lebenswege einschlagen, sondern darüber hinaus auch die Lektoratsarbeit beenden, um endlich uneingeschränkt das zu tun, was ich bisher nur mit geteilter Kraft und Zeit in Ansätzen hatte tun können: Ich wollte in der Spur meiner Faszinationen bleiben und Bücher über das Abenteuer des Lebens schreiben, um für mich selbst und für andere kenntlich zu werden. Es war das, was ich in dem heideggerianischen Vorstellungsgespräch bei meiner Schwiegermutter das »eigentliche Selbstseinkönnen« genannt habe. Ich hatte Witterung aufgenommen.

Dem kann natürlich das ganz anders tickende alltägliche Leben massiv widersprechen. Bei einer Mutter mit drei kleinen Kindern war das erwartbar. Umso mehr bin ich meiner Frau dankbar, dass sie gemeinsam mit mir den riskanten Weg einer freien Schriftstellerexistenz gegangen ist.

Die Schwierigkeiten, die dabei entstanden, vor allem durch den Imagewechsel, der erst einmal akzeptiert werden musste, haben sich aufgelöst. Vor allem durch die Zustimmung einer wachsenden Schar alter und neuer Leser, von denen viele dauerhafte existenzielle Beziehungen zu einzelnen Büchern entwickelt haben. Ähnliches gilt auch für das schöne Buch »Von Ort zu Ort«, in dem meine Frau ihre Jugend in Pommern und im 2. Weltkrieg beschrieben hat.

Das Alter ist die Lebenszeit der weiten Rückblicke und der kurzen funkelnden Schritte zu nahegelegenen Zielen. Heute gehen wir essen und kontrollieren uns vorher, suchen uns ab: Hast du Geld dabei? Die Schlüssel? Glücklicherweise gibt es einen Aufzug, der uns sanft hinunter und wieder hinauffährt, wenn wir gleich zurückkommen. Unten auf der Straße herrscht Winterwetter. Es hat wieder geschneit, ungewöhnlich für diese Jahreszeit. In den Astgabeln der Parkbäume liegen weiße Schneekissen. Wir gehen mit Blicken auf dem Boden in überfrorenen alten Schaufelspuren zum Briefkasten. Der Brief, den wir einwerfen, ist ein Beileidsbrief an Angehörige verstorbener Freunde. Beim Weitergehen grüßt uns jemand, der uns entgegenkommt. Es ist ein freundlicher Bekannter, dessen Namen wir vergessen haben, mitsamt der ganzen Aura persönlicher Informationen. Er dagegen spricht uns mit unseren Namen an und erkundigt sich, wie es uns geht. Wir geben gemischte Auskünfte, gewürzt mit einer Prise schwarzen Humors, um Gefasstheit und Souveränität im Umgang mit dem Unvermeidlichen zu beweisen. Denn das ist es, was von alten Leuten erwartet wird. Altsein ist eine markante Rolle im Lebensdrama, eine Phase, in der das Verhältnis der Umwelt zu den sichtbar gezeichneten, aber noch vertrauten Personen neu definiert wird. Alle sind freundlich und hilfsbereit und alle grüßen uns mit unseren Namen, während uns ihrer vielleicht einfällt, wenn wir wieder zuhause sind. Aber das ist keineswegs sicher.

Ja, zuhause sind wir hier. Schon ein kleiner Spaziergang genügt, um Wohnung als Heimkehr erscheinen zu lassen. Denn hier ist alles versammelt, was wir zum Leben brauchen: Bücherwände, vertraute Bilder, alte Möbel, unsere Arbeitsplätze und, je nachdem wie es sich ergibt, Platz für kurze und längere Besucher und Geselligkeiten. Die Raumfolge wird von einem, zweimal die Richtung ändernden langen Flur zusammengehalten, in dem jeder von uns täglich mehrfach hin und her wechselt.

Als wir vor 35 Jahren nach vielen voraufgegangenen Wohnungswechseln, noch mit unseren Kindern, als fünfköpfige Familie hier einzogen, war es meiner Frau und mir klar, dass dies der letzte feste Platz in unserem Leben sein würde. Dieses Gefühl ihrer Zeitlichkeit gehört mit zum Fluidum der Wohnung, die mit den zahllosen farbigen Bücherrücken – auch den Rücken der eigenen, hier geschriebenen Bücher – eine Erinnerungsklaviatur darstellt. Gelegentlich kann man einen Augenblick davor stehen bleiben und ihr versuchsweise einige verhallende Klänge entlocken. Nichts wird bleiben wie es ist. Aber dies ist der Stand der Dinge.

spürt er diese Gefahr. Und zum Teil ist die
gehen. Ich bin ja ohnehin verloren.
Unterstimme des Lustprinzips.
Deshalb bitte keine
von innen und außen
umso stärker scheint er
zu denken, zu fühlen hat.

Der Tod ist eine Ameise
unterwegs in einem finsteren Treppen-
haus –
Warum muß ich diesen Satz denken?
Er ist unterwegs und es ist dunkel
und wahrscheinlich schläfst du
aber er kann die Stufen erklettern
riesige Steilwände weite Plateaus
überquert er.
Er ist unterwegs er hat Zeit
eine Ameise
in der Dunkelheit blind
und tief in deinem Schlaf
ist eine kleine Bewegung
fremd wie deine eigene Stimme
die hallo ruft hallo
in einem finsteren Treppenhaus.
Doch der Tod ist nur eine Ameise
blind an einer riesigen Steilwand.

1973 Dieter Wellershoff

Der Tod ist ein Sonntag
unbeweglich wie
ein finsterer Saal voller Stechpalmen
der Tod wartet im Frühling
mit einer Spraydose voll Wiesenduft
Tod mit seinen schwarzen Lippen
trägt in der Hand eine singende Amsel
der Tod trägt eine Atemmaske
er mag seinen Geruch nicht
Tod der sich einschleicht
und in die Wiege der kleinen Kinder legt
Tod der mir meine Bücher verderben will
während ich nach Worten suche
der sprachlose Tod
sitzt auf meinem Schreibtisch
weiß wie Papier.

1974 Dieter Wellershoff

Todessekunde

Die Ampeln dieser Nacht leuchten
rot und grün zugleich.
Bleibe ich stehen, gehe ich?
Gelb zwinkert: ein Tigerauge in
der Dunkelheit.
Auf Gleis zwölf drehen sich schwarze
Windmühlenflügel.
Gleis zwölf. Bin ich richtig hier?
Das Tigerauge zwinkert: keine Gefahr!
Aber das könnte eine Täuschung sein.
Es ist eine Sekunde vor zwölf.
Die Zeit vergeht nicht.

1984 Dieter Wellershoff

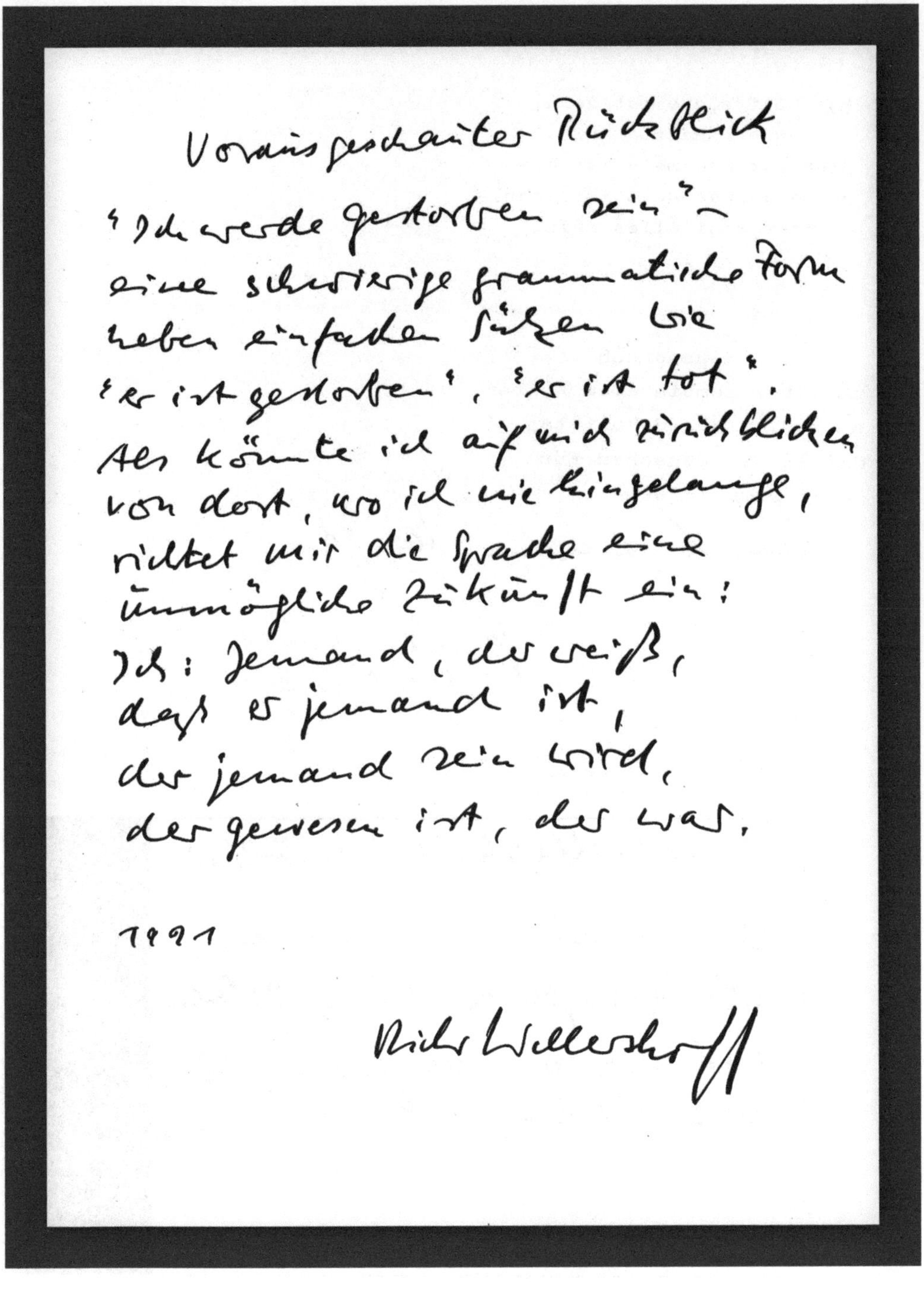

Vorausgeschauter Rückblick

„Ich werde gestorben sein" –
eine schwierige grammatische Form
neben einfachen Sätzen wie
„er ist gestorben", „er ist tot".
Als könnte ich auf mich zurückblicken
von dort, wo ich nie hingelange,
richtet mir die Sprache eine
unmögliche Zukunft ein:
Ich: jemand, der weiß,
daß er jemand ist,
der jemand sein wird,
der gewesen ist, der war.

1991

Dieter Wellershoff

Die Hälfte, die ist Dein,
die andere Hälfte mein.
Doch ist, was mein ist, Dein
und auch, was Dein ist, mein -
so paßt wohl alles rein.

Sinnspruch
zu einem gemeinsamem Koffer
zu Marias 56. Geburtstag
mit lieben Wünschen für
gemeinsame Reisen

und einen Kuß

Richter

Dieter Wellershoff Das Alter

Das Alter ist dem Leben
als Beipack mitgegeben
und daran muß man eben
allmählich sich verheben

Bodo zum Geburtstag

mit erläuterndem
Sinnspruch, umseitig:

Dies ist ein Ding,
das niemand braucht
und keiner kennt.
Kein Schaden,
wenn man es verbrennt.
Es sei denn,
daß es als Turbine
für Wunschtraumphantasien
diene.

Herzliche Glückwünsche
Michi

15.11.98

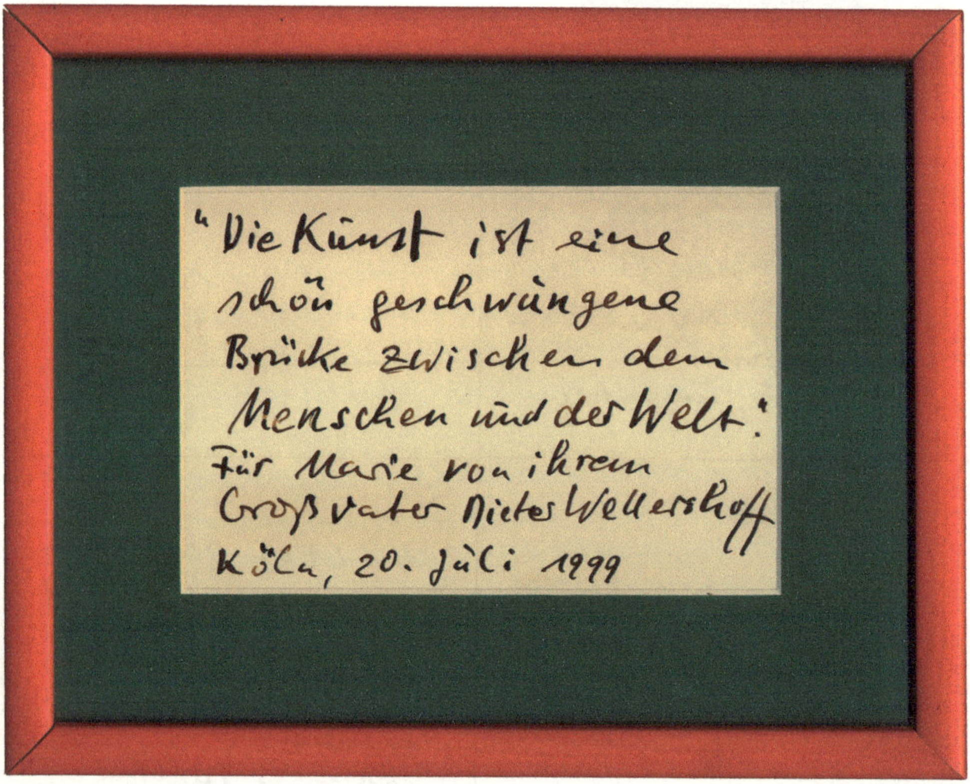
„Die Kunst ist eine
schön geschwungene
Brücke zwischen dem
Menschen und der Welt."
Für Marie von ihrem
Großvater Dieter Wellershoff
Köln, 20. Juli 1999

Irene Wellershoff

»So resigniert bin ich nicht, dass ich Komödien schreibe«

Erinnerungen an meinen Vater

Die Arbeit an diesem Buch war für mich eine bewegende Reise in die Vergangenheit, in die meines Vaters, aber auch in die seiner Generation – und in meine eigene als Kind und Jugendliche. Aus den verstreuten Texten und ihrem inhaltlichen und stilistischen Wandel im Laufe der Zeit, den Fotos aus Familienalben dreier Generationen, den Briefen an Weggefährten und Leser, entstand wieder das Bild seiner Persönlichkeit, seiner Kämpfe, seiner künstlerischen Entwicklung und der lebendigen Zeit, die wir miteinander hatten.

Als Kind und als Jugendliche wurde ich oft gefragt, was mein Vater macht und wie es denn so ist, das Leben mit einem Schriftsteller. Meine früheste Antwort, von meiner Mutter kolportiert, war: »Papi schreibt und denkt.« Als Jugendliche antwortete ich meistens: »Ganz normal«. Im Rückblick stimmt das nicht. Mein Vater hob den Familienalltag auf ein höheres Energielevel. Er war das unruhige geistige Kraftzentrum, das unentwegt arbeitete, originelle Gedanken und Theorien produzierte und zu jeder Meinung, die ihm klischeehaft und undurchdacht erschien, einen Widerspruch formulierte. Damit formte er auch unser familiäres Alltagsleben.

Er wuchs auf in einer Zeit von Propaganda, Lüge und Realitätsverkennung, hatte aber auch eine geborgene Kindheit voller Fantasiespiele. Die positiven Kindheitserfahrungen und die entgegengesetzten Erfahrungen von Zerstörung und sinnlosem Sterben, die er als jugendlicher Soldat erlebte, haben sein Denken geprägt. Kollektiven Heilsversprechen galt seither sein Misstrauen. Dagegen setzte er den Drang nach Realitätserkenntnis und Wissen und seine Skepsis, aber auch seinen Lebenshunger, seine Neugier und Kreativität. Dies alles mündete in seinen eigenen Weg des Denkens und Schreibens.

Den Weg als Schriftsteller musste er sich schwer erkämpfen. Die Armut in der Nachkriegszeit ist heute schier unvorstellbar – in diesem Sammelband spiegelt sie sich eindrücklich in den Wohnungsbeschreibungen. Trotz der Armut der frühen Jahre hielt mein Vater an seinem Ziel fest, seinen Lebensunterhalt mit Schreiben zu verdienen. Seiner Enkelin Marie, die als Autorin auch einen unsicheren Weg eingeschlagen hat, sagte er Jahrzehnte später: »Geld ist nicht das Wichtigste. Für ein Butterbrot reicht es immer.«

In den 50er Jahren, als die Familie wuchs, verschärfte sich die materielle Situation meiner Eltern, denn meine promovierte Mutter wurde nach der Geburt meines Bruders Gerald vom Katholischen Institut der Universität Bonn mit der Begründung entlassen, es sei moralisch nicht vertretbar, dass eine Mutter von zwei Kindern arbeite. Damals war das ein ausreichender Kündigungsgrund für Frauen. Ein Kündigungsgrund, der selbst zutiefst unmoralisch war und sicher die Abneigung meines Vaters gegen Religion verstärkt hat. Zumal meine Mutter eine Zeitlang von demselben Institut mit derselben Arbeit weiterbeschäftigt wurde, sie erhielt dafür aber nur noch »ein kleines Taschengeld« ohne soziale Absicherung. Außerdem mussten meine Eltern aus der Bonner Universitätswohnung ausziehen. Von da an war mein Vater für viele Jahre Alleinverdiener.

In Heidebergen, unserem nächsten Wohnort, lebten neben jungen Familien viele soziale Außenseiter, arme Menschen, Flüchtlinge, Gestrandete. Auf verwilderten Grundstücken standen verlassene Schuppen und bewohnte Baracken, daneben entstanden Einfamilienhäuser. Für Kinder war der Ort ein Paradies. Schon als Vierjährige durften wir unbeaufsichtigt auf den nach Kamille duftenden Wiesen, in den Wäldchen voller Maiglöckchen, in den Pfützen der unbefestigten Straßen und zwischen den Hühnerhöfen und Kaninchenställen spielen.

Für unsere Eltern war die Situation hart: Die Wohnung war im Winter kaum zu heizen, der Wind drückte gelegentlich den Rauch der Öfen in die Zimmer, im Keller hausten die Ratten und fraßen die von Dieter für uns gekneteten Krippenfiguren an.

In dieser Zeit vollendeten sie beide zusammen die Arbeit an der ersten Gesamtausgabe von Gottfried Benn. Die Witwe Benns bestand gegenüber dem Verlag darauf, nur Dieter als Herausgeber zu nennen, denn es sei nicht im Interesse ihres verstorbenen

Mannes, wenn eine Frau in den Werken als Mitherausgeberin erscheinen würde. Dies war umso erstaunlicher, als Frau Benn selber als Ärztin berufstätig war. Meiner Mutter fügte diese Demütigung eine weitere berufliche Enttäuschung hinzu.

Dieters Arbeitszimmer in Heidebergen roch angenehm nach Tabak, er hatte sich den kleinen Luxus einer Pfeifensammlung gegönnt. Außerdem war er ein starker Raucher. Anfang der 60er Jahre warf Maria ihm nach einer durchgearbeiteten Nacht die Zeitung mit einem Artikel über Krebs durch Rauchen auf sein Bett und sagte: »So wirst du sterben.« Dieter reagierte sofort und warf noch am selben Tag seine Pfeifensammlung, Zigaretten und Tabak in den Mülleimer und hat nie wieder geraucht. Die Geschichte veranschaulicht zwei Charakterzüge meines Vaters: Er war willensstark, und er war um seine Gesundheit besorgt. Meine Mutter hat die teure Tabaksdose noch aus dem Mülleimer gerettet und zur Aufbewahrung von Knöpfen genutzt, denn sie nähte uns Kindern damals viele Kleidungsstücke selbst.

Mein Vater konnte, wenn jemand seinen Zorn erregt hatte, furchterregend wirken und ließ sich auch körperlich nicht einschüchtern. In Bonn griff er einmal in eine Schlägerei ein und brachte die Männer auseinander. In Heidebergen war er gerade dabei, Feuerholz mit der Axt zu zerkleinern, als er hörte, wie ein Nachbar, der sich ständig über uns beschwerte, meine Mutter beschimpfte. Zornentbrannt sprang er die Kellertreppe hoch. Erst als der Nachbar gegen die Wand zurückwich und auch meine Mutter blass wurde, bemerkte Dieter, dass er die Axt noch in Händen hielt. Danach ließ der Nachbar meine Mutter in Ruhe.

In dieser Zeit kauften Dieter und Maria sich ihr erstes Auto, einen VW-Käfer. Wenn wir zu Ausflügen mitgenommen wurden, freuten Gerald und ich uns besonders auf die »Hoppla-Brücke«. Wir setzten uns locker auf die Rückbank, schlossen die Augen in froher Erwartung, und dann fuhr Dieter mit Tempo über eine Brücke, die einen Bach überspannte. Der Brückenhubbel war so klein, dass das Auto drüber sprang, unter beträchtlicher Belastung der Achsen wieder aufkam und wir zu unserer Freude auf dem Rücksitz in die Luft flogen.

Neben dem Schreiben beschäftigte Dieter sich auch immer mit anderen künstlerischen Ausdrucksformen. In Heidebergen hatte er sich ein Tonbandgerät angeschafft und experimentierte mit Klangcollagen. Einmal nahm er heimlich unsere

Gespräche am Abendbrottisch auf und spielte sie uns dann überraschend vor. Ich erinnere mich an diesen magischen Moment, als wir unsere eigenen Stimmen zum ersten Mal hörten.

Als der Verleger Caspar Witsch Dieter das Angebot machte, in seinem Verlag Lektor zu werden, nahm er dieses Angebot an, um der Familie materielle Sicherheit zu geben, obwohl er seine eigenen schriftstellerischen Ambitionen zurückschrauben musste. Nun konnten meine Eltern es sich leisten, in einen Neubau mit 16 Parteien einzuziehen. Für sie ein großer Fortschritt, für mich das Ende der ländlichen Freiheit.

In Rodenkirchen wurde mir bewusst, dass mein Vater anders dachte als die meisten Erwachsenen, die ich kannte. Zu seinem freien Denken gehörte auch sein Atheismus. Meine Mutter stammt aus einem protestantischen Elternhaus, in dem die Religion engagiert gelebt wurde. Maria war zwar persönlich nicht besonders religiös, blieb aber doch der evangelischen Kirche verbunden.

Ausgerechnet meine Religionslehrerin stürzte mich im zweiten Schuljahr in meine ersten schweren Zweifel. Eltern, die ihre Kinder nicht religiös erziehen, kommen in die Hölle, sagte sie. Ich war bestürzt. Zwar zweifelte ich keinen Moment daran, dass ich in den Himmel kommen würde, aber ebenso sicher war ich, dass mein Vater in die Hölle müsste, obwohl er mir in meiner Angst versicherte, dass es keine Hölle gäbe. Das glaubte ich ihm damals nicht. Aber wie sollte ich im Paradies auch nur eine Minute glücklich sein, wenn mein geliebter Vater in der Hölle schmoren würde? Diesen Widerspruch konnte ich nicht auflösen und entfernte mich von diesem Moment an Schritt für Schritt vom Glauben an Gott. Gleichzeitig war es der Beginn für viele Gespräche über das Leben und seinen Sinn mit meinem Vater.

Als meine Schwester Marianne zur Welt kam, wurde auch die Wohnung in Rodenkirchen zu klein, und wir zogen in ein Reihenhaus mit Garten in Köln-Sülz, wo Dieter ein Arbeitszimmer unter dem Dach hatte, das zwar kaum zu heizen war, aber in dem er endlich ungestört von Kinderlärm schreiben konnte – und wir unsererseits nicht dauernd Rücksicht auf ihn nehmen mussten.

Im Laufe der Jahre reduzierte Dieter seine Arbeit bei Kiepenheuer & Witsch, um mehr Zeit zum Schreiben zu haben.

Bei der Arbeit an seinen Romanen tauchte mein Vater in seine eigene Welt ein. Sein Tagesrhythmus koppelte sich von dem der übrigen Familie ab. Er schrieb oft bis spät in die Nacht, wenn die Welt schlief, und schlief dann selbst bis in den späten Morgen. In diesen Zeiten wollte er nichts an sich heranlassen, das nicht in einem inneren Zusammenhang stand mit seinem Thema. Kein noch so interessanter Film oder Theaterstück konnten ihn ablenken, er schirmte sich wochenlang von allem ab. Wenn Marianne ihn in seinem Schreibzimmer unter dem Dach besuchte und ihn bat, ihr ein Bild in einen der Blindbände zu malen, die er uns aus dem Verlag mitbrachte, nahm er sich aber immer Zeit.

Beim Schreiben hörte er oft Musik, manchmal tagelang dieselbe: Klassik, Jazz, Klavier, psychedelische Musik, Dave Brubeck, Louis Armstrong, Frank Sinatra, Keith Jarrett, Janis Joplin, »Sunday Morning« von The Velvet Underground mit der rauchigen Stimme der deutschen Sängerin Nico – aber auch Bach, gespielt von Glenn Gould und Chopin, John Cage, Erik Satie und die Carmina Burana von Carl Orff.

Dieter spielte kein Instrument, war aber ein ausgezeichneter Tänzer. In seinen letzten Lebensjahren hörten wir öfter zusammen Musik und waren uns dabei sehr nahe. Er sprach über das Trostvolle und Heilende der Musik und ihre unzerstörbare Harmonie. »Es gibt den Himmel nicht als Institution, aber vielleicht durchaus als Erfahrung oder als Traum. Glück und Seligkeit kann man erleben, ich habe sie bei Musik erlebt. Bei einem wunderbaren Musikereignis ist man dem Himmel am nächsten.«

Mit der Musik schwang eine fast körperliche Energie durch unser Haus. Dieter kam dann gut voran und erschien gut gelaunt und vor Witz sprühend am Mittagstisch, egal wie düster die Geschichte war, an der er arbeitete.

Einmal schlug ich ihm nach einer lustigen Mittagsrunde vor, ein fröhliches Buch zu schreiben mit einem glücklichen Ende, das sicher mehr gekauft würde als seine Romane über krisenhafte Lebensläufe und scheiternde Protagonisten, denn finanzielle Sorgen waren viele Jahre seine und unsere Begleiter. Aber das lehnte er ab: »So resigniert bin ich noch nicht, dass ich Komödien schreibe.« Durch die Aussicht auf schnellen kommerziellen Erfolg war er nicht korrumpierbar in seiner Erforschung der menschlichen Abgründe und Selbsttäuschungen.

Auf seinem Schreibtisch lagen oft Muscheln und Steine, die er aus Urlauben mitgebracht hatte, denn er liebte das Meer. Auch ein handschmeichlerischer Bär aus

Holz bewohnte seinen Schreibtisch und ein Rabe aus Keramik die Fensterbank. Beim Durchschauen der Fotoalben für dieses Buch ist mir aufgefallen, wie viele Bilder es von Dieter gibt, auf denen er Tiere streichelt. Viele Jahre hatten wir Katzen. Die Verbindung zur Natur, zu Landschaft, Bäumen, Tieren war immer wichtig für ihn.

Als wir klein waren, bemalte Dieter unser schlichtes Mobiliar mit Tierbildern. Nachts schuf er aus Holz, Gips und Farbe miniaturisierte Landschaftselemente für unsere Spiele mit Indianer- und Cowboy-Figuren, mit denen er uns morgens überraschte und die beim Zusammenbau fast den ganzen Fußboden des Kinderzimmers bedeckten. Später zeichnete er Landschaftsbilder und experimentierte mit Fotografie, schwarz-weiße Baumsilhouetten im Winter waren eine Zeitlang sein bevorzugtes Motiv. Noch im hohen Alter malte er eine Serie afrikanischer Tiere. Er liebte die großen Raubtiere und die Wildnis Afrikas – ohne je dorthin gereist zu sein.

Dabei reiste Dieter gerne, aber er brauchte keine großen äußeren Erlebnisse, um erzählen zu können. Mit seinem gleichzeitig empathischen und analytischen Blick konnte er aus kleinen Beobachtungen von Menschen in einem Restaurant oder aus einer flüchtigen Begegnung auf einem Fest Geschichten über das Lebensdrama dieser Menschen entwickeln.

Manche Leute erleben große Abenteuer, aber können danach nichts darüber erzählen, ihm reichte ein kleines Erlebnis für eine Erzählung, die immer auch eine Deutung und Durchdringung des menschlichen Seins war.

Vor dem Computerzeitalter schrieb Dieter auf einer mechanischen Schreibmaschine und überklebte oder übermalte mit Tipp-Ex verworfene Wörter, Sätze und Abschnitte. In seinem Zimmer roch es oft nach Klebstoff. Manche Manuskriptseiten wurden lang, dick und steif.

Auf der Schreibmaschine hatte er sich seine eigene Schreibtechnik angewöhnt: Mit den Zeige-und Mittelfingern haute er mit Wucht auf die Tasten, bis er manchmal Schmerzen in den Fingern hatte. Ein Versuch mit einem 10-Finger-Blindschreibkurs scheiterte komplett und führte zu einem der vielen Sprüche und Zitate, die in der Familie kreisten: »Rudidi kurvelt die Autoschwibibe heruwer.« Eine neue Art witziger Poesie fanden wir, während Dieter zu seiner alten Methode des Zweifingerschreibens zurückkehrte.

Maria tippte die Manuskriptseiten ins Reine und war dabei auch seine erste Leserin und Kritikerin. Ein sensibler Job, weil Kritik in der Phase der Entstehung leicht zu einer Schreibkrise führen konnte. Ich sehe sie noch vor mir, wie sie später die Korrekturfahnen durcharbeitete und geheimnisvolle Zeichen am Rand hinterließ.

Dieters wichtigster Gesprächspartner neben Maria waren seine Bücher. Mit seiner riesigen Bibliothek war er immer im Dialog. Seine Bücher waren voller Anstreichungen und Merkzettel. Dieter interessierte fast alles: Literatur und Theater, Bildende Kunst, Musik, Fotografie, Psychologie, Philosophie und Soziologie, Geschichte, Paläontologie, Natur und Tiere. Sein vielseitiger Geist war für manche Kritiker irritierend, weil er es ihnen erschwerte, meinen Vater einzuordnen.

Zu einem gelungenen Tag gehörte für ihn das Lesen, am liebsten in dem Ledersessel, den er sich in sein Arbeitszimmer gestellt hatte. Als mein Bruder Gerald zu Beginn der Pubertät sämtliche Bücher aus seinem Zimmer verbannte und es zum bücherfreien Raum erklärte, akzeptierte er das, ohne jemals Druck auszuüben. In dieser Zeit blieb Fußball ihr gemeinsames Interessensgebiet. Nach einem Jahr kaufte Gerald sich sein erstes eigenes Buch, aus einem der wenigen Sachgebiete, die Dieter nicht interessierten, nämlich der Pädagogik, und erschloss sich die Welt der Bücher auf seine Weise.

Schreiben ist ein Kraftakt, ein Seiltanz ohne Netz, es ist einsam. Euphorie, Flow und Krisen wechseln einander ab, und das in einem Zeitraum von ein, zwei Jahren. Eine solch extreme Anstrengung über ein, zwei Jahre gelingt nur, wenn man sich selbst mit Hoffnungen motiviert, mit Hoffnungen auf positive Resonanz. Und die Familie hoffte mit. So war es ein Schock für alle, als beim Erscheinen von »Der Sieger nimmt alles« ein gezielter Verriss all diese Hoffnungen zunichte machte. Der Roman handelt vom Aufstieg und Fall eines Unternehmers in der Zeit des deutschen Wirtschaftswunders und war inspiriert von Dieters Bruder Hans-Walter. »Dass ich das wilde Streben nach Erfolg in meine Figuren gelegt habe, hat die Leute schockiert«, sagte Dieter im Rückblick auf diesen Roman. In einer Zeit, in der in der Literatur politische Botschaften und artistische Sprachstile in Mode waren, kam ein großer Gesellschaftsroman, geschrieben im glasklaren und sinnlichen Stil meines Vaters, ein Jahrzehnt zu früh. Es war furchtbar, den Vater so enttäuscht, ja verzweifelt zu sehen. Aber im Schreiben lag für Dieter auch eine heilende Kraft, denn der Schriftsteller verwandelt »auch die Irrtümer, Niederlagen und Verletzungen seines Lebens in eine Erfahrung der Kompetenz«.

Trotz solcher Rückschläge wurde Dieter allmählich einer breiteren Öffentlichkeit bekannt. Es gab viel Besuch in unserem Haus. Aus den frühen Jahren ist mir vor allem der väterliche Heinrich Böll in Erinnerung, der uns jedesmal Matroschkas aus Russland mitbrachte, die wir die »Böll-Puppen« nannten, auch als wir eigentlich schon zu groß dafür waren. Später folgten andere Kölner Autoren, deren Lektor Dieter war, wie Günter Wallraff, den wir wegen seines Mutes glühend bewunderten, und Günter Steffens, der meine Schwester, damals in der fünften oder sechsten Klasse, mit der Ankündigung erschreckte, dass er bald »Sterbi, sterbi« machen müsste.

Häufig waren Rolf Dieter Brinkmann und seine Frau bei uns zu Gast. Brinkmann war ein zorniger Rebell gegen gesellschaftliche Konventionen, bei Verlagsfesten provozierte er auch andere Autoren, und nur Dieter, zu dem er Vertrauen hatte, konnte ihn bändigen. Ich erinnere mich anders an Brinkmann, nämlich dass er meine Schüchternheit spürte und mir sanft Mut machte, meine eigenen Wege zu gehen. Sein früher Unfalltod in London war ein lang anhaltender Schock für uns.

Maria war zu dieser Zeit endlich wieder in die Berufswelt eingestiegen, wenn es auch zu spät war für die universitäre Karriere, die sie erhofft hatte. Ihren Neustart begann sie in einer Kölner Kunstgalerie, die vor allem zeitgenössische amerikanische Maler ausstellte. So kamen nun auch Künstler zu Besuch, Galeristen, Fotografen, Regisseure und Schauspieler und gelegentlich schräge Szenetypen, die sich zum Teil selbst zu den Festen einluden. (Einer überreichte einmal als Gastgeschenk einen abgeschnittenen Telefonhörer von der Telefonzelle vom nahegelegenen Hermeskeiler Platz als vermeintlich unangepasste Geste. Das Geschenk stieß aber nicht auf Gegenliebe bei Dieter, er fand es asozial und sagte es auch. Der Typ stammte aus dem Umfeld der RAF.)

Junge Leute kamen ins Haus, die sich mit Dieters Werk beschäftigten, sei es für Promotionen oder für Hörfunk und Zeitung, die aber vor allem mit ihm, im Umweg über das Werk, über das Leben sprechen wollten und sich Orientierung erhofften. Viele Fantasien richteten sich auf ihn, weil Dieter sehr gut aussah. Ein weiblicher Fan weckte uns Nacht für Nacht aus dem Schlaf durch Telefonanrufe – damals konnte man Telefone noch nicht leiser stellen oder ausstöpseln. Wir deckten das Telefon am Ende mit einem Haufen von Decken und Plumeaus zu, was bei mir das gruselige Gefühl erzeugte, jemand riefe unter den Decken erstickt um Hilfe. Daraus entstand die Novelle »Die Sirene«.

Die späten 60er und frühen 70er Jahre waren eine wilde Zeit, in der wir als Familie sehr glücklich und auch sehr unglücklich waren.

Damals hatte eine Explosion von Kreativität die Gesellschaft erfasst, und auch für Dieter waren dies als Schriftsteller Jahre großer Schaffenskraft. Nebenbei experimentierte er spielerisch mit fotografischen Langzeitbelichtungen und Nachtfotografie, er schuf Kunstobjekte aus Korkrinde, wir Kinder stellten Readymades aus Alltagsgegenständen her, und ich begann Skulpturen zu machen. Nur einmal zeigte Dieter sich nicht erfreut, als ich Oswald Wieners Buch »Die Verbesserung von Mitteleuropa« mit Hilfe von Schere, Klebstoff, Nägeln und Holz in ein eigenes Kunstwerk verwandelt hatte, das nun aber nicht mehr lesbar war.

Nach dem Mittagessen gestalteten wir oft auf einer Magnettafel mit bunten geometrischen Formen abstrakte Bilder, die ein paar Tage bleiben durften, wenn sie nach allgemeiner Einschätzung gelungen waren. Und wir hatten Spaß bei Familienfesten mit Scharaden, Pantomimen, Schreib- und Malspielen und selbstgedichteten Un-Sinnssprüchen für Silvester.

Aber es waren auch Jahre, in denen Dieter zwischen meiner Mutter und einer anderen Frau hin- und hergerissen war. Zweimal zog er aus und ließ uns zutiefst traurig und verstört zurück, zweimal kehrte er wieder zurück. Aber es blieb ein Gefühl existentieller Erschütterung, das wir Kinder vorher nicht gekannt hatten, und es blieb auch für unsere Eltern, da Dieter sein inneres Dilemma nicht auflösen konnte. Zeiten tiefer Traurigkeit kamen und gingen. In depressiven Phasen war Dieter in sich gekehrt und schrieb Gedichte, die für mich zu seinen schönsten und persönlichsten Texten gehören.

Dieter und Maria kauften sich eine Wohnung in der Kölner Südstadt, die endlich ein großes, stilles, beheizbares Arbeitszimmer hatte, wie Dieter es sich immer gewünscht hatte. Nach jahrzehntelanger Arbeit war es ihm gelungen, in einer Wohnung zu leben, die ihm zugleich Geborgenheit und Freiheit gab.

Und dann kamen sie auch, die »überdimensionalen Glücksbotschaften«, wie Dieter sie nannte, Preise und Ehrungen und eine Gesamtausgabe seines Werks.

Irgendwann war die Wohnung abbezahlt, ein ausreichendes Vermögen da, und schließlich gab es auch eine Rente aus der Künstlersozialversicherung. Da verkündete Dieter, dass er jetzt mit dem Schreiben aufhören wolle. Es sei zu anstrengend. Ab jetzt wolle er nur noch das tun, was ihm Spaß mache. Nach knapp zwei Monaten fragte er mich am Telefon: »Habe ich dir schon von meinem neuen Romanprojekt erzählt?« Ich war nicht wirklich überrascht, aber erinnerte ihn daran, dass er nur noch tun wollte, was Spaß macht. »Ich habe festgestellt, dass mich nichts anderes so sehr interessiert wie das Schreiben«, antwortete er. Und so schrieb er weiter, darunter seinen Bestseller »Der Liebeswunsch«.

Erst Mitte 80 versiegte sein Energiefluss allmählich. Ein Albtraum für ihn, für den Schreiben Leben war.

Seine schwungvolle und schnörkellose Handschrift war im Laufe der Jahre immer reduzierter geworden, sodass irgendwann nur noch meine Mutter sie flüssig lesen konnte. In seinen beiden letzten Lebensjahren flossen seine Gedanken nicht mehr automatisch durch die Hand und den Füller auf das Papier. Tagelang mühte er sich ab, ein kurzes Gedicht fehlerfrei abzuschreiben, die Fehlversuche füllten einen Papierkorb. Wehmütig schaute er mir beim Schreiben zu: »Eine schöne, gleitende Schrift ist ein Geschenk«, sagte er.

Meine Mutter sagte nach seinem Tod, er sei daran gestorben, dass er nicht mehr schreiben konnte. Da hätte er den Lebenswillen verloren.

Als er nicht mehr schreiben konnte, beeindruckte und bewegte er die Menschen immer noch mit seinen Gedanken. Beim Weihnachtsessen 2015 verglich er sein Leben mit einem reich gedeckten Tisch, der nun abgedeckt würde. »Das ist auch wieder eine neue Erfahrung, die man sich betrachten kann«, fügte er hinzu und straffte seine Schultern.

Dem Schriftsteller und Freund seiner späten Jahre Peter Henning sagte er: »Ich habe die innere Notbeleuchtung an.«

Und zu mir sagte er: »Es ist gut, dass es jetzt vorbei ist. Aber es ist auch gut, dass es gewesen ist.«

In dieser Sammlung finden sich Beispiele für die Weltsicht meines Vaters, für seine Literaturtheorie, aber auch für Spielerisches. Sie zeigen die Entwicklung seines

Schreibstils von ersten Auftragsarbeiten bis hin zu einem reifen Stil. Vielleicht hätte er das eine oder andere nicht veröffentlicht, aber auch die kleine, private Gelegenheitsdichtung gehörte zu seiner Persönlichkeit, so wie der Spruch, den er seiner Enkelin Marie handschriftlich hinterlassen hat:

»Die Kunst ist eine schöne Brücke zwischen dem Menschen und der Welt.«

27. mai 2022 11.57 h.

Kommentare

Diese Kommentierung versteht sich als eine überaus maßvolle, die lediglich versucht, die für das Verständnis Wellershoffs und seiner Texte maßgeblichen Aspekte – Hinweise auf Briefpartner, Textstellen und Zitatnachweise, literarische und/oder historische Anspielungen und Zusammenhänge –, die im Briefwechsel auftauchen, zu verdeutlichen. Die literarischen wie auch feuilletonistischen Arbeiten sprechen dagegen für sich selbst und werden hier nicht weiter kommentiert.

S. 45 Meine Lieben] Brief Wellershoffs an seinen Onkel Paul und seine Tante Irmgard Wellershoff auf der Domäne Nerad bei Oderberg Kreis Teschen. Den Aufenthalt im Bad Reichenhaller-Lazarett hat Wellershoff auch später beschrieben in seinem Buch »Der Ernstfall. Innenansichten des Krieges« (Köln 1995).

S. 80 Liebe Mama] Gemeint ist die Schwiegermutter Barbara von Thadden; andere von Wellershoff erwähnte Familienmitglieder sind Ado, Adolf von Thadden (1921-1996), Bruder seiner Frau, dessen Freundin und spätere Frau Edith Lange (geb. 1921), sein Vater Wilhelm Walter (1896-1976), der Bruder Hans Walter (1930-1989) und dessen Verlobte; die Lebensgeschichte seines Bruders hat Wellershoff in stilisierter Form im Roman »Der Sieger nimmt alles« (1983), dessen Sterben in dem biographischen Essay »Blick auf einen fernen Berg« (1991) behandelt; seine Frau Maria Wellershoff (1922-2021), geb. von Thadden, und die älteste Tochter Irene. Zur Familiengeschichte der von Thaddens vgl. auch Maria Wellershoffs Memoirenband »Von Ort zu Ort. Eine Jugend in Pommern« (Köln 2010). Mit dem angesprochenen »französisch-englischen Unternehmen« ist die Suezkrise, auf deren Hintergrund auch die Ungarn-Ereignisse des Jahres 1956 gesehen werden müssen; denn Großbritannien und Frankreich bereiteten zusammen mit Israel eine Besetzung des Suezkanals vor. »Am 24. Oktober unterzeichneten die drei Staaten ein geheimes Abkommen – die Vorbereitungen hielt man auch vor den USA geheim. Am 29. begann Israel einen Vormarsch; am 31. Oktober begannen Großbritannien und Frankreich mit der Bombardierung ägyptischer Flughäfen. Um eine Eskalation des Konfliktes zu vermeiden, entschloss sich Washington, mit der Sowjetunion eine *Uniting-for-peace*-Resolution anzustreben (sie überträgt die Entscheidung über die Resolution der Generalversammlung der UN ohne Veto-Möglichkeit der ständigen Mitglieder). Am 2. November 1956 forderte die UNO nur von Israel die Einstellung der Kampfhandlungen und den Rückzug hinter die Waffenstillstandslinie, am 4. November die Aufstellung einer UNO-Friedenstruppee. Am 5. November – also einen Tag nach dem Beginn ihres Einmarsches in Ungarn – drohte die Sowjetunion gegenüber Frankreich und Großbritannien, *mit der Anwendung von Gewalt die Aggressoren zu vernichten und den Frieden im Nahen Osten wiederherzustellen.* Parteichef Chruschtschow sprach sogar von der – militärisch nicht verwirklichbaren – Zerstörung der westlichen Hauptstädte mit Atomwaffen. An Israel richtete der sowjetische Ministerpräsident Bulganin die Warnung: »Als Vollstrecker eines fremden Willens und im Auftrag anderer treibt die Regierung Israels ein verbrecherisches und unverantwortliches Spiel mit dem Schicksal der Welt, mit dem Schicksal ihres eigenen Volkes. Sie sät unter den Völkern des Ostens einen Hass, der sich auf die Zukunft Israels auswirken muss und seine staatliche Existenz in Frage stellt... Wir erwarten, dass die Regierung Israels sich eines Besseren besinnt, ehe es zu spät ist, und ihre militärischen Operationen gegen Ägypten einstellt.« Gleichzeitig rief sie ihren Botschafter aus Tel Aviv ab. Am Tag darauf stellten Großbritannien, Frankreich und Israel die Kampfhandlungen ein. Am 22. Dezember 1956 wurde der Kriegsschauplatz wieder geräumt; am 7. März 1957 verließen die letzten israelischen Soldaten ägyptisches Territorium. Die UNO-Vollversammlung hatte zuvor die Forderung nach Truppenrückzug am 24. November 1956, am 19. Januar 1957 und am 2. Februar 1957 wiederholt. – Dass Großbritannien und Frankreich versuchten, Ägypten durch militärische Aggression zur Rückgabe des Suezkanals zu zwingen und sein Regime zu stürzen, während zur selben Zeit die Rote Armee den Ungarischen Volksaufstand niederschlug, stellte die drei Angreifer-Länder in der öffentlichen Wahrnehmung auf die gleiche spätimperialistische Stufe. Die bis dahin »letzte Entfaltung des imperialen Machismo« löste weltweit Empörung und Kritik aus.« (https://de.wikipedia.org/wiki/Ungarischer_Volksaufstand) – Das angesprochene Buch, an dem Wellershoff arbeitete, ist sicherlich die Benn-Monographie, »Gottfried Benn – Phänotyp dieser Stunde« (Köln 1958), das Hörspiel meint »Die Sekretärin«, Wellershoffs erstes Hörspiel von 1956, gesendet vom NDR (Erstdruck in: W 6. S. 11-40); zu diesem ersten Hörspiel vgl. auch Wellershoffs Vortrag vor Mainzer Studenten »Bemerkungen zum Hörspiel« (in: Akzente. H. 4. 1961. S. 331-334, besonders S. 338).

S. 82 Sehr geehrter Herr Wallmann] Wellershoff bezieht sich in seinem Brief an den späteren Literaturkritiker und Journalisten Jürgen P. Wallmann (1939-2010), der sich schon seit Schulzeiten mit Gottfried Benn beschäftigt und später selbst seine Dissertation über diesen geschrieben hat, über die von ihm betreute Benn-Ausgabe sowie auch seine eigene Benn-Monographie, die seinerzeit viel besprochen worden ist, u. a. von Thilo Koch und von Reinhold Grimm. (Zu Wellershoffs Beschäftigung mit Benn vgl. insgesamt Werner Jung: Im Dunkel des gelebten Augenblicks. Dieter Wellershoff – Erzähler, Medienautor, Essayist. Berlin 2000. Kap. VI. Bloß eine Anleitung für Mitläufer. Wellershoffs Arbeiten über Benn. S. 117-134) Zur angesprochenen Kontroverse zwischen den beiden Germanisten Walter Muschg und Edgar Lohner bemerkt Wallmann einmal:

»Nachdem Walter Muschg Anfang 1958 in Essen (Ruhr) einen Vortrag über »Goethes Glauben an das Dämonische« gehalten hatte, wandte ich – damals noch Schüler eines Essener Gymnasiums – mich in einem Brief an Muschg und trug ihm meine Bedenken gegenüber seinem Benn-Aufsatz vor. Der Antwortbrief von Walter Muschg wurde in einer kleinen Essener Schulzeitschrift (*Akropolis*) veröffentlicht. Dieser Brief reizte den Literaturwissenschaftler Professor Edgar Lohner, der damals an der New York University lehrte und heute wieder als Germanist in den USA arbeitet, zu einer Erwiderung. Lohner ist der Meinung, »dass der Grund für das schweigende Hinnehmen der Muschg'schen Tiraden darin liegt, dass viele meiner Kollegen ihre Vergangenheit im Dunkel lassen wollen«. (http://www.planetlyrik.de/wp-content/uploads/2018/09/Abschied-von-Gottfried-Benn.pdf)

S. 84 Liebe verehrte gnädige Frau] Es existierten etliche Briefe von Wellershoff an Benn sowie – nach dessen Tod – an seine Frau Ilse sowie eine Korrespondenz mit dem Limes Verlag aus den Jahren 1957-1962, die im Historischen Archiv der Stadt Köln unter der Signatur 1554/278 verwahrt wurden (und von denen wir teilweise noch Kopien anfertigen konnte, ehe der tragische Einsturz des Stadtarchivs 2009 erfolgte). – Beim erwähnten Dr. Hinske handelt es sich um den Philosophen und Kantforscher Norbert Hinske (geb. 1931), von dem u. a. der Aufsatz stammt: »Gottfried Benn – Monolog vor Gott«, in: Monatsschrift für Pastoraltheologie. 48. 1959. S. 344-355. – Wellershoffs Benn-Buch ist seinerzeit überaus häufig besprochen worden – und durch die Bank positiv –; die von Günter Helmes angefertigte Bibliographie von und zu Wellershoff verzeichnet im Zeitraum von 1958-1964 insgesamt 39 Rezensionen (Günter Helmes: Bibliographie, in: Dieter Wellershoff. Studien zu seinem Werk. (Hg.) Manfred Durzak, Hartmut Steinecke und Keith Bullivant. Köln 1990. S. 334-340), darunter auch die des im Brief erwähnten Germanisten und Literaturwissenschaftlers Reinhold Grimm (1931-2009), die unter dem Titel »Gottfried Benn als Repräsentant seiner Zeit« im »Erlanger Tageblatt« (29. 11. 1958) erschienen ist.

S. 109 An die Redaktion des Stern] Wellershoff bezieht sich hier auf eine Kolumne des konservativen Journalisten und Schriftstellers William S. Schlamm (1904-1978), der sich im amerikanischen Exil vom Kommunisten zum kalten Krieger entwickelt hatte und nach dem II. Weltkrieg Ende der 50er, Anfang der 60er Jahre u. a. für Henri Nannens »Der Stern« schrieb. »Ab November 1959 predigte Schlamm in einer wöchentlichen Kolumne ›Zur Sache‹ der Deutschen. Nach über 160 Beiträgen schien Schlamm allerdings für das Magazin nicht mehr tragbar – im August 1963 wurde sein Vertrag mit dem Stern nicht verlängert.« (Susanne Peters: William S. Schlamm. Ideologischer Grenzgänger im 20. Jahrhundert. Berlin 2013. S. 336) Es ging darum, dass namhafte Schriftsteller und Intellektuelle, darunter Heinrich Böll, Günter Grass und auch Dieter Wellershoff, am 22. November eine Erklärung verfasst hatten, worin die Rechtmäßigkeit der Errichtung einer Gesellschaft mit beschränkter Haftung (›Deutschlandfernsehen‹ – das spätere ZDF) bezweifelt wurde. Darin hieß es u. a.: »Sowohl die

Entstehungsgeschichte als auch die bisherige Zusammensetzung der Aufsichtsgremien lassen erkennen, daß das Deutschland-Fernsehen nicht mehr ein Publikationsorgan unter öffentlicher Kontrolle, sondern ein Instrument der Bundesregierung, der Regierungsparteien und wirtschaftlicher Interessengruppen sein wird. Die Unterzeichner dieser Erklärung lehnen deshalb jede Mitarbeit an diesem Programm ab.« (Manifest der 21, in: Die Welt, Nr. 277, 23. 11. 1960)

S. 111 Lieber Herr Herburger] Günter Herburger (1932-2018), ein von Wellershoff protegierter Autor, dessen erste Buchveröffentlichungen Wellershoff bei Kiepenheuer & Witsch betreut hat, die Erzählsammlung »Eine gleichmäßige Landschaft« (1964) und den Gedichtband »Ventile« (1966). Ausführlich beschäftigt mit Herburger hat sich Wellershoff in seinem Essay »Anpassung und Revolte. Zu Günter Herburgers Erzählungsband ›Eine gleichmäßige Landschaft‹ und dem Gedichtband ›Ventile‹« (in: Günter Herburger. Texte, Daten, Bilder. (Hg.) Klaus Siblewski. Hamburg-Zürich 1991. S. 91-103). – Bei dem erwähnten Artikel, den Wellershoff auf Anregung des Literaturkritikers Dr. Heinrich Vormweg (1928-2004) geschrieben hat, handelt es sich um: »Für einen neuen Realismus«, in: Civis 12, H. 10, 1966. S. 29f., bei dem Interview, das Wellershoff zu seinem Romanerstling »Ein schöner Tag« gegeben hat, um: »Schreiben – gegen das Verschwinden der Dinge. Ein Gespräch mit Dieter Wellershoff anläßlich seines Romans ›Ein schöner Tag‹«, in: Die Kiepe. 14. Jg. 1966. Nr. 2. S. 2 – Die Anthologie »Wochenende. Sechs Autoren variieren ein Thema. Herausgegeben und eingeleitet von Dieter Wellershoff« ist 1967 bei Kiepenheuer erschienen. Mit dem Berliner Autor ist möglicherweise Martin Kurbjuhn (geb. 1937) gemeint, der seit 1965 in Berlin lebt und mit einer Erzählung über den Tod (s)eines Vaters, »Regelmäßiger Besuch«, in der Anthologie vertreten ist. – Bei dem Gedichtband von Nicolas Born handelt es sich um »Marktlage« (zum Verhältnis Wellershoff-Born, vgl. den Essay: Werner Jung: Wellershoff, Born und die Kölner Schule, in: Die »Utopie des Alltäglichen«. Nachdenken über Nicolas Born (1937-1979). (Hg.) Jan-Pieter Barbian/ Erhard Schütz. Hannover 2019. S. 17-31); der Roman »Lebeck« von Günter Seuren (1932-2003) erschien bei Kiepenheuer & Witsch 1966.

S. 113 Lieber Herr Steffens] Der Schriftsteller Günter Steffens (1922-1985) wohnte zeitweise in Köln während der 70er Jahre; seine drei Romane »Der Platz« (1965) im Stil des Nouveau Roman, »Die Annäherung an das Glück« (1976), ein biographischer Roman über den Krebstod seiner Frau, sowie »Der Rest« (1981) hat Wellershoff überaus geschätzt, ebenso wie er auch Steffens als Gesprächspartner immer wieder gesucht hat. Dabei ist Steffens zweiter Roman unter maßgeblicher Beteiligung und dem dauernden Zuspruch durch Wellershoff, dem auch der Roman gewidmet ist, zustande gekommen. Ausdruck seiner persönlichen wie literarischen Wertschätzung ist vor allem Wellershoffs Text »Mitteilung über S.« (in: Radius. 20. 1975. H. 3. S. 22f.). – Wellershoff spricht über seinen Romanerstling »Ein schöner Tag« (1966), der u. a. auch von der Schweizer Romanistin und Literaturwissenschaftlerin Gerda Zeltner, später

Zeltner-Neukomm (1915-2012), für die NZZ (Nr. 318, 19. 11. 1966) besprochen worden ist. – Mit dem Robbe-Grillet ist vermutlich die 1966 erschienene deutsche Übersetzung »Die blaue Villa in Hongkong« des Romans »La Maison de rendez-vous« von Alain Robbe-Grillet (1922-2008) gemeint; die von Wellershoff erwähnte Diskussion mit Alain Robbe-Grillet im Kölner Wallraf-Richartz-Museum ist u. a. von Karl Heinz Bohrer (1932-2021) unter dem Titel »Literarisches Fingerhakeln. Eine Diskussion mit Robbe-Grillet über seine Prosa« in der FAZ (Nr. 296, 21. 12. 1966) besprochen worden. – »Opoponax« ist der Titel des Romanerstlings der französischen Schriftstellerin und feministischen Theoretikerin Monique Wittig (1935-2003), der mit dem Prix Médicis ausgezeichnet worden und in deutscher Übersetzung bei Rowohlt 1966 erschienen ist. – Der Kölner Schriftsteller Hans Bender (1919-2015) war u. a. auch Herausgeber des Jahrbuchs »Jahresring. Beiträge zur deutschen Literatur und Kunst« (1962-1989), für das Steffens wie auch Wellershoff Beiträge verfasst haben. Über seine Beziehung zu Wellershoff hat Bender einmal in seinem Text »Ich erzähle, ich erinnere mich« anlässlich der Verleihung des Kulturpreises der Stadt Köln 2000 bemerkt: »Dieter Wellershoff verdient mehr als eine Erwähnung, nicht nur als Autor, auch als Lektor des Verlags Kiepenheuer & Witsch, zugleich als Mentor der ›Kölner Schule‹. Einige seiner Autoren, die er entdeckte, veröffentlichte ich in den Akzenten.« (Zit. nach: In der Stadt, wo du lebst... Hans Bender in Köln. (Hg.) Gabriele Ewenz. Köln 2013. S. 24)

S. 115 Herrn Prof. Dr. Benno von Wiese] Benno von Wiese (1903-1987), Germanist und Literaturwissenschaftler, bis zu seiner Emeritierung 1970 Ordinarius in Bonn. Die angesprochene Karl Immermann-Werkausgabe ist offensichtlich dann doch nicht bei Kiepenheuer & Witsch, sondern erst 1971 fünfbändig im Frankfurter Athenäum Verlag realisiert worden.

S. 117 Sehr geehrte Frau Wilke] Gemeint ist hier: Im Alltag gibt es keine Denkmodelle. [Gespräch], in: Kölner Stadt-Anzeiger, Nr. 82, 8./9.4.1967.

S. 118 Herrn Walter Siegfried] Möglichweise der Schweizer Aktionskünstler Walter Siegfried (geb. 1949), der freilich 1967 noch Schüler bzw. angehender Student war.

S. 120 Herrn Joachim Fuhrmann] Der damalige Theologie-Student Joachim Fuhrmann hat 1974 sein Studium mit einer Arbeit über Dieter Wellershoff abgeschlossen unter dem Titel »Befreiende Praxis in Theologie und Literatur nach Gustavo Gutiérez und Dieter Wellershoff«; ein Gespräch unter dem Titel »Selbsterfahrung und Solidarität« zwischen Fuhrmann und Wellershoff, erstveröffentlicht in der Zeitschrift »Akzente« (22, 1975. H. 3, S. 230-245), findet sich auch in Dieter Wellershoff: Die Wahrheit der Literatur. Sieben Gespräche. München 1980. S. 33-48.

S. 122 Herrn Prof. Dr. Wolfgang Iser] Wolfgang Iser (1926-2007), Anglist und Literaturwissenschaftler, bis zur Emeritierung 1991 an der Universität Konstanz; Iser hat wesentlich an der Begründung einer wirkungsästhetisch ausgerichteten Literaturtheorie gearbeitet. Zwei wichtige Schriften sind dabei »Die Appellstruktur der Texte« (1970) und

»Der implizite Leser. Kommunikationsformen des Romans von Bunyan bis Beckett« (1972). Auf Einladung Isers und des Linguisten Harald Weinrich (geb. 1927) hat Wellershoff auch am VI. Treffen der Arbeitsgruppe »Poetik und Hermeneutik« teilgenommen; seine Statements dort finden sich im Band: Positionen der Negativität. (Hg.) Harald Weinrich. München 1975. (= Poetik und Hermeneutik VI). S. 467f., 495f., 511, 529f., 549-551.

S. 123 Frau Dr. Elisabeth Endres] Elisabeth Endres (1934-2000), Literaturkritikerin, u. a. für die FAZ und die SZ; Renate Matthaei (geb. 1928), zeitweilig Lektoratskollegin von Wellershoff.

S. 125 Stern Herrn Lütge] Ewald Wilhelm Ernst Lütge (1945-1995), Journalist, der u. a. auch als freier Mitarbeiter für den Stern tätig war. Bei den erwähnten Recherchen geht es um den Fall Fabeyer, den Wellerhoff in seinem dritten Roman »Einladung an alle« (1972) thematisiert hat.

S. 127 Herrn Prof. Dr. Martin Windfuhr] Manfred Windfuhr (geb. 1930), Germanist und Literaturwissenschaftler, bis zur Emeritierung 1992 an der Düsseldorfer Heinrich-Heine-Universität. – Nachdem Wolfgang Powroslo 1971 bereits seine Staatsarbeit in Düsseldorf über Wellershoffs Literaturtheorie geschrieben hatte, verfasste er im Anschluss seine Dissertation, die unter dem Titel: »Erkenntnis durch Literatur. Realismus in der westdeutschen Literaturtheorie der Gegenwart« (Köln 1976) erschien. Bei dem von Wellershoff erwähnten 45-minütigen Film handelt es sich um »Zum Thema – Literaturbetrieb. Über das Selbstverständnis der Schriftsteller« (WDR 3, 4.3.1971, 42:54 Min.); gesendet wurde am 4. 3. 1971, laut WDR-Auskunft, außerdem noch die Sendung »Zur Nacht – Dieter Wellershoff«, worin der Schriftsteller den Text »Nachhausekommen« aus »Literatur und Veränderung« liest (5:08 Min.).

S. 129 Herrn Dr. Kay Hoff] Kay Hoff (1924-2018), Schriftsteller, war von 1970 bis 1973 Leiter des Kulturzentrums der deutschen Botschaft in Tel Aviv; eine zehnbändige Werkausgabe hat der Siegener Böschen Verlag zwischen 2002-2005 herausgegeben. – Der erwähnte Vortrag »Der Kompetenzzweifel der Schriftsteller« ist als Essay gedruckt worden in: Merkur 24, 1970, Nr. 268, S. 723-735.

S. 131 Evangelische Akademie Loccum] In den Jahren 1969-1991 war der SPD-Politiker und Bundestagsabgeordnete Olaf Schwencke (geb. 1936) Studienleiter der evangelischen Akademie Loccum der evangelisch-lutherischen Landeskirche Hannover.

S. 132 Frau Karin Bökamp-Struck] Karin Struck (1947-2006), Schriftstellerin, die während ihrer Studienzeit in Düsseldorf, verarbeitet auch im autobiographischen Roman »Klassenliebe« (1973), intensive Kontakte zum »Werkkreis Literatur der Arbeitswelt« unterhielt.

S. 134 Frau Dorothea Oppenheimer] Übersetzerin Wellershoffs und Literaturagentin in New York (gest. 68jährig 1987).

S. 140 Liebe Frau Brandstetter] Gabriele Brandstetter (geb. 1954), Literatur-, Theater- und Tanzwissenschaftlerin, seit 2003 Professorin für Theaterwissenschaften und

Tanzwissenschaften in Berlin; Brandstetter nahm als Münchner Studentin Kontakt mit Wellershoff auf. In der Folge von Wellershoffs Antwortbrief geht er auf die z.T. negativen Besprechungen zu seinem vierten Roman »Die Schönheit des Schimpansen« (1977) ein, etwa von Günter Blöcker, »Kunstgewerbliche Politur« (FAZ, Nr. 258, 5.11.1977), oder von Ivo Frenzel, »Annäherung an das Unglück« (SZ, Nr. 259, 10.11.1977).

S. 174 Herrn Martin Wiebel] Martin Wiebel (geb. 1943), Dramaturg, Fernsehredakteur und Filmproduzent, der Wellershoffs »Flüchtige Bekanntschaften« (Regie: Marianne Lüdcke [1943-1999]) 1982 realisiert hat; als ZDF-Produktion ist dann 1988 unter der Regie wiederum von Marianne Lüdcke »Der schöne Mann« nach einem Drehbuch Wellershoffs zustande gekommen, ebenfalls 1988 unter der Regie von Peter Keglevic (geb. 1950) nach Wellershoffs Drehbuch beim WDR »Ein ungleiches Paar«. Unter dem Titel »Pattbergs Erbe« ist dann noch eine Adaption von Wellerhoffs Roman »Der Sieger nimmt alles« nach einem Drehbuch von Marianne Lüdcke 1987 erfolgt.

S. 179 Sehr geehrter Herr Bundeskanzler] Helmut Kohl (1930-2017), sechster Bundeskanzler der BRD 1982-1998.

S. 183 Sehr geehrter Herr K.] Wellershoffs Antwortbrief an einen inhaftierten Strafgefangenen steht hier, wie auch die späteren Briefe an Irma Drerup oder an T.D., als Beispiel für die mitunter sehr intensive und engagierte Korrespondenz, die die Wellershoff-Lektüre bei manchen LeserInnen provoziert hat.

S. 186 Herrn Hanns Schmitz] Nach Erscheinen von »Der Ernstfall« (1995) hat Wellershoff eine ganze Reihe von Leserzuschriften erhalten, darunter die von Hanns Schmitz; unter den vielen Rezensionen findet sich auch die des Admirals a.D. Dieter Wellershoff (1933-2005): Nicht erdichtet, sondern erlebt, in: General-Anzeiger, 15./16.4.1995.

S. 219 Liebe Ruth] Ruth Rehmann (1922-2018), Schriftstellerin, die Maria Wellershoff während ihres Bonner Studium kennengelernt hat und die mit der Familie Wellershoff lebenslang befreundet gewesen ist. Rehmann hatte in ihrem Brief bemerkt, dass sie den Roman »Der Liebeswunsch« »mit geteilten Gefühlen gelesen habe und am Ende trotz Bewunderung ziemlich niedergeschmettert war«, weil ihr die Figuren nicht gefallen: »Sie sind so fest in Milieu, Schicht, Lifestyle verpackt, so rundum gesichert, und abgepuffert, daß nichts Umwerfendes an sie herankann, weder von innen noch von außen. (...) Daß ich solche in einen gehobenen Lebensstil verpackte Menschen immer gemieden habe, hängt wahrscheinlich mit meinem Elternhaus zusammen: der Verachtung von ›Äußerlichkeiten‹, der lächelnden Geringschätzung von Gier, Geiz, Konsum, Besitz, der asketischen Einfachheit unseres Haushaltes, dem permanenten Widerstand gegen Schicht-Zuordnung (der Pfarrer gehört keiner Schicht, sondern Gott und den Menschen, die seiner bedürfen), der ständigen Ermahnung der Kinder: Was die anderen haben, tun, dürfen, schön finden, interessiert uns nicht.« Und resümierend dann: »Daß du ein großartiges Buch geschrieben hast, wird von solchen ›Einwendungen‹ gar nicht berührt. Du kennst sie ohnehin. Im Zusammenhang mit dem Buch über den Tod Deines Bruders, das ich sehr mochte, haben wir darüber gesprochen.«

S. 227 Lieber Günter Grass] Wellershoff und Grass haben sich schon früh kennengelernt bei Treffen der Gruppe 47, etwa im Mai 1960 bei der sog. Hörspieltagung der Gruppe in der Ulmer Hochschule für Gestaltung (dazu: Toni Richter: Die Gruppe 47 in Bildern und Texten. Köln 1997. S. 84ff.), dann auch wieder auf einer Weimarer Tagung 1964, bei der Vertreter der Gruppe 47 mit führenden Repräsentanten der DDR-Literatur und Literaturwissenschaft zusammengekommen waren, um über »Die deutsche Wirklichkeit im Spiegel der deutschsprachigen Literatur der Gegenwart« zu diskutieren; in diesem Zusammenhang hat Wellershoff einen Artikel unter dem Titel »Sie sind zu lange allein geblieben« für die SZ (6.12.1964) verfasst. Klar ist aber auch, dass Wellershoffs Mitte der 60er Jahre entwickelte Vorstellung eines »Neuen Realismus« nicht zuletzt als Gegenmodell zur grotesk-absurden Literatur eines Wolfgang Hildesheimer oder Günter Grass firmiert hat. Wellershoff spielt auf das Ende seines autobiographischen Essays »Die Nachkriegszeit – Anpassung oder Lernprozeß« (2006) an, wo es über Grass heißt: Der ›Fall Grass‹ sei eine gute Gelegenheit, »daran zu erinnern, daß wir in einem Zeitalter der Ideologienkämpfe und gesellschaftlichen Umbrüche gelebt haben und weiterhin leben und daß zahllose Lebensgeschichten davon geprägt wurden. Die ungewöhnliche und eigenwillige Lebensgeschichte von Günter Grass ist trotz ihrer Besonderheit in dieser Hinsicht repräsentativ. Wir sehen einen jungen Menschen, der nach dem Krieg dank seines großen Potentials an Begabung und Vitalität rasch über seine jugendlichen Erfahrungen und weltanschaulichen Positionen hinauswuchs, um sie dann immer mehr als imaginäre Last zu spüren und als heimliche Schmach mitzutragen, bis er sich die verleugnete Vergangenheit in der Lektion seines ganzen Lebens zu eigen machte. Vielleicht darf man hoffen, daß mit dieser exemplarischen Geschichte die Nachkriegszeit zu Ende geht.« (In: Der lange Weg zum Anfang. Zeitgeschichte, Lebensgeschichte, Literatur. Köln 2007. S. 218f., auch wieder in: W. Bd. 8. S. 503-516, Zitat S. 516)

S. 231 Lieber Manfred] Manfred Durzak (geb. 1938), deutscher Germanist und Literaturwissenschaftler, emeritierter Prof. an der Universität Paderborn; Mitinitiator und Herausgeber der Wellershoff'schen Werkausgabe, außerdem noch gemeinsam mit Hartmut Steinecke und Keith Bullivant Herausgeber des Bandes »Dieter Wellershoff. Studien zu seinem Werk« (Köln 1990).

S. 233 Lieber Herr Riess] Richard Riess (geb. 1937), protestantischer Theologe und emeritierter Prof. für Praktische Theologie an der Augustana-Hochschule Neuendettelsau. Im Brief vom 4. 7. 2013 erwähnt Wellershoff Riess' Buch »Auf der Suche nach dem eigenen Ort. Mensch zwischen Mythos und Vision« (Stuttgart 2006).

Dieter Wellershoff
Leben und Werk* in chronologischer Übersicht

1925	am 3. November als Sohn des Kreisbaumeisters Wilhelm Walter Wellershoff und seiner Frau Kläre, geb. Weber, in Neuß geboren Er verlebte seine Kindheit und Jugend in Grevenbroich, besuchte dort die Grundschule und das Gymnasium
1930	Geburt des Bruders Hans Walter
1943	meldete sich freiwillig zum Militärdienst
1944	in Litauen verwundet
1945	Kriegsgefangenschaft
1946	Abitur für Kriegsteilnehmer
1946-1952	Studium der Germanistik, Psychologie und Kunstgeschichte in Bonn
1952	wurde zum Dr. phil. promoviert mit der Dissertation »Untersuchungen über Weltanschauung und Sprache Gottfried Benns«
1952	heiratete Maria von Thadden, Dr. phil. Aus der Ehe gingen drei Kinder hervor (Irene, Gerald, Marianne)
1952-1955	Redakteur bei der »Deutschen Studentenzeitung«
1955-1959	freier Schriftsteller
1958	»Gottfried Benn – Phänotyp dieser Stunde.« Neuaufl. 1986
1959-1981	Lektor für Wissenschaft und deutsche Literatur im Kölner Verlag Kiepenheuer & Witsch
1960	»Am ungenauen Ort«. Zwei Hörspiele
ab 1960	Lesungen bei der »Gruppe 47«
	»Der Minotaurus«. Hörspiel
1961	Herausgeber von »Gottfried Benn. Gesammelte Werke in vier Bänden«
1962	»Anni Nabels Boxschau«. Bühnenstück. Urauff. Darmstadt 1963
	Herausgeber von »Ein Tag in der Stadt. Sechs Autoren variieren ein Thema« ...
1962-1963	hielt vier Poetik-Vorlesungen an der Münchener Universität, die als Essays u.d.T: »Der Gleichgültige. Versuche über Hemingway, Camus, Benn und Beckett« erschienen
1963	Poetik-Lektorat an der Universität Warwick/England

* Das Werk von Wellershoff erscheint zum größten Teil im Verlag Kiepenheuer & Witsch, Köln.

1964	»Bau einer Laube«. Hörspiel
seit 1965	Redakteur der »Neuen wissenschaftlichen Bibliothek«
1966	Erste Romanveröffentlichung »Ein schöner Tag«
1967	Hrsg. von »Wochenende. Sechs Autoren variieren ein Thema.«
1969	»Die Schattengrenze«. Roman, »Wünsche«. Hörspiel »Literatur und Veränderung«. Essays
1970	»Das Schreien der Katze im Sack«. Hörspiel
1971	»Hysteria-Paradies«. Ein Szenarium für eine Multimedia-Oper. Urauff. im Opernhaus in Köln. »Die Toten«. Hörspiel
1972	»Einladung an alle«, Kriminalroman, dessen Fabel dem ersten Fernsehspiel »Eskalation« zugrunde liegt, das 1974 im ZDF gesendet wurde »Neun Autoren – Wohnsitz Köln«. Darin von Wellershoff »Tagebuch. Mai 71.«
1973	»Null Uhr Null Minuten und Null Sekunden«. Hörspiel »Literatur und Lustprinzip«. Essays
1974	Poetik-Vorlesungen in Salzburg. Als Buch erschienen u. d. T.: »Die Auflösung des Kunstbegriffs« 1976
1977	Sammelband »Doppelt belichtetes Seestück und andere Texte«, »Die Schönheit des Schimpansen«. Roman »Glücksucher«, eine Fernsehbearbeitung der Erzählung »Ein Gedicht von der Freiheit» 1974, gesendet in der ARD
1978	»Die Freiheiten der Langeweile«
1979	Fernsehfilm »Die Schattengrenze« nach Motiven des gleichnamigen Romans und zweiteilige Fernsehproduktion »Phantasten«, beide in der ARD gesendet »Glücksucher. Vier Drehbücher und begleitende Texte« Herausgeber von »Etwas geht zu Ende. 13 Autoren variieren ein Thema«
1980	»Die Sirene«, Novelle »Die Wahrheit der Literatur«. Gespräche mit Literaturwissenschaftlern und Autoren. »Das Verschwinden im Bild«. 11 literaturtheoretische Arbeiten aus den Jahren 1975-1980
1982	»Flüchtige Bekanntschaften«. Fernsehfilm
1983	»Der Sieger nimmt alles«
1985	»Die Arbeit des Lebens. Autobiographische Texte«
1986	»Die Körper und die Träume. Erzählungen«
1987	»Flüchtige Bekanntschaften. Drei Drehbücher und begleitende Texte« »Wahrnehmung und Phantasie«. Essays
1987/88	Gastdozenturen für Poetik im Wintersemester 1987/88 an den Universitäten Essen und Paderborn. Buchausgabe der Vorlesungen erschienen 1988 u. d. T.: »Der Roman und die Erfahrbarkeit der Welt«

1990	»Pan und die Engel. Ansichten von Köln«
1991	»Blick auf einen fernen Berg«
1992	»Das geordnete Chaos. Essays zur Literatur« Poetik-Lektorat an der University of Florida, Gainesville. Dargestellt in: »Im Lande des Alligators«
1993	»Angesichts der Gegenwart. Texte zur Zeitgeschichte« »Zwischenreich. Gedichte«
1995	»Im Ernstfall. Innenansichten des Krieges« »Tanz in Schwarz. Prosaminiaturen und eine Erzählung« »Inselleben. Zum Beispiel Juist« »Zikadengeschrei.« Novelle
1996	Poetik-Gastdozentur der Johann Wolfgang Goethe-Universität Frankfurt a.M.: »Das Schimmern der Schlangenhaut. Existentielle und formale Aspekte des literarischen Textes« »Werke. Bde. 1-6«
2000	»Der Liebeswunsch«; verfilmt 2006.
2001	»Der verstörte Eros. Zur Literatur des Begehrens«
2005	»Das normale Leben. Erzählungen«
2007	»Der lange Weg zum Anfang. Zeitgeschichte, Lebensgeschichte, Literatur«
2009	»Der Himmel ist kein Ort«
2010	»Schau dir das an, das ist der Krieg. Dieter Wellershoff erzählt sein Leben als Soldat« (Hörbuch)
2011	»Werke. Bde. 7-9«
2013	»Was die Bilder erzählen. Ein Rundgang durch mein imaginäres Museum«
2014	»Ans Ende kommen. Dieter Wellershoff erzählt über Altern und Sterben« (Hörbuch)
2015	»Im Dickicht des Lebens. Ausgewählte Erzählungen«; »Die ungeheure Vielfalt der Welt festhalten«
2018	am 15. Juni gestorben in Köln

Auszeichnungen

1960	Hörspielpreis der Kriegsblinden
1962	Förderpreis des Landes NRW
1969	Kritikerpreis für Literatur
1988	Heinrich-Böll-Preis der Stadt Köln.
1989	Verleihung des Professorentitels durch das Land Nordrhein-Westfalen
1995	Verleihung des Verdienstkreuzes des Landes Nordrhein-Westfalen
2001	Joseph-Breitbach-Preis (gemeinsam mit Ingo Schulze und Thomas Hürlimann)

2000	Friedrich-Hölderlin-Preis der Stadt Bad Homburg vor der Höhe
2002	Verleihung des Großen Stadtsiegels in Silber durch die Stadt Neuss
2002	Niederrheinischer Literaturpreis der Stadt Krefeld
2005	Ernst-Robert-Curtius-Preis für Essayistik Bonn
2007	Großer Kulturpreis der Sparkassen-Kulturstiftung Rheinland für das literarische Gesamtwerk
2014	Hörbuch des Jahres 2014 für »Ans Ende kommen. Dieter Wellershoff erzählt über Altern und Sterben«

Mitgliedschaften

Seit 1968 Mitglied der Akademie der Wissenschaften und Literatur in Mainz, gehörte dem P.E.N.-Zentrum der Bundesrepublik Deutschland an und seit 1988 auch dem Wissenschaftskolleg Berlin.

Überlieferung und Drucknachweise

- Textauszüge aus dem Text »Wohnungen, Umgebungen« (1984), E in: Die Arbeit des Lebens. Köln 1985. S. 187-262, dann auch wieder in: W. Bd. 3. S. 182-249; Textabdruck nach W.
- Textauszüge aus »Kindheit. Zweiunddreißig Skizzen« (1984), E in: Die Arbeit des Lebens. Köln 1985. S. 15-38, dann auch wieder in: W. Bd. 3. S. 58-79; Textabdruck nach W.
- »Killing Fields«, E in: Merkur. Nr. 270. 1970. S. 59, dann auch wieder in: Doppelt belichtetes Seestück. Köln 1974. S. 235; W. Bd. 6. S. 751; Textabdruck nach E.
- »Ach, so ist das!« (1987), E in: Angesichts der Gegenwart. Texte zur Zeitgeschichte. Mainz 1993. S. 11-12, dann wieder in: W. Bd. 4. S. 49f.; Textabdruck nach W.
- »Das Kainsmal des Krieges. Laudatio für Hannes Heer« (1997), E in: Das Kainsmal des Krieges. Weilerswist 1998, dann wieder in: W. Bd. 8. S. 742-753; Textabdruck nach W.
- »Illusionen und Manipulationen einer wankenden Macht. Ein Blick auf die letzten Kriegsjahre« (2009), E in: Der Spiegel, Nr. 25, 15.6.2009 (unter dem Titel »Manipulationen im Untergang. Ein Blick auf die letzten Kriegsjahre«), auch wieder in: W. Bd. 8. S. 1054-1058; Textabdruck nach W.
- »Geist der Sprache« [Rezension zu Karl Kraus: Die Sprache] (1954), E in: DSZ 4, 1954, F. II, S. 12
- »Konversation machen« (1952), E in: DSZ 2, 1952, F. 5, S. 19.
- »Auch-Politiker« (1951), E in: DSZ 1, 1951, F. 11/12, S. 23.
- »Die überlegene Methode« (1952), E in: Heimat und Welt, 27./28.9.1952, S. 6.
- »Nachtspaziergänge in der Südstadt« (1989), E in: Pan und die Engel. Ansichten von Köln. Köln 1990. S. 41-58, auch wieder in: W. Bd. 3. S. 291-304; Textabdruck nach E.
- Das Schweigen der alten Kirchen (2001), E in: Romanik in Köln. Eine Anthologie über die Kirchen. Köln 2001. S. 12-18, dann wieder in: Der lange Weg zum Anfang. Zeitgeschichte, Lebensgeschichte, Literatur. Köln 2007. S. 89-96, dann wieder in: W. Bd. 8. S. 403-409; Textabdruck nach W.
- »Das andere Amerika. Erschreckende Spiegelbilder« (2004), E in: Kölner Stadt-Anzeiger, 4.11.2004.
- »Entgrenzung und das Ende der Repräsentanz. Rede zum 50jährigen Jubiläum des Nordrhein-Westfälischen Förderpreises für Kultur« (2007), E in: W. Bd. 8. S. 960-968.

- »Ende einer Freundschaft« (2013), E in: Richard Riess (Hg.): Freundschaft. Darmstadt 2014. S. 167-170.

Alle anderen Texte – Briefe, Erzählungen und Gedichte, Skizzen, Notizen und Notate, auch die Zeichnungen – kommen hier erstmals zum Abdruck; sie stammen – wenn nicht mit der Signatur des Kölner Stadt-Archivs vermerkt, wo sich Teile des Nachlasses Wellershoffs (Sign. Nr. 1554), aber auch viele private wie Geschäftsbriefe im Kiepenheuer & Witsch-Verlagsarchiv (Sign. Nr. 1514) befinden – aus dem Kölner Nachlass Dieter Wellershoffs, der sich in der Wohnung des Schriftstellers auf der Mainzer Str. 45 befindet. Eine ganze Reihe dieser Texte ist aus den 80er Jahren, in denen Wellershoff – im Sinne eines Materialdepots – viele Aufzeichnungen für künftige Arbeiten (Erzählungen, Romane, Hörspiele, Filmskripte etc.) angelegt hat. Einige dieser Arbeiten hat er dann im Rahmen des letzten Bandes der Werkausgabe unter dem Titel »Ungeschriebene Geschichten« zusammengestellt (W. Bd. 9. S. 398-430; zuvor sind einige davon bereits als Anhang in der Monographie gedruckt worden von: Werner Jung: Im Dunkel des gelebten Augenblicks. Dieter Wellershoff – Erzähler, Medienautor, Essayist. Berlin 2000. S. 376-402), einen Titel, den wir hier ebenfalls benutzen. Aus dem umfangreichen Konvolut, das chronologisch und systematisch kaum zu ordnen ist, bieten wir hier einige weitere Texte.

- Meine Lieben, 29.12.1944. Feldpostbrief, hs. 4 Bll.
- Liebe Mama, 6.6.1956. Typoskript, 2 Bll.
- Sehr geehrter Herr Wallmann, 20.1.1959. Typoskript, 2 Bll. Mit hs. Korrekturen.
- Liebe verehrte gnädige Frau, 17.2.1959. Typoskript, 3 Bll. (HA – 1554-278)
- An die Redaktion des Stern, 23.12.1960. Typoskript, 1 Bl. (HA 1554-282)
- Herrn Günter Herburger, 20.10.1966. Typoskript, 2 Bll. (HA 1514-704)
- Herrn Günter Steffens, 9.12.1966. Typoskript, 2 Bll. (HA 1514-706)
- Herrn Prof. Dr. Benno von Wiese, 14.3.1967. Typoskript, 2 Bll. (HA 1514-711)
- Frau Irma Wilke, 19.4.1967. Typskript, 1 Bl. (HA 1514-711)
- Herrn Walter Siegfried, 12.6.1967. Typoskript, 2 Bll. (HA 1514-712)
- Herrn Joachim Fuhrmann, 9.3.1970. Typoskript, 2 Bll. (HA 1514-722)
- Herrn Prof. Dr. Wolfgang Iser, 4.9.1970. Typoskript, 1 Bl. (HA 1514-723)
- Frau Dr. Elisabeth Endres, 11.9.1970. Typoskript, 2 Bll. (HA 1514-723)
- Stern. Herrn Lütge, 3.12.1970. Typoskript, 2 Bll. (HA 1514-723)
- Herrn Prof. Dr. Windfuhr, 10.2.1971. Typoskript, 2 Bll. (HA 1514-726)
- Herrn Dr. Kay Hoff, 26.3.1971. Typoskript, 2 Bll. (HA 1514-726)
- Evangelische Akademie Loccum, 5.5.1971. Typoskript, 1 Bl. (HA 1514-726)
- Frau Karin Bökamp-Struck, 19.5.1971. Typoskript, 2 Bll. (HA 1514-726)
- Frau Dorothea Oppenheimer, 19.5.1971. Typoskript, 2 Bll. (HA 1514-726)
- Arbeitsgemeinschaft Literatur Weidigschule, 28.6.1971. Typoskript, 3 Bll. (HA 1554-283)
- Liebe Frau Brandstetter, 25.1.1978. Typoskript, 3 Bll. (HA 1554-279)

- Herrn Martin Wiebel, 23.3.1983. Typoskript, 2 Bll. (HA 1554-284)
- Lieber Herr Wiebel, 5.5.1984. Typoskript, 2 Bll. (HA 1554-284)
- Westdeutscher Rundfunk, 3.2.1986. Typoskript 3 Bll. (HA 1554-284)
- Sehr verehrter Herr Bundeskanzler, 13.12.1988. Typoskript 5 Bll. (HA 1554-287)
- Sehr geehrter Herr K., 14.12.1988. Typoskript, 2 Bll. (HA 1554-288)
- Herrn Hanns Schmitz, 2.3.1997. Typoskript, 1 Bl. (HA 1554-305)
- Liebe Ruth, 11.3.2001. Typoskript, 2 Bll.
- Frau Irma Drerup, 22.11.2001. Typoskript, 3 Bll.
- Liebe Frau Drerup, 31.12.2001. Typoskript, 2 Bll.
- Lieber Günter Grass, 1.3.2007. Hs., 2 Bll.
- Liebe T. D., 13.10.2010. Typoskript, 2 Bll.
- Professor Dr. Manfred Durzak, Fax, 30.?.2011. Typoskript, 2 Bll.
- Lieber Herr Riess, 28.5.2013. Typoskript, 2 Bll.
- Lieber Herr Riess, 4.7.2013. Typoskript, 2 Bll.

Ungeschriebene Geschichten – Texte aus dem Nachlass

- Die Schlachtordnung [undatiert], Typoskript mit hs. Korrekturen, 2 Bll.
- Kurze Abweichung vom Wege. Novelle [undatiert], Typoskript mit hs. Korrekturen, 1 Bl.
- Roman/Motive Das Bild, das Ideal [undatiert], Typoskript mit hs. Korrekturen, 1 Bl.
- Eine selbstverständliche Niederlage. Kurzgeschichte [undatiert], Typoskript mit hs. Korrekturen, 1 Bl.
- Lebendig begraben / Untergeschobene Kinder [undatiert], Typoskript mit hs. Korrekturen, 1 Bl.
- Erzählung: Der (unheimliche) Nachbar [undatiert], Typoskript mit hs. Korrekturen, 1 Bl.
- Die Außenseiter [undatiert], Typoskript mit hs. Korrekturen, 4 Bll.
- Herbstfeuer [undatiert], Typoskript mit hs. Korrekturen, 4 Bll. (Gedruckt in: W. Bd. 9. S. 409-413)
- Der Lokomotivführer [undatiert], Typoskript mit hs. Korrekturen, 1 Bl.
- Die Befreiung (Die Ankündigung) [undatiert], Typoskript mit hs. Korrekturen, 1 Bl.
- Die Betrüger [undatiert], Typoskript mit hs. Korrekturen, 3 Bll.
- Beobachtungen, Impressionen [undatiert], Typoskript mit hs. Korrekturen, 2 Bll.
- Die Tanzenden (Die Mutter) [undatiert], Typoskript mit hs. Korrekturen, 6 Bll. Maschinenschriftlich, 1 Bl. Hs.
- Beobachtungen, Impressionen [undatiert], Typoskript mit hs. Korrekturen, 2 Bll.
- Die Verzweiflung / Die Wut des alten Mannes (Erzählung) [undatiert], Typoskript mit hs. Korrekturen, 1 Bl.

- Sehen und Hören [undatiert], Typoskript, 3 Bll.
- Inszenierung eines Traumpaares (1991), Typoskript mit hs. Korrekturen, 10 Bll.
- Das Selbstseinkönnen. Eine Wegbeschreibung (Februar 2013), Typoskript mit hs. Korrekturen, 18 Bll.

Die Schreibweise der jeweiligen Textvorlage ist unverändert übernommen worden, also finden sich sowohl alte wie auch neue Rechtschreibung nebeneinander; das gilt auch für die Zeichensetzung. Offensichtliche Flüchtigkeits- bzw. Tippfehler in den Manu- und Typoskripten und auch Namensverschreibungen (etwa Riester für Riess; Brandstätter für Brandstetter) sind stillschweigend korrigiert worden ebenso wie fehlende Satzzeichen. In runden Klammern sind Textauslassungen angezeigt; eckige Klammern stehen für Hinzufügungen durch den Herausgeber. Unleserliche handschriftliche Stellen sind mit XXX markiert.

Verzeichnis der Abbildungen

Hochzeit, im Vordergrund: Maria und Dieter. Im Hintergrund v.l.n.r: Käthe Wellershoff, Adolf von Thadden, Barbara von Thadden, Walter Wellershoff, Bonn 21.Juni 1952.

S. 76: Redakteur der Deutschen Studentenzeitung, Bonn 1952-54.

S. 77: Mit Tochter Irene, Bonn, Burgstraße 1955.
Redakteur der Deutschen Studentenzeitung.
Urlaub in Benidorm 1959.
Porträt 1961.

S. 78: Verleihung des Kriegsblindenpreises. V.l.n.r.: Dr. Hans Ludwig, Bundespräsident Heinrich Lübke, Wilhelm Hymmen, Dieter Wellershoff, Bonn 1960. Pressebild Heinz Engel. – Dieter mit Sohn Gerald, Heidebergen, 1961, privat.

S. 79: Brief an Irene: 24.7.1957: »Liebe Irene, hier ist wieder ein Brief für dich mit vielen Bildchen. Die Katze will das Häschen fangen. Und der Reiter macht hoppe hoppe Reiter. Und das Baby, dein kleines Brüderchen, liegt im Körbchen. Und der schwarze Hund, der hat Hunger, aber da sitzt ein Vogel auf seinem Napf. Und Pappi sitzt am Schreibtisch und schreibt und denkt und guckt aus dem Fenster u. auf dem Schreibtisch (links) da liegt Pfefferminz. Liebe Grüße an Alle und für dich Küßchen von Mami und Pappi.«
Brief an Karl-Wilhelm (Carlo) Schmid. »Lieber Karl Wilhelm, diese Seite des Briefes ist wohl mehr etwas für dich. Der Löwe und der Gorilla haben Streit. Was meinst du, wer gewinnt? Ich glaube der Löwe. Der packt den Gorilla so halb von hinten. Aber der Gorilla sieht auch gefährlich aus. Der versteht keinen Spaß. Gruß, Dein Onkel Dieter.« (Colorierung Tochter Irene)

S. 107: Dieter in den 60er Jahren.

S. 108: Dieter mit Irene, Gerald und Marianne, 1965, privat.
Dieter, Gerald und Marianne, Morbacherstraße, Köln 1970, unbekannter Fotograf.
1970, Foto Margret Ann Wilde.

S. 151: Köln Morbacherstraße, 1974, Foto privat.
1970, Foto Margret Ann Wilde.

S. 152: 1970, unbekannter Fotograf.
Dieter und sein Bruder Hans-Walter, ca. 1975, unbekannter Fotograf.

S. 153: 1976, Fotos Studio Schafgans, Bonn.

S. 154: Im Garten, Köln Morbacherstraße, Foto privat.
Im Arbeitszimmer Köln Mainzer Straße, ca. 1978.

S. 155: Maria und Dieter, 1983 und 1995.

S. 156: Mit Enkelin Marie, Weihnachten 1988, Foto Bodo Witzke.
Am Schreibtisch, 1992.

S. 157: In der Hand, 1984.
Skulpturenpark Amsterdam, 1997.

S. 159: Zeichnung Severinstorburg, 1990.

S. 162: Zeichnung St. Severin, 1989.

S. 171: Zeichnung Niederrheinische Landschaft.
Lesung am Severinstor, Foto Erhard Wesser.

S. 237: Brief an Walter Keens, 13.10.1995

S. 238: Brief an Martina Eichner und Henner Löffler, 10.11.2000.

S. 239: Fotos Wolfgang Osterheld.

S. 240: Mit Enkel Leon, 1998, Foto Bodo Witzke.
Am Bahnsteig, 2002.

S. 241: Kinopremiere »Der Liebeswunsch«, mit Jessica Schwarz und Barbara Auer, 2007, Foto Bodo Witzke.
Lesung in Wiesbaden, 2010, Foto Bodo Witzke.

S. 242: V.l.n.r.: Helge Malchow, Verleger von Kiepenheuer & Witsch, Dieter, Altverleger Reinhold Neven DuMont, anlässlich des 85. Geburtstags, November 2010, Foto Bodo Witzke.
Maria und Dieter, 2011, Fotos Bodo Witzke.

S. 243: 2012 und 2013, Fotos Bodo Witzke.

S. 244: 2014, Fotos Bodo Witzke.

S. 245: Empfang der Stadt Köln zum 90. Geburtstag. V.l.n.r.: Peter Henning, Dieter Wellershoff, Olaf Petersenn, Wellershoffs langjähriger Lektor bei Kiepenheuer & Witsch, Fotos Bodo Witzke.

S. 274-276: Schrankbemalungen in der Mainzer Straße.

S. 276: Collage, ca. 2016.

S. 277-281: Manuskriptbesprechung »Der Himmel ist kein Ort« mit Tochter Irene, Weihnachten 2008, Fotos Bodo Witzke.

S. 305-311: Mainzer Straße 45 in Köln, Fotos Bodo Witzke.

S. 312-315: Handschriften aus der Gedichtsammlung »Zwischenreich«.

S. 316-318: Gelegenheitstexte und Glückwünsche.

Da nicht in allen Fällen die Inhaber*innen der Rechte an Abbildungen festzustellen oder erreichbar waren, verpflichtet sich der Verlag, nachträglich geltend gemachte rechtliche Ansprüche nach den branchenüblichen Sätzen zu vergüten.

Abkürzungen und Siglen

Bl.	Blatt
Bll.	Blätter
E	Erstdruck
hs.	handschriftlich
W	Dieter Wellershoff: Gesammelte Werke
DSZ	Deutsche Studenten Zeitung